V&R

1171/93

D1717703

Volker Tschuschke

Wirkfaktoren stationärer Gruppenpsychotherapie

Prozeß – Ergebnis – Relationen

Mit 15 Abbildungen
und 23 Tabellen

Vandenhoeck & Ruprecht
in Göttingen

Monographie zur
„Zeitschrift für Psychosomatische Medizin
und Psychoanalyse"
Nr. 16

Die Monographienreihe wird herausgegeben von
Ulrich Rüger

Meiner Frau Margit

Die Deutsche Bibliothek – CIP-Einheitsaufnahme

Tschuschke, Volker:
Wirkfaktoren stationärer Gruppenpsychotherapie : Prozess,
Ergebnis, Relationen ; mit 23 Tabellen / Volker Tschuschke. –
Göttingen : Vandenhoeck und Ruprecht, 1993
(Monographie zur Zeitschrift für psychosomatische Medizin
und Psychoanalyse ; Nr. 16)
ISBN 3-525-45270-5
NE: Zeitschrift für psychosomatische Medizin und Psychoanalyse / Monographie

© 1993 Vandenhoeck & Ruprecht, Göttingen
Printed in Germany.
Druck und Einband: Hubert & Co., Göttingen

Inhalt

Vorwort

In diesem Buch werden die Ergebnisse mehrjähriger Forschungsarbeiten an zwei stationären analytischen Gruppenpsychotherapien dargestellt, die im selben therapeutischen Setting von denselben Therapeuten unter exakt gleichen Rahmenbedingungen durchgeführt worden sind. Untersucht wurden fünf in der Literatur zur Gruppenpsychotherapie als relevant eingeschätzte Wirkfaktoren, ihre Wechselwirkungen sowie die Zeitpunkte während der Therapien, zu denen die einzelnen Wirkmechanismen offensichtlich an Bedeutung gewannen. Besonderes Augenmerk wurde den Verbindungen der einzelnen Faktoren des psychotherapeutischen Prozesses mit dem kurz-, mittelund längerfristigen Therapieergebnis geschenkt.

Die an den Patienten der einen Gruppe gewonnenen Erkenntnisse über die Therapieprozesse wurden an den Ergebnissen der Patienten der zweiten Gruppe überprüft, um zu möglicherweise allgemeingültigen Aussagen zu gelangen. Es konnten eindeutige Merkmale im Hinblick auf positive wie auch auf negative Auswirkungen auf die Therapieergebnisse identifiziert werden.

Darstellung und Diskussion der Ergebnisse wurden strikt in Richtung auf unmittelbare klinische Relevanz und Umsetzbarkeit gehalten. Forschung und Praxis in der Gruppenpsychotherapie benötigen dringlich Brückenschläge. Empirisch gestützte Fakten müssen nicht notwendigerweise irrelevant sein, sie sollten sich aber verständlich vermitteln lassen und nicht hinter Formeln oder Signifikanzen verstecken. Dieser Versuch der Umsetzung empirischer Erkenntnisse in unmittelbare klinische Bedeutung wurde hier unternommen. Der Leser wird darüber entscheiden können, ob er gelungen ist.

Ich möchte der Deutschen Forschungsgemeinschaft danken für die Förderung des Projektes (Projekt A 18 im Rahmen des Sonderforschungsbereichs 129, "Psychotherapeutische Prozesse", in der Förderungsperiode von 1986 - 1988 an der Universität Ulm), aus dem die Ergebnisse dieses Buches stammen. Die Herren Professoren Helmut ENKE und Horst KÄCHELE haben sehr wohlwollend meine Gruppenforschungen gefördert und unterstützt, dafür danke ich ihnen sehr. Meinen Kollegen Dr.phil. Ana CATINA und PD Dr.phil. Dietmar CZOGALIK von der Forschungsstelle für Psychotherapie - Stuttgart danke ich für freundschaftliche und kollegiale Zusammenarbeit sowie zahlreiche Anregungen; den Herren Dr.med. Thomas BECKH und

Dipl.-Psych. Dieter SALVINI sowie dem therapeutischen Team der Psychotherapeutischen Klinik - Stuttgart (hier auch besonders dem ärztlichen Direktor Dr.med. Günter SCHMITT) danke ich herzlich für ihre offene und kooperative Haltung unserem Forschungsanliegen gegenüber.

Eine seit Jahren stete und große Hilfe in Forschungsfragen sind meine Freunde Prof. K. Roy MacKENZIE von der University of British Columbia in Vancouver/Canada und Prof. Robert R. DIES von der University of Maryland/USA. Wie oft haben wir zusammengesessen und überlegt, wie Ergebnisse und deren Konsequenzen klinisch verständlich und brauchbar vermittelt werden könnten - "bridging the gap" zwischen Forschern und Klinikern, ein Herzensanliegen von Bob DIES, und er ist mir ein Vorbild mit diesem Ziel.

Ein ganz besonderes Anliegen ist es mir, allen PatientInnen der untersuchten Gruppenpsychotherapien zu danken, für ihre offene Bereitschaft zur Kooperation und die Mühen, denen sie sich beim Ausfüllen von Fragebögen und in Interviews stets geduldig und bereitwillig unterzogen haben. In der Hoffnung, daß die Ergebnisse und Schlußfolgerungen dieses Buches bei der Gruppentherapie zukünftiger PatientInnen einen Beitrag leisten mögen, möchte ich etwas von dem Dank abstatten, den ich den Patienten dieser Untersuchungen schulde.

Volker Tschuschke

1. Einleitung

Über Wirkfaktoren in der Psychotherapie wird gegenwärtig viel nachgedacht, diskutiert und geforscht. Nach längeren Abschnitten der Rechtfertigungsforschung, vergleichender Psychotherapieforschung und der für viele unbefriedigenden Entdeckung, daß vielleicht "alle gewonnen" haben (sogenanntes Äquivalenz-Paradox) (LUBORSKY et al. 1975; MEYER 1989), steht die Psychotherapieforschung vor der Herausforderung, *spezifische* und *unspezifische* Wirkungen ("Wirkfaktoren") einzelner spezifischer Verfahren und Techniken - sofern vorhanden - nachzuweisen (GRAWE 1992a; MEYER et al. 1991). Dies gilt umso mehr, als die inzwischen sehr umfangreiche Forschungsliteratur im großen und ganzen an erheblichen methodischen Mängeln krankt, was die Untersuchung "richtiger" Patienten, längerfristiger Behandlungen (Psychoanalysen z.B.), "richtiger" Therapeuten und längerfristigem Therapieergebnis angeht (TSCHUSCHKE, 1990a). Alles dies läßt den bisherigen Wissensstand im Grunde höchst zweifelhaft erscheinen.

Die Situation in der Psychotherapie läßt sich auf eine kurze und knappe Formel bringen. Neben der Tatsache, daß sich auf dem "Markt" (noch) zuviele unseriöse Anbieter tummeln dürfen - was dringlichst politischer Maßnahmen bedarf (GRAWE 1992a; 1992b; MEYER et al. 1991) - , hat die Forschung über prozeßspezifische Vorgänge in Psychotherapien gerade erst begonnen. D.h., das Verständnis bezüglich der letztlich veränderungsrelevanten Ingredienzen im eigentlichen psychotherapeutischen Sinne beginnt sich gerade erst - kosten-, zeitaufwendig und mühsam - zu erweitern. Hier aber stellen die psychotherapeutischen Praktiker selber eines der "Haupthindernisse" bei der Umsetzung von Forschungswissen in die therapeutische Praxis dar (GRAWE, 1992b). Es ist längst zu einem Mythos verkommen, was man früher der Psychotherapieforschung vorwerfen konnte, daß sie nämlich keine praxis- und anwendungsorientierte Forschung mache. Der Wechsel des Forschungsparadigmas in der Einzelpsychotherapie vom inadäquaten gruppenstatistischen Ansatz zur detaillierten Einzelfallforschung hat längst Einzug gehalten, ausgehend von der Erkenntnis, daß "...aus wissenschaftlichen und ethischen Gründen (es) für unverzichtbar (gehalten wird), der mühseligen und langwierigen Untersuchung von Einzeleffekten einen festen Stellenwert in der Psychotherapieforschung zuzuweisen." (HELLHAMMER, 1992). Die mittlerweile auflaufenden Forschungsergebnisse weisen eindeutige Beziehungen im Mikrobereich zwischen therapeutischer Haltung, Technik und klinischen Konzeptualisierungen sowie positiven Veränderungen bei den Klienten/Patienten auf, wie die jährlichen Tagungen der "Society for Psychotherapy Research (SPR)" eindrücklich beweisen.

Eine ganze Reihe von sehr hinderlichen "Trugschlüssen" bei vielen Klinikern bezüglich einer besseren Kooperation zwischen Forschern und Praktikern in der Psychotherapie - übrigens durchaus nicht nur als Einbahnstraße hinsichtlich eines Defizits an Kooperation und Interesse von der Praxis zur Forschung zu verstehen - verhindert offenbar derzeit absolut mögliche Fortschritte in einzel- und gruppenpsychotherapeutischer Praxis (DIES 1991):

1. Zu geringer Fortschritt in der Forschung
2. Forschungsergebnisse können nicht in die Praxis umgesetzt werden
3. Es ist nicht machbar für Praktiker in kleinen klinischen Settings, Forschung zu betreiben
4. Forschung unterbricht den (Gruppen-)Therapieprozeß
5. Es gibt keinen Grund für MICH, mich in (Gruppen-) Psychotherapieforschung einbeziehen zu lassen
6. Es ist unbequem, zeitaufwendig und teuer, Forschung in die Praxis zu integrieren
7. Es ist nicht möglich, traditionelle therapeutische Konzepte zu untersuchen, die für mich als Kliniker wichtig sind.

Alle Argumente lassen sich bei detaillierter Betrachtung nicht halten und sind bereits vielfach widerlegt, wie zahlreiche Untersuchungen nachweisen können (vgl. z.B. TSCHUSCHKE u. DIES 1993).

Die Gruppenpsychotherapie sieht sich vor noch größere Herausforderungen gestellt als die Einzelpsychotherapie. Zwar kann niemand mehr, aufgrund umfangreicher Forschungsliteratur-Überblicke, die Effektivität von therapeutischen Gruppen bezweifeln, es stellen sich aber grundsätzliche Fragen, z.B.: *Wie* kommen die Effekte von Behandlungen in Gruppen zustande und *warum* sind einige Gruppenbehandlungen effektiv, aber nicht alle (KAUL u. BEDNAR 1986)? Darüber hinaus krankt die Wirkfaktoren-Forschung in der Gruppenpsychotherapie an der allgemein verbreiteten Praxis, die Betroffenen selber, also die Patienten, nach den hilfreichen Wirkmechanismen ihrer therapeutischen Erfahrung zu befragen. So kann es nicht verwundern, daß über alle gruppentherapeutischen Techniken in den verschiedenen Settings hinweg ein gleichbleibendes Konglomerat an vermeintlich hilfreichen Faktoren genannt wird. Es darf bezweifelt werden, daß Patienten selber in der Lage sind, die z.T.

sehr komplex formulierten und beschriebenen Wirkfaktoren adäquat im Hinblick auf eine günstige Therapieerfahrung einzuschätzen (TSCHUSCHKE 1990a; TSCHUSCHKE u. MacKENZIE 1989).

Wie dies in der Einzelpsychotherapie zusehends mehr der Fall ist - vgl. z.B. die sehr aufwendigen Prozeß-Ergebnis-Untersuchungen, die im Rahmen der SPR (s.o.) oder etwa im Rahmen des PEP-Projektes[*] ("Psychotherapeutische Einzelfall-Prozeßforschung") vorgestellt werden - benötigt auch die Gruppenpsychotherapie detaillierte, kosten- und zeitaufwendige Prozeß-Ergebnis-Forschung. Der einzelfallanalytische Ansatz - sogenannte N=1-Forschung (GRAWE 1988; GREENBERG u. PINSOF 1986) - verspricht dann Erfolg, wenn er einerseits einen "mehrebenenanalytischen Ansatz" wählt (CZOGALIK u. HETTINGER 1988), der andererseits nicht beim Einzelfall stehenbleibt, sondern Mikro-Makro-Relationen aufgrund sehr aufwendiger und detaillierter, am untersuchten Einzelfall gewonnener, Erkenntnisse an anderen Einzelfällen *kreuzvalidiert*, die mit gleicher Methodik und gleichem Design untersucht worden sind.

Damit ist die Frage der *Aggregation* von Erkenntnissen an Einzelfällen angesprochen: Sinn und Zweck von systematischer Forschung kann es nur sein, *gesetzmäßige Zusammenhänge* zu entdecken; idiographische Abhandlungen über das ganze facettenreiche klinische Spektrum und die Einmaligkeit der Person oder Gruppe tragen nicht zum Erkenntnisgewinn über gesetzmäßige Vorgänge in psychotherapeutischen Veränderungsprozessen bei. Und um die Effizienz von psychotherapeutischen Interventionen und Hilfestellungen bei seelischem Leiden soll es letztlich gehen. Ab wievielen solcher systematisch und objektiv untersuchten Einzelfälle aber kann man von einer "Hypothesen-Bewährung" sprechen? Hier gibt es derzeit noch mehr offene Fragen als Antworten. Sicher ist wohl nur, daß an extrem detaillierten Einzelfall-Untersuchungen gewonnene Erkenntnisse an anderen - vergleichbaren - Einzelfällen bestätigt werden müssen.

---

[*] Initiiert und koordiniert von Prof.Dr.Klaus Grawe (Psychologisches Institut der Universität Bern) und Prof.Dr.Horst Kächele (Abteilung Psychotherapie der Universität Ulm)

2. Wirkfaktoren in der Psychotherapie - Kontroversen und offene Fragen

Die Untersuchung der für die psychotherapeutische Veränderung maßgeblichen Faktoren bzw. Mechanismen ist für die psychotherapeutische Forschung von größter Bedeutung, weil es das Ziel dieser Forschung sein muß, erklären zu können, *wie* die psychotherapeutische Veränderung zustandekommt (GREENBERG 1986). Nach Jahren der vergleichenden Psychotherapieforschung ist lange Zeit nicht die Überlegenheit einer speziellen Behandlungsform erbracht worden, sondern eher ein zunehmend ähnliches Muster nicht unterscheidbarer Effekte (BERGIN u. LAMBERT 1978; KERNBERG et al. 1978; SLOANE et al. 1975; SMITH et al. 1980). Die für einige bittere Erkenntnis begann sich - wenn auch schwer - durchzusetzen, daß andere womöglich "auch gewonnen" haben (LUBORSKY et al. 1975).

Von Anbeginn an ist die Psychotherapie immer wieder der Versuchung erlegen, eine der pharmazeutischen Prüfmethodik analoge Methodenisolation herbeizuführen (ENKE u. CZOGALIK 1992). Deshalb wurden in vielen Studien umfangreiche Kontrollbedingungen eingeführt, um das *spezifische Element* einer bestimmten psychotherapeutischen Intervention in Verbindung mit der zugehörigen Therapietheorie identifizieren zu können. Diese Suche nach den "spezifischen Ingredienzen" der Psychotherapie blieb nicht unwidersprochen (BUTLER u. STRUPP 1986). Eine *Placebokontrolle* sei in der Psychotherapie - wie in der Pharmaforschung - eben nicht möglich, da Psychotherapie niemals kontextlos "verabreicht" werde. Keine psychotherapeutische Technik könne losgelöst vom sozialen Kontext operieren und funktionieren, psychotherapeutische Techniken enthielten jenseits ihres interpersonellen (sozial-symbolischen) Kontextes keinerlei Bedeutung. Aus diesem Grunde sei es konzeptuell unmöglich, spezifische, aktive Ingredienzen von den interpersonellen, unspezifischen zu trennen, was die Frage nach den *spezifischen* und *unspezifischen* Wirkfaktoren der Psychotherapie schlichtweg obsolet mache.

Tatsächlich scheinen die Ergebnisse der vergleichenden Psychotherapieforschung ja auch diese Position zu bestätigen. Demnach wäre - eine wie auch immer geartete - Psychotherapie stets eine zwischenmenschliche (suggestive?) Einflußnahme, die jenseits des jeweils spezifischen dyadischen (oder gruppalen) Kontextes keinerlei abstrahierbare Qualität (z.B. theoriegeleitete Technik) besäße, mithin in die Nähe von Schamanentum gerückt werden müßte. Für FRANK, einen gestandenen Psychotherapeuten und Psychotherapieforscher und der Häresie äußerst unverdächtig, sind die Forschungsergebnisse denn auch der Beweis dafür, daß als spezifisch postulierte Theorien und Techniken lediglich als "Mythen" und "Rituale" fungierten, die letztendlich nur einen geeigneten Kontext für die Placebo-Beziehungsfaktoren kreierten (FRANK 1957; 1971; 1981). Eine sogenannte wissenschaftliche Theorie innerhalb der Psychotherapie habe eigentlich nur die gleiche organisierende und erklärende Funktion, die Mythen in primitiven Gesellschaftsformen erfüllten. Ähnlich, wenn auch diskreter, wird dies auch noch in einer Zusammenfassung neueren Datums formuliert, wenn davon gesprochen wird, daß die Bedeutung und Funktion der von den verschiedenen Therapieschulen entwickelten Methoden darauf reduziert werden könne,

"...daß sie jeder einzelnen Therapie-Sitzung aufs Neue die Struktur geben, in der die eigentlich effektiven unspezifischen Faktoren zum Wirken kommen können" (BOZOK u. BÜHLER 1988).

Die Formulierung und vermeintliche Inanspruchnahme *spezifischer* Wirkfaktoren habe im Grunde nur eine Funktion für die Entwicklung einer "Psychotherapiekultur", ohne die Psychotherapie im Zustand "freischwebender Beliebigkeit" verharren würde (ENKE u. CZOGALIK 1992). Unter *spezifischen* Faktoren versteht man in der Individualpsychotherapie Techniken und Interventionen des Therapeuten, die dieser ausschließlich vor dem Hintergrund der zugrundeliegenden theoretischen Orientierung anwendet, wobei die Theorie für die *kausale* Verbindung zwischen Therapeuten-Aktivität und Verminderung des Leidens auf seiten des Patienten verantwortlich sein soll (BUTLER u. STRUPP 1986; KÄCHELE 1988). Hierunter wären z.B. in der psychoanalytischen Therapie "Deutungen" oder die "psychodynamische Interpretation" zu verstehen, in der verhaltenstherapeutischen Praxis beispielsweise eher die therapeutische Lenkung auf "Lernen am Modell" oder "kognitive Umstrukturierung".

Als *unspezifische* Wirkfaktoren werden alle Elemente der Heiler-Patient-Beziehung gesehen, die nicht schulengebundene Aspekte betreffen, verschiedentlich auch als *Placeboeffekte* bezeichnet (SHAPIRO u. MORRIS 1978). Zu den *unspezifischen* Faktoren zählen:

"...Verständnis, Respekt, Interesse, Ermutigung, Anerkennung, Vergebung - kurz jene Arten von menschlichen Qualitäten, die schon seit undenkbaren Zeiten als wirkungsvoll im Aufrichten der menschlichen Seele angesehen werden" (STRUPP 1978, zit. n. BOZOK u. BÜHLER 1988, S. 124).

Als weitere Faktoren werden "Wärme", "Empathie", "Akzeptanz" angesehen (GOMES-SCHWARTZ 1978) sowie das Prestige und der Status des Therapeuten (FRANK 1971; 1973). GARFIELD (1984) behauptet

"...that at least some common factors are operative in most if not all therapies. Among them are such hypothesized variables as suggestion, support, explanations, emotional release, practice, exposure to negative stimuli, encouragement and reinforcement, the relationship in therapy, and the like. Although many therapists tend to view such variables as rather superficial or supportive, I do not. I see them as general, common, and important aspects of all forms of psychotherapy" (GARFIELD 1984, S. 302).

Der über die Forschung bislang cum grano salis nicht erbrachte Nachweis differentieller Wirksamkeit theoretisch unterschiedlich begründeter Therapietheorien und -techniken scheint diese Argumentationslinie und die Kritik am Selbstverständnis - auch der etablierten Psychotherapieschulen - zu untermauern. Gestützt wird sie weiterhin durch Untersuchungen zur vergleichenden Effektivität von professionellen und Laientherapeuten, die gleichfalls keine signifikanten Unterschiede zwischen beiden Behandlergruppen finden konnten (DURLAK 1979; STRUPP u. HADLEY 1979).

Wenn nun gelernte Psychotherapeuten - wie die ungelernten Laientherapeuten auch - über die eigentlich als wirksam angesehenen *unspezifischen* Wirkfaktoren verfügten und darüber hinaus noch über die vermeintlich *spezifischen* Wirkfaktoren, müßten sich eigentlich Unterschiede ergeben.

"Wenn sie trotzdem keine wesentlich anderen Veränderungen bei ihren Patienten bewirken als die nicht ausgebildeten Laienhelfer, dann läßt das möglicherweise den Schluß zu, daß die von den Therapeuten eingebrachten Faktoren relativ wirkungslos sind und keine wesentliche Bedeutung für den Ausgang der Therapie haben" (BOZOK u. BÜHLER 1988, S. 125).

Nun ziehen aber die Arbeiten zur vergleichenden Therapieforschung fundamentale Kritik auf sich. Wie BOZOK und BÜHLER (1988) ebenfalls anführen, hält praktisch keine der in den Überblicksarbeiten genannten Studien den nachfolgend genannten Kriterien vollständig bzw. mehrheitlich stand: *Uniformitätsmythos* (mangelnde Charakterisierungen der Helfer/Therapeuten und Patienten), *zu kleine Stichproben, unzureichende Randomisierung, ungeeignete Personenauswahl* (meistens Studenten ohne gravierende psychische Störungen, *Therapeutenkompetenz* uneinheitlich, *inadäquate Erfolgsmessung, zusätzliche Therapiemaßnahmen* (keine Kontrolle konkomittierender Maßnahmen), *Intensität der Therapie* (mangelnde Kontrolle von Häufigkeit und Dauer der Maßnahmen), *Abbruchraten* (mangelnde Kontrolle), *katamnestische Nachuntersuchungen* fehlen meistens.

Die zu diesem Zeitpunkt neuesten Metaanalyse-Studien über

ausschließlich klinische Populationen legen indes durchaus nahe, daß die einzelnen Psychotherapieverfahren doch differentiell effektiv sind (GRAWE 1992a; LAMBERT et al. 1986).

Nach GRAWE's Ausführungen gibt es vier Gruppen von Verfahren mit nachgewiesenermaßen unterschiedlicher Effektivität: solche ohne nachgewiesene Effektivität, Verfahren mit nachgewiesener Ineffektivität, Verfahren mit zweifelhafter Wirksamkeit (es liegen hier noch zu wenige Untersuchungen vor; es deutet sich entweder ein gewisser Nutzen bzw. eine Ineffektivität an) und Verfahren mit zweifelsfreiem Effektivitätsnachweis. Zu den letzteren zählen die *Klientenzentrierte Gesprächspsychotherapie (GT)* nach ROGERS, die Methoden, die im weitesten Sinne zur *Verhaltenstherapie/-modifikation (VT)* zählen und die *psychoanalytischen Verfahren* (bei diesen sind jedoch nur Kurztherapien und Maßnahmen bis höchstens 100 Sitzungen berücksichtigt).

Nun sollten die Fehler der Vergangenheit nicht wiederholt werden, indem vorschnell doch einige "zu Siegern erklärt werden" und andere "zu Verlierern". Das lassen die zugrundeliegenden Studien und die daraus gewonnenen Erkenntnisse auch gar nicht zu (TSCHUSCHKE 1993b). Es ist durchaus denkbar, daß bislang noch nicht ausreichend untersuchte Verfahren sich in zukünftigen detaillierten Studien noch als effektiv oder zumindest brauchbar erweisen werden. Aus der Tatsache, daß diese Therapiemethoden nicht untersucht worden sind, kann jedenfalls (noch) nicht pauschal der Schluß gezogen werden, daß sie sich darum drückten. Dies mag in dem einen oder anderen Fall tatsächlich eine Rolle spielen, aber das Kind sollte nicht mit dem Bade ausgeschüttet werden. Detaillierte Prozeß-Ergebnisforschung ist noch nicht lange Standard in der Forschung. Es ist allerdings richtig, daß *derzeit* noch nicht untersuchte Verfahren für sich auch keine Rechte beanspruchen können - spezielle Konsequenzen müßte dies etwa im Rahmen der Kassenleistungen nach sich ziehen (GRAWE 1992a).

Ein Problem stellen die methodischen Mängel der vielen Studien dar, die auch in die Metaanalysen eingegangen sind, z.B. die Verwendung des *Effektstärke-Maßes,* wie es den genannten Studien zugrunde liegt (MEYER 1989; WITTMANN u. MATT 1986). Vor allem scheint der Faktor der Erfahrung des Therapeuten in den Metaanalysen überhaupt nicht ausreichend berücksichtigt worden zu sein. Vergleichende Studien haben gezeigt, daß der Einsatz manualtrainierter und in ihrer Erfahrung versierter Therapeuten den Einfluß der Therapeutenvariable minimieren, und daß die erzielten Effektunterschiede dann viel weniger ein Resultat unbekannter Therapeuten-Persönlichkeit sind als dann vielmehr der angewendeten Therapiemethode (CRITS-CHRISTOPH et al. 1991; CRITS-CHRISTOPH u. MINTZ 1991). Überhaupt wird in den derzeit gehandelten

Metaanalysen eigentlich nur der "state of the art" bis höchstens 1984 (!) reflektiert (GRAWE 1992a); damit bleiben praktisch alle möglichen Erkenntnisse der neueren Psychotherapieforschung - und der eigentliche Paradigma-Wechsel hin zur detaillierteren Einzefallforschung hat ja erst danach stattgefunden - unberücksichtigt. Psychoanalytische Verfahren sind gleich gar nicht adäquat vertreten in den o.g. Vergleichsstudien. Das ureigenste Metier der tiefenpsychologischen Methode ist die längerfristige Behandlung, und die ist bislang überhaupt nicht adäquat in der Forschung vertreten - ein Defizit, das sich die Psychoanalytiker gleichwohl selber ans Revers heften müssen.

Was aber bringt uns derzeit die medienresonante Auseinandersetzung um vermeintlich effektive und uneffektive psychotherapeutische Methoden (GRAWE 1992b), wenn man eigentlich substantiell das nicht nachweisen kann, was man meint, nachweisen zu können? Die Antwort ist klar - die *politische Absicht* ist zu deutlich. Es sollen - mal wieder (das hatten wir doch schon mal?) - vermeintlich uneffektive Methoden angegriffen werden, dies aus verschiedenen Gründen (Kassenversorgung, hochschulpolitische Gründe etc.). Der Schaden, der mit dieser unsachlichen Bestandsaufnahme und *derzeit* nicht gerechtfertigten Wertung angerichtet werden kann, dürfte den Nutzen bei weitem übersteigen. Warum wartet man nicht die Ergebnisse der neueren, sehr viel präziseren und "mehrebenenanalytischen" Prozeß-Ergebnis-Forschung ab (vgl. z.B. CZOGALIK u. HETTINGER 1988; DAHL et al. 1988; GREENBERG 1986; GREENBERG u. PINSOF 1986; RICE u. GREENBERG 1984a), um dann zu Zwischenfazits bezüglich der wirklichen Effektstärken bei spezifischen Patienten- und Problemfeldern psychischer Probleme zu gelangen?

Nimmt man noch das Faktum hinzu, daß praktisch kaum eine der ins Feld geführten Studien eine adäquate Langzeit-Katamnese durchführte und eine seriöse Erfolgsbeurteilung sich schon von daher verbietet, so bleibt nicht mehr viel übrig von den Schlußfolgerungen bisheriger "Vergleichsforschungen" in der Psychotherapie. Beispielsweise bleiben von den 42 von DURLAK (1979) durchgesehenen Arbeiten zur vergleichenden Effektivität von Laien- und professionellen Therapeuten nur fünf übrig, die den weiter oben genannten methodischen Kriterien standhalten können. Von diesen zeigen zwei die Überlegenheit der paraprofessionellen Therapeuten, bei drei Studien kann keine klare Entscheidung für die Überlegenheit einer Seite über die andere getroffen werden. Eine dieser drei Arbeiten erbrachte, daß durch professionelle Therapeuten erzielte Wirkungen nach einem Ein-Jahres-FOLLOW-UP mehr Bestand hatten. Eine weitere Studie erweckte den Anschein, als litten die von den professionellen Therapeuten behandelten Patienten "an deutlich schwerwiegenderen Problemen" (BOZOK u. BÜHLER 1988).

Ein anderer wichtiger Kritikpunkt an den Ergebnissen der vergleichenden Psychotherapieforschung ist, daß im Grunde ausschließlich kurzzeitige "therapeutische" Interventionen untersucht wurden und keine Langzeittherapien. Es gibt Hinweise, daß Patienten mit schwereren Störungen, in der *DSM-III-R*-Nomenklatur als "Persönlichkeitsstörungen" bezeichnet (AMERICAN PSYCHIATRIC ASSOCIATION 1987), eher in psychoanalytischen Langzeittherapien behandelt werden (MANOS u. VASILOPOULOU 1984) als die Mehrzahl der Patienten in den vergleichenden Studien, die zumeist eine phobische Symptomatik aufwiesen (SLOANE et al. 1975). Die Grundannahme von BUTLER und STRUPP (1986), daß schulengeleitete psychotherapeutische Techniken jenseits ihres interpersonellen Kontextes keinerlei Bedeutung für den Veränderungsprozeß aufwiesen, stellt ihrerseits eine apodiktische und unbewiesene Behauptung dar. Die von den Autoren gemachten weitreichenden Schlußfolgerungen lassen sich jedenfalls angesichts der methodischen Kritik an den vorschnellen Schlüssen der vergleichenden Psychotherapieforschung nicht aufrechterhalten (TSCHUSCHKE 1990a):

"Es ist sicher konsensfähig, daß gerade menschlich sehr ambitionierte und hochmotivierte Personen - in der Studie von STRUPP und HADLEY (1979) College-Professoren - den Part der Laientherapeuten in den Untersuchungen übernahmen, und nicht etwa zufällig auf der Straße oder aus dem Telefonbuch Ausgewählte. Es gehört auch nicht allzuviel Vorstellungskraft dazu, diesen im Umgang mit Menschen interessierten und tätigen Personen eine Begeisterungsfähigkeit und Engagiertheit zu unterstellen, die, zumal bei den kurzfristigen therapeutischen Interventionen,...ausreichend tragfähig gewesen sein mögen, um zumindest keinen Unterschied zu den professionellen Therapeuten erkennen zu lassen" (S. 250).

Der Vergleich zwischen Laien- und professionellen Therapeuten über einen längeren Zeitraum wäre erforderlich, um die Annahmen zu untersuchen, inwieweit der gelernte Therapeut sich tatsächlich von einer Theorie bezüglich der Entstehung und Aufrechterhaltung der Störungen des Patienten leiten läßt und ob ein Laientherapeut bereits nach mehreren Sitzungen ratlos wird, wie er die Probleme seines Patienten durch weitere therapeutische Intervention beeinflussen kann (KIND 1986; STRUPP 1983)?

Die "scientific community" in der Psychotherapieforschung wie auch die praktizierenden Psychotherapeuten konnten die Befunde der vergleichenden Forschung nicht zufriedenstellen und ließen das Interesse an detaillierterer Prozeßforschung in den letzten Jahren stark anwachsen (KÄCHELE 1990). Die so bezeichnete "N = 1 - Forschung" (GREENBERG u. PINSOF 1986) verlangt eine methodisch fundierte einzelfallanalytische Vorgehensweise (GRAWE 1988), die Wirkzusammenhänge zwischen therapeutischer Intervention und therapeutischer Veränderung akribisch aufzuspüren sich zum Ziel gesetzt hat (DAHL et al. 1988; RICE u. GREENBERG 1984a). Es läßt sich nämlich durchaus noch mit Berechtigung die Frage stellen, ob das Defizit bezüglich der Wirkweisen und Effekte verschiedener therapeutischer Techniken nicht vielleicht auch auf die Tatsache zurückgeführt werden könnte, daß das gegenwärtige Ausmaß an Verständnis für die aktiven Komponenten der Veränderungsprozesse innerhalb der verschiedenen therapeutischen Ansätze noch zu unpräzise ist, um differentielle Effekte auf einer konsistenten Basis zu erzielen (RICE u. GREENBERG 1984b; TSCHUSCHKE u. CZOGALIK 1990a)? Wenn dies so wäre - und vieles spricht dafür - , dann wäre eine methodische Gütekriterien berücksichtigende detaillierte Prozeßforschung bzw. "Mehrebenenanalyse" auf einzelfallanalytischer Basis (CZOGALIK u. HETTINGER 1988) auch aus dieser Perspektive eine conditio sine qua non für die Psychotherapie.

3. Das Konzept des therapeutischen Wirkfaktors in der Gruppenpsychotherapie

Die Gruppenpsychotherapie sieht sich vor grundsätzlich vergleichbare Probleme gestellt wie die Einzelpsychotherapie. Auch hier erhebt sich die Frage nach den *spezifischen* bzw. *unspezifischen* Wirkfaktoren für die unterschiedlichen gruppentherapeutischen Ansätze. Was die Situation in der Gruppenpsychotherapie zusätzlich kompliziert, verglichen mit der Situation in der Individualpsychotherapie, ist zum einen die ungleich größere Komplexität der ablaufenden Prozesse im therapeutischen Setting, bedingt durch die Pluralität der beteiligten Personen, zum anderen sind es aber die unzureichenden konzeptuellen Grundlagen in der Gruppenpsychotherapie (TSCHUSCHKE 1989). Die Ursprünge der Gruppenpsychotherapie gehen auf Theorien der Individualpsychologie und -therapie, der Psychopathologie und solche der Persönlichkeit zurück, ohne daß eine konzeptuelle Integration dieser heterogenen Einflüsse stattgefunden hätte (KAUL u. BEDNAR 1986). Dennoch stellt sich mittlerweile auch in der Gruppenpsychotherapie - wie in der Einzelpsychotherapie - nicht mehr das Problem des Rechtfertigungsnachweises. Gruppenpsychotherapie ist nachweislich effektiv (BEDNAR u. KAUL 1978; KAUL u. BEDNAR 1986). Die grundsätzlichen Fragen bleiben nach KAUL und BEDNAR allerdings: *warum* sind einige Gruppenbehandlungen effektiv, aber nicht alle? Und *wie* kommen die Effekte von Behandlungen in Gruppen zustande?

Damit ist die Frage nach den Wirkmechanismen bzw. -faktoren gruppenpsychotherapeutischer Interventionen gestellt. Eine erste und bis heute maßstabsetzende Taxonomie von therapeutischen Wirkfaktoren in der Gruppenpsychotherapie legten CORSINI und ROSENBERG (1955) vor, was auch als "Wasserscheide" nach immerhin bereits rund einem halben Jahrhundert Evolution der Gruppentherapie bezeichnet wurde (BLOCH u. CROUCH 1985).

Unter einem "Wirkfaktor" ("therapeutic factor", "curative factor" oder "change mechanism") wird nach BLOCH und CROUCH (1985) verstanden:

"An element of group therapy that contributes to improvement in a patient´s condition and is a function of the actions of the group therapist, the other group members, and the patient himself" (S. 4).

Als "Elemente" werden dabei "Mechanismen, Dynamiken, Operationen, Ereignisse, Komponenten u.ä.". verstanden, also weitgefaßt alle möglichen intragruppalen Einflüsse auf das einzelne Gruppenmitglied (zur Taxonomie heute gebräuchlicher Wirkfaktoren vgl. Kap. 3.1). Wirkfaktoren seien nicht die sogenannten "Bedingungen für Veränderungen" ("conditions for change")(wie z.B. die simple, aber notwendige Gegenwart anderer Personen in der Gruppe oder die "Technik" des Gruppenleiters). Therapeutische Techniken bewirkten nicht eigentlich, nicht direkt, therapeutische Effekte, sie "bahnten" eher den Weg für therapeutische Wirkfaktoren. Hier deutet sich offenbar ein etwas unterschiedliches Verständnis im Vergleich zur Individualpsychotherapie an, wo ja die konkreten Interventionstionstechniken des Therapeuten aufgrund seiner theoretischen Orientierung als *spezifische* Wirkkomponenten im Veränderungsprozeß angenommen werden (s.o.). Allerdings gäbe es vermutlich erhebliche Überlappungen zwischen allen drei Aspekten: den eigentlichen Wirkfaktoren, den Veränderungsbedingungen und der therapeutischen Technik. BLOCH und CROUCH (1985) bemühen sich in ihrem Verständnis von gruppenspezifischen Wirkmechanismen um eine *theoriefreie*, gemeint ist damit eine schulenungebundene, Formulierung, weshalb sie auch die von YALOM (1985) postulierten Wirkfaktoren *existentielle Faktoren (existential factors)* und *Rekapitulation der primären Familiengruppe (family re-enactment)* ausschließen, die sie theoretisch als zu spezifisch erachten, da der Patient genötigt werde, in bestimmten Kategorien zu denken, z.B. der eines ungelösten Familienkonflikts (an dieser Stelle taucht erstmals das Problem der Einschätzungen therapeutisch hilfreicher Wirkfaktoren durch den Patienten selber auf; dieser Punkt wird ausführlich unter 3.2 behandelt).

BLOCH und CROUCH (1985) stützen sich wie bereits CORSINI und ROSENBERG (1955) und auch YALOM (1985) auf eher sozialpsychologisch definierte und operationalisierte Faktoren (vgl. Kap. 3.1); dies hat in der klinischen wie auch in der Forschungspraxis besonders im englischsprachigen Bereich (Großbritannien, Kanada, USA) breite Akzeptanz gefunden (BEDNAR u. KAUL 1978; ECKERT u. BIERMANN-RATJEN 1985; KAUL u. BEDNAR 1986; LIEBERMAN 1983; MacKENZIE 1987; YALOM 1985). Solchermaßen neutral definiert läßt sich vermuten, daß allen gruppentherapeutischen Verfahren *unspezifische* Wirkfaktoren immanent sind. Zur Frage "spezifischer" *gruppenanalytischer* Wirkfaktoren wird im Kapitel 5 Stellung genommen.

Der Hinweis auf die weitgehenden Überlappungen zwischen den "eigentlichen" und "nicht eigentlichen" Wirkfaktoren, wie speziell den therapeutischen Interventionstechniken, stellt meines Erachtens eine willkürliche und nicht mehr nachvollziehbare künstliche Trennung dar. Wenn schon konzediert wird, daß eine bestimmte Technik bestimmte Wirkfaktoren "bahnt" bzw. sie ins Spiel bringt und andere wiederum nicht, so generiert sie doch in dem Sinne *spezifische* Wirkmechanismen, indem sie eine Konglomeration von *unspezifischen* Faktoren fördert bzw. stimuliert, die in ihrer jeweiligen Akzentuierung und Kombination typisch und dann wieder *spezifisch* sein könnten für einzelne gruppentherapeutische Behandlungsformen. Der Übergang von purer "Technik" zum "eigentlichen" Wirkfaktor bleibt fließend und eine Grenzziehung artifiziell und kaum nachvollziehbar.

3. 1 Taxonomien von Gruppenpsychotherapie-Wirkfaktoren

Die Wirkfaktoren der Gruppenpsychotherapie werden als diskrete, voneinander unterscheidbare Elemente mit veränderungsrelevantem Potential angesehen. Dennoch läßt sich in den meisten Fällen auch hier eine weitgehende Überlappung vermuten (YALOM 1985), die in der Natur der Sache begründet ist (z.b. läßt sich eine *Selbstöffnung* auf sehr emotionale Weise machen, eben *kathartisch*, mit zudem *altruistischer* Intention usw.).

Der Vorteil einer konzeptuellen Festlegung auf einen überschaubaren und distinkt definierten Set von Wirkfaktoren in der Gruppentherapie liegt vor allem in der Vergleichbarkeit von Forschungsergebnissen aus verschiedenen therapeutischen Settings mit unterschiedlichen theoretischen Orientierungen (TSCHUSCHKE 1990a).

Tabelle 1 stellt die wesentlichen Taxonomien von Wirkfaktoren in der Gruppenpsychotherapie dar. Dabei werden, ausgehend von der ersten und wegweisenden Taxonomie (CORSINI u. ROSENBERG 1955), die wichtigsten und gebräuchlichsten Wirkfaktoren-Taxonomien einander gegenübergestellt (BLOCH u. CROUCH 1985; YALOM 1985). Die Bezeichnungen und Inhalte der einzelnen Faktoren sind bei den verschiedenen Taxonomien zum größten Teil identisch, teilweise meinen unterschiedliche Begriffe inhaltlich Gleiches oder zumindest sehr Ähnliches.

Acceptance meint weitgehend das gleiche wie *cohesion* bzw. *cohesiveness,* wobei ein Teilaspekt von *cohesion* herausgehoben wird, nämlich der der Akzeptanz-Gefühle, die das Individuum von der Gruppe erfährt. Unter *insight* (Einsicht) und *self-understanding* wird Gleiches verstanden, *feedback* und *learning from interpersonal action (LIA)* oder *interpersonal learning - input* stehen gleichfalls alle für den gleichen Inhalt, das gilt auch für *spectator therapy* bzw. *vicarious learning* (stellvertretendes Lernen).

Im folgenden sollen die fünf Wirkfaktoren, die in dieser Studie als Variablen des therapeutischen Prozesses untersucht und zum langfristigen Therapieerfolg in Beziehung gesetzt wurden, eingehender dargestellt werden. Es handelt sich im einzelnen um *Kohäsion (cohesion), Interpersonelles Lernen - input (feedback), interpersonelles Lernen - output (Verhaltensänderungen), Selbstöffnung (Self-Disclosure)* und *Rekapitulation der Primärfamilie (family re-enactment)*.

Tabelle 1: Wirkfaktoren-Taxonomien (in alphabetischer Reihenfolge)

CORSINI und ROSENBERG (1955)	BLOCH und CROUCH (1985)	YALOM (1985)	Allgemein meistbenutzte Taxonomie
Acceptance	Acceptance	Altruism	Akzeptanz/Kohäsion (Accept./Cohesion)
Altruism	Altruism	Catharsis	Anleitung (Guidance)
Intellectualization	Catharsis	Cohesiveness/ Cohesion	Altruismus (Altruism)
Interaction	Guidance	Existential factors	Einflößen v. Hoffnung (Instillation of hope)
Reality testing	Instillation of hope	Family re-enactment	Einsicht (insight/ self-understanding)
Spectator therapy	Learning from interpersonal action	Guidance	Feedback (Learning from interp. action)
Transference	Self-disclosure	Identification	Identifikation (identification)
Universalization	Self-understanding	Instillation of hope	Interaktion (interp. learning - output)
Ventilation	Universality	Interpersonal learning - input	Katharsis (catharsis)
Miscellaneous	Vicarious learning	Interpersonal learning - output	Rekap. d. Prim.-Fam. (Fam. re-enactment)
		Self-understanding	Selbst-Öffnung (Self-disclosure)
		Universality	Universalität des Leidens(universality)

Die übrigen in Tab. 1 angegebenen Wirkfaktoren wurden in der vorliegenden Untersuchung nicht einzeln kontrolliert. Bezüglich der Inhalte, die unter den einzelnen Faktoren verstanden werden sowie ihrer operationalen Fassung in verschiedenen Studien sei auf die diesbezügliche Literatur verwiesen (BLOCH und CROUCH 1985; DAVIES-OSTERKAMP et al. 1989; ECKERT et al. 1981; MacKENZIE 1987; YALOM 1975; 1985).

3. 1. 1 Interpersonelles Lernen

In der Arbeit von YALOM (1975; 1983; 1985) kristallisieren sich die Entwicklungen der moderneren Gruppenpsychotherapie. Dies gilt in besonderem Maße für die Konzeptualisierung des interpersonellen Lernens in der therapeutischen Gruppe. Nicht nur für YALOM handelt es sich bei den interpersonellen Prozessen bzw. den Interaktionen in der Gruppe um die für die Gruppe typischen und charakteristischen Aspekte, die für die therapeutische Veränderung genutzt werden können und Hauptaspekte im therapeutischen Veränderungsprozeß von Gruppen darstellen (MacKENZIE 1990b; TSCHUSCHKE 1990b).

Das "dynamisch-interaktionelle Modell" der Gruppenpsychotherapie geht auf die Tradition von SULLIVAN (1953) zurück und wurde insbesondere von YALOM (1975, 1985) detailliert ausgearbeitet. *Interpersonelles Lernen* in der Gruppe stellt für YALOM einen breiten und komplexen Wirkfaktor dar, der als Analogon zu solchen therapeutischen Wirkfaktoren der Individualpsychotherapie gesehen werden könne wie z.B. *Einsicht, Übertragungsbearbeitung* und *korrigierende emotionale Erfahrung*. Aufbauend auf der dynamisch-interpersonellen Theorie SULLIVAN´s wird speziell das Konzept der "interpersonellen Wahrnehmungsstörung" ("parataxic distortions") als grundlegend für den interaktionellen (Veränderungs-)Prozeß in der Therapiegruppe angesehen. Der Begriff "parataxische Störung" beschreibt die Neigung des - neurotischen - Individuums, seine Wahrnehmung anderer Personen zu verdrehen. Solcherlei Störungen ereignen sich nach YALOM gerade in interpersonellen Situationen, wenn eine Person sich zu einer anderen nicht auf der Basis realistisch gegebener Fakten bzw. Attribute dieser anderen Person in Beziehung setzt, sondern gänzlich oder überwiegend auf der Grundlage einer Personifikation, die überwiegend in ihrer Phantasie gegeben sei. Die große Ähnlichkeit zum "Übertragungs-Konzept" der Psychoanalyse wird hier deutlich.

Die Modifikation von solchermaßen definierten Wahrnehmungsstörungen - die ja wiederum verantwortlich für eigene Verhaltenskonsequenzen sind - erfolge am ehesten durch "konsensuelle Validierung", indem die eigenen interpersonellen Bewertungen mit denen anderer verglichen würden. Therapie in der Gruppe sollte dementsprechend primär die Korrektur interpersoneller Störungen zum

Gegenstand haben. Die Beseitigung von Depression wäre z.B. nicht per se ein Therapieziel, sondern die zugrundeliegende interpersonelle Pathologie: eine passive Abhängigkeit, Isolation, die Unfähigkeit, Ärger auszudrücken, Überempfindlichkeit bezüglich Separationen usw.

"One achieves mental health to the extent that one becomes aware of one´s interpersonal relationships" (YALOM 1985, S. 22).

Die Psychotherapie bedient sich - unabhängig von der schultheoretischen Orientierung - implizit stets der interpersonellen Komponente von psychischen Störungen, ja in der

"...Psychotherapie-Anwendung und im Bereich der Forschung (ist) ein interpersoneller Fokus geradezu selbstverständlich..." (SCHNEIDER-DÜKER 1992, S. 107),

weshalb von SCHNEIDER-DÜKER auch eine "interpersonale Nosologie von Störungen und ein ätiologisches Modell" (S. 107) von psychischen Störungen gefordert wird.

Neben der Bedeutung interpersoneller Beziehungen sind es die "korrigierende emotionale Erfahrung" und "die Gruppe als sozialer Mikrokosmos", die das Konzept des interpersonellen Lernens bei YALOM insgesamt ausmachen.

Korrigierende emotionale Erfahrung

Dieses Konzept geht zurück auf ALEXANDER und FRENCH (1946) und besagt,

"...to expose the patient, under more favorable circumstances, to emotional situations that he would not handle in the past. The patient, in order to be helped, must undergo a corrective emotional experience suitable to repair the traumatic influence of previous experience" (ALEXANDER u. FRENCH 1946, zit.n. YALOM 1985, S. 25 f.).

In diesem Zusammenhang wird von YALOM einzelnen "bedeutsamen Ereignissen" (sog. "critical incidents") (MacKENZIE 1990a; 1990b; YALOM 1985) innerhalb des Gruppenprozesses ein hoher Stellenwert zugeschrieben, zuweilen als "Wendepunkt" oder "hilfreichstes Ereignis" während der Therapie bezeichnet. *Einsicht* als Wirkfaktor läßt sich ohne weiteres mit dem beschriebenen Prozeß in Verbindung bringen. Meistens handelt es sich um affektiv sehr befrachtete Situationen (positive oder negative Affekte), die einzelne Gruppenmitglieder, die gesamte Gruppe oder den Gruppenleiter miteinbeziehen (LIEBERMAN et al. 1973; YALOM 1985).

Die Gruppe als sozialer Mikrokosmos

In einer frei interagierenden Gruppe, versehen mit ausreichend Zeit, wird nach YALOM über kurz oder lang jede(r) Patient(in) beginnen, er/sie selber zu sein. Hierzu werde das gleiche interpersonelle Umfeld kreiert, in das der/die Patient(in) schon immer eingebettet gewesen sei. Es werde - mit anderen Worten - damit begonnen, das jeweils unzureichende interpersonelle Verhalten in der Gruppe zu zeigen, quasi vor den Augen der anderen Gruppenmitglieder ausagiert. Die Gruppe stelle damit einen "sozialen Mikrokosmos" der Realwelt eines jeden Gruppenmitgliedes dar.

Wenn nun alle drei Prinzipien des *interpersonellen Lernens,* nämlich die "Bedeutung des *interpersonellen Lernens",* die "korrigierende emotionale Erfahrung" sowie die "Gruppe als sozialer Mikrokosmos" in einer logischen Abfolge organisiert werden, ergibt sich das nachfolgend angeführte Modell, das idealtypisch den Mechanismus des *interpersonellen Lernens* als therapeutischer Wirkfaktor nach YALOM beschreibt:

1. Die Symptome des Patienten enstehen durch gestörte interpersonelle Beziehungen.
2. Die Gruppe stellt einen sozialen Mikrokosmos dar, in dem der/die Patient(in) Beziehungsprobleme erlebt und agiert, die ähnlich denen sind, die er/sie in der Alltagswelt hat.
3. Der Therapeut ermöglicht ein Klima, innerhalb dessen der/die Patient(in) sich der falschen interpersonellen Auseinandersetzungsstrategien bewußt wird.
4. Bewußtsein führt zur Möglichkeit der Veränderung.
5. Der/die Patient(in) experimentiert mit neuem interpersonellem Verhalten in der Gruppe (was umso leichter fällt, wenn der/die Patient(in) motiviert ist und einen Bezug zur Gruppe hat).
6. Das gelernte Verhalten (und seine Rückwirkungen auf das Erleben) wird in der Folge im täglichen Leben ausprobiert. Das Experiment wird in der Gruppe zwecks Validierung berichtet.
7. Eine adaptive Spirale wird in Gang gesetzt, die den Teufelskreis zwischen Symptom und gestörten Beziehungen durchbricht: Mehr angepaßtes (adäquates) interpersonelles Verhalten generiert ein größeres Selbstbewußtsein, die Kapazität für zufriedenstellende Beziehungsgestaltungen erweitert sich, was wiederum

das Selbstwertgefühl anhebt und noch mehr Veränderung erleichtert usw. (BLOCH u. CROUCH 1985, S. 77 f.).

Die Sichtweisen der "dynamisch-interaktionellen" und der psycho-analytischen Schulen sind nach Auffassung von COHN (1969) nicht so weit voneinander entfernt, wie es zunächst den Anschein habe. Das "Dort-und-Dann" der analytischen Gruppenpsychotherapie werde letztlich sehr sinnvoll ergänzt durch das "Hier-und-Jetzt" der Interaktionalisten. Der interaktionelle Gruppentherapeut baue vielmehr gerade auf den FREUDschen Konzepten von "Übertragung" und "Widerstand" auf durch eine "Intensivierung persönlicher Kommunikation und Exploration der im Moment stattfindenden Begegnung" (COHN 1969).

3.1.1.1 Feedback ("interpersonal learning - input")

Wie unschwer zu sehen ist, handelt es sich bei diesem therapeutischen Wirkfaktor um eine Konzeptualisierung von Teilaspekten des von YALOM ausgearbeiteten Konzepts des *interpersonellen Lernens*. In der Literatur auch unter "learning from interpersonal action (LIA oder interaction)" (BLOCH u. CROUCH 1985) behandelt, hat sich der aus der Kybernetik stammende und von LEWIN in die Gruppenpsychologie eingeführte Begriff *Feedback* durchgesetzt. Gemeint ist der spezifische therapeutische Nutzen, der durch die Rückmeldungen aus der Gruppe an das Individuum eine Art von "interpersoneller Einsicht" in Gang setze, daher von YALOM auch als Teilaspekt des interpersonellen Lernens mit der Bezeichnung *interpersonal learning - input* belegt (YALOM 1985).

Wie verschiedene empirische Arbeiten demonstrieren, wird dem Faktor *Feedback* von Patienten überwiegend der höchste Stellenwert im Zusammenhang mit ihrem Therapieerlebnis zugeschrieben. YALOM (1985, S. 81) veranschaulicht anhand eines Überblicks über neun Untersuchungen, daß *Feedback* (also *interpersonal learning - input*) von den Patienten *ambulanter* Therapie-Gruppen durchschnittlich am höchsten eingeschätzt wurde bzw. doch zumeist unter den ersten drei genannten Faktoren anzutreffen war. Ähnliches treffe auch auf "Personal Growth Groups (T-Groups)" zu (S. 83). Verschiedene andere Studien räumen dem Faktor *Feedback* einen ähnlich hohen Stellenwert ein, insbesondere dann, wenn es sich um langzeit- und einsichtsorientierte Gruppen handelte (BLOCH u. REIBSTEIN 1980; BUTLER u. FUHRIMAN 1980; CORDER et al. 1981). Eng verknüpft mit *Feedback* ist offensichtlich der Faktor *Einsicht (insight bzw. self-understanding)*. Über Rückmeldungen anderer Gruppenmitglieder wird ein Verstehens- und Einsichtsprozeß in Gang gesetzt, der als hilfreich erlebt wird (BERZON et al. 1963; BLOCH u. REIBSTEIN 1980; BUTLER u. FUHRIMAN 1980; ROHRBAUGH u. BARTELS 1975; SCHAFFER u. DREYER 1982).

Für *stationäre* Gruppen gilt anscheinend eine etwas andere Gesetzmäßigkeit. *Feedback* rangiert in der Auskunft der Betroffenen, ermittelt unmittelbar nach dem Therapieerlebnis, nicht so hoch unter dem Aspekt, "hilfreich" gewesen zu sein. Hier findet man vor allem *Kohäsion* (BUTLER u. FUHRIMAN 1980; MAXMEN 1973) und *Einflössen von Hoffnung* (MARCOVITZ u. SMITH 1983; MAXMEN 1973), was angesichts der vergleichsweise kurzen Interventionszeit nicht verwundern muß (BLOCH u. CROUCH 1985). Neben dem Aspekt "stationär/ ambulant" scheint auch die Dauer einer Gruppe von mit ausschlaggebender Bedeutung zu sein. Therapiegruppen, die von vorneherein mit der Maßgabe einer sehr kurzen zeitlichen Dauer und einer sehr beschränkten Sitzungszahl arbeiten (wenige Tage oder Wochen bzw. bis ca. 20 Sitzungen), produzieren bei den Betroffenen eine offenbar andere Erfahrung als Langzeitgruppen. Es entwickelt sich wohl nicht die Vetrautheit, daß Faktoren wie *Selbstöffnung* oder *Einsicht* zum Tragen kommen könnten, wie dies auch MAXMEN (1973) bei seinen 100 untersuchten, überwiegend psychiatrischen, Patienten vermutet.

MARCOVITZ und SMITH (1983) hingegen vermuten, daß die relevanten Wirkfaktoren eher vom therapeutischen Konzept abhingen als von den äußeren Rahmenbedingungen. Aufgrund ihrer Untersuchung an 30 stationären psychiatrischen Patienten, die in Kurzzeitgruppen behandelt wurden, kamen sie zu dem Ergebnis, daß die Rangfolge der als hilfreich erlebten Faktoren signifikant mit der von YALOM anhand von neun Studien über ambulante, eher langzeitorientierte, Gruppen ermittelten Rangfolge (YALOM 1985) korrelierte. Die Autoren schließen daraus, daß das von ihnen verwendete psychodynamische Modell eher von dem von MAXMEN (1973) eingesetzten, mehr edukativen, differierte. Die Vergleichbarkeit der Patienten-Klientel, das stationäre Setting und der zeitlich kürzere Therapieansatz spielten demnach eine eher untergeordnete Rolle bei der Therapieerfahrung.

3.1.1.2 Verhaltensänderungen ("Interpersonal learning - output")

Obwohl - neben Erlebens- und Einstellungsänderungen - das Ändern von inadäquaten und ungünstigen Verhaltensweisen zu den Hauptzielen von Psychotherapie generell zählt (nicht nur in der Verhaltenstherapie), muß es doch sehr verwundern, daß dem Wirkfaktor *interpersonal learning - output* ein offensichtlich geringer Stellenwert zugeschrieben wird. Patienten gewichten diesen Faktor rückblickend -

oder auch während der Gruppentherapie - nur gering im Hinblick auf ihr Therapieergebnis. Ähnlich wie beim Wirkfaktor *identification ("imitative behavior")* spielen zwar Identifikations- und Imitationsprozesse vermutlich schon eine große Rolle im Rahmen von therapeutischen Veränderungsprozessen, sie seien gleichwohl unter Gruppenpatienten unpopulär, weil sie einen Verlust von Individualität suggerierten (YALOM 1985). Hier zeigt sich die Zweifelhaftigkeit einer Forschungspraxis, den realen Wert von therapeutischen Wirkfaktoren über die subjektiven Einschätzungen Betroffener zu bestimmen. Dies gilt in vergleichbarem Maße für andere Wirkfaktoren, wie sich besonders eindrücklich beim Wirkfaktor *Rekapitulation der Primärfamilie* verdeutlichen läßt (vgl. 3.1.4).

Ein Vergleich von 100 in Gruppen behandelten Patienten mit den Einschätzungen von 30 Mitgliedern des therapeutischen Teams einer Kriseninterventionsabteilung einer psychiatrischen Klinik (sogar behavioral orientiert) erbrachte keinerlei Zusammenhänge zwischen der von den Patienten angegebenen Rangreihe an hilfreichen Wirkfaktoren und der von den Behandlern, weder nach der ersten noch nach der letzten Gruppensitzung (SCHAFFER u. DREYER 1982). Während die Patienten *Verhaltensänderungen (interpersonal learning-output)* als am wenigsten hilfreich einstuften, hielten die Therapeuten diesen Faktor neben *Katharsis* und *Identifikation* für am wichtigsten.

Die "adaptive Lern-Spirale" des "dynamisch-interaktionellen Modells" der Gruppenpsychotherapie (BLOCH u. CROUCH 1985; YALOM 1985) baut wesentlich auf neuem Verhalten auf, das der/die Patient/in ausprobiert und modifiziert, bis er/sie schließlich angemessenere Beziehungen mit anderen Menschen gestalten kann, was wiederum seinen/ihren Selbstwert erhöht und selbstverstärkend wirkt. Ohne Verhaltenskonsequenzen bzw. Umsetzungen intrapsychischer Veränderungen (Einsicht, Umbewertungen, Umstrukturierungen) in verhaltensrelevante Bereiche - also in den interpersonalen Raum - muß jede therapeutische Veränderung zweifelhaft bleiben, dies wird auch von psychoanalytischer Seite nicht anders gesehen. Umso enttäuschender ist die mangelhafte Kontrolle von *Verhaltensänderungen* durch die Forschung im Bereich der Gruppenpsychotherapie. Dies kann nur vor dem Hintergrund gesehen werden, daß die theoretische Behandlung des globalen Wirkfaktors *interpersonal learning* (YALOM 1985) bzw. *learning from interpersonal action (LIA)* (BLOCH u. CROUCH 1985) ein Amalgamieren von verschiedensten interpersonellen, interaktiven Gruppenprozessen - *Feedback, Einsicht* und Konsequenzen daraus = *Verhaltensänderungen* - darstellt, dessen Gesamtergebnis irgendwie mit dem Therapie-Ergebnis in Verbindung gebracht wird. Der relative Stellenwert von realen aktiven *Verhaltensänderungen* (z.B. von beobachtbaren maladaptiven Auseinandersetzungsstrategien bzw.

der Aufbau von neuem, adäquaterem interpersonell wirksamen Verhalten) im Unterschied zu vergleichsweise passiv erlebtem *Feedback* durch einzelne andere bzw. die gesamte Gruppe oder den Verhaltenskorrelaten von *Identifikations*prozessen ist nur zu ermessen, wenn eine klare Trennung all dieser an dem globalen Phänomen *Interaktion* beteiligten Aspekte vorgenommen wird. Dies ist bislang kaum jemals in Untersuchungen der Fall gewesen, was die weiterhin bestehenden Unklarheiten über den Stellenwert des Faktors *Interaktion* bzw. *Interpersonelles Lernen* im Rahmen von Gruppenpsychotherapien erklärt (TSCHUSCHKE 1990b).

3.1.2 Kohäsion ("cohesiveness" oder "cohesion")

Die grundlegende Definition von CARTWRIGHT und ZANDER (1962), derzufolge *Kohäsion*

"...die Resultante aller Kräfte (ist), die auf die Gruppenmitglieder dahingehend einwirken, in der Gruppe zu bleiben",

verdeutlicht die Abstraktheit und Verschwommenheit, die diesem als so grundlegend für die Gruppenpsychotherapie angesehenen Konzept noch immer anhaftet (BLOCH u. CROUCH 1985).

"Despite their apparent utility in the practice of group work, however, cohesion and cohesiveness have been a spectacular embarrassment to group theory and research. Over 30 years of effort has not enabled us to achieve an accepted definition of the terms" (KAUL u. BEDNAR 1986).

Dieser - gemeinhin von Klinikern und Theoretikern als möglicherweise am wichtigsten angesehene - Wirkfaktor ist vielleicht gerade deshalb der schillerndste und unklarste, weil er Gruppenkräfte symbolisiert, die so schwer zu operationalisieren scheinen, ja es nicht einmal klar zu sein scheint, ob es sich um einen Wirkfaktor oder eine "Bedingung" für therapeutische Veränderung handelt (BLOCH u. CROUCH 1985; FRANK 1957; KAUL u. BEDNAR 1986; MacKENZIE 1987; YALOM 1985). In *Gruppenkohäsion* konstituiere sich eine fundamentale Eigenschaft und Spezifität von Therapiegruppen (MacKENZIE 1990b). Sie diene vor allem dazu, die Gruppe als Entität durch Phasen schwieriger therapeutischer Arbeit aufrechtzuerhalten und sei eine notwendige Basis, auf der die therapeutischen Wirkfaktoren erst zum Tragen kommen könnten. Man sieht damit *Kohäsion* gleichfalls eher als therapeutische Bedingung an und setzt sie analog zur therapeutischen Allianz in der Individualpsychotherapie (MacKENZIE u. TSCHUSCHKE 1993).

BLOCH und CROUCH (1985) benennen verschiedene Aspekte des Konzeptes *Gruppenkohäsion:*

> - die eigentliche *Gruppenkohäsion*
>   hierunter fassen sie einen sogenannten "Gruppengeist"
>   (esprit de corps), ein Zusammengehörigkeitsgefühl,
>   eine Art Gruppenidentifikation
> - *Akzeptanz*
>   Gefühl der Aufgehobenheit, Verlust von Isoliertheits-
>   gefühlen, Toleranz der Gruppe dem einzelnen
>   Patienten gegenüber, Akzeptanz des einzelnen durch
>   die Gruppe
> - *Unterstützung*
>   emotionale Unterstützung, unterstützende Beziehungen,
>   Rückversicherung durch die Gruppe

Der Versuch, das globale und unscharfe Konzept durch operationalere Definitionen zu erhellen, wirkt durch diese Aufsplitterung in verschiedene Aspekte auch nicht sehr gelungen, erscheinen die einzelnen Teilaspekte doch sehr willkürlich einem der Oberbegriffe zugeordnet und einander sehr ähnlich. Immerhin wird deutlich, daß *Kohäsion* sowohl vom Individuum der Gruppe entgegengebracht werden kann, wie auch für die Gruppe insgesamt ein Zusammengehörigkeits- und Identitätsgefühl wirksam werden kann (TSCHUSCHKE 1987).

Auch BLOCH und CROUCH (1985) sehen eher eine notwendige therapeutische Rahmenbedingung in der *Gruppenkohäsion* denn einen eigenständigen therapeutischen Faktor:

"In the specific context of group therapy...the phenomenon of cohesion...is best conceived of as *a condition for change.* A group must be attractive to its members in order that therapeutic factors can operate" (BLOCH u. CROUCH 1985, S. 100).

Dieses - als Analogon zur therapeutischen Allianz der Individualpsychotherapie aufgefaßte - Gruppenphänomen wird als nicht statische, einmal erreichte und aufrechterhaltene Qualität aufgefaßt, sondern als ein im Verlaufe des Gruppenlebens fluktuierendes Merkmal.

"It would be a mistake to equate cohesion with comfort. Although cohesive groups may show greater acceptance, intimacy, and understanding, there is evidence that they also permit greater development and expression of hostility and conflict. Cohesive groups are groups that are able to embrace conflict and to derive constructive benefit therefrom" (YALOM 1985, S. 65 f.).

Daß *Kohäsion* einerseits einen größeren Gruppenzusammenhalt bedeutet und ein Binnenklima schafft, das mehr Verständnis, Vertrauen und Integration ermöglicht und dennoch andererseits - wohl gerade deshalb - auch mehr Aggressivität und Kritik(fähigkeit) in der Gruppe hervorbringt, sieht YALOM (1985) als eines der Hauptprobleme der Forscher an, die eine "präzise, stabile, meßbare und eindimensionale Variable" bräuchten und keine so offensichtlich multidimensionale wie sie die *Kohäsion* darstelle (BEDNAR u. KAUL 1978; SILBERGELD et al. 1975), ein Phänomen, das letztlich eine "Funktion einer undefinierten Anzahl von Faktoren" sei (KAUL u. BEDNAR 1986).

Die Beziehung zwischen *Gruppenkohäsion* und Therapie-Ergebnis wird überwiegend als eine linear-positive angesehen (BLOCH u. CROUCH 1985; FRANK 1957; TSCHUSCHKE 1987). Es fragt sich nur, wieviel *Kohäsion* ist erforderlich - für die gesamte Gruppe als System, um bestehen zu können, und für das individuelle Gruppenmitglied, um Erfolg zu haben - und ab welchem Niveau wird *Kohäsion* kontraproduktiv (BLOCH u. CROUCH 1985)? Die "optimale Intensität" (GROTJAHN 1981) wird ausgiebig in der Literatur diskutiert, da *Kohäsion* sowohl im Dienste des Widerstands stehen kann ("resistance cohesion") wie auch im Dienste therapeutischer Arbeit ("therapeutic cohesion") (ISSACHAROFF 1981).

Bezüglich der Forschung zu diesem "Wirkfaktor" bzw. "Bedingung für therapeutische Veränderung" fordern KAUL und BEDNAR (1986) neben einer expliziten Definition des Merkmals spezifischere Informationen über die untersuchten Gruppen, ihre Mitglieder, die Art der Behandlung, die Phasen, in denen *Kohäsion* gemessen wurde, um das "Defizit an *Kohäsion* in der *Kohäsions*forschung" zu überwinden.

3.1.3 Selbstöffnung ("self-disclosure")

"Selbstöffnung", "Selbstenthüllung" oder "Selbstoffenbarung" (COCHÉ 1980) beschreibt ein Phänomen, dem im psychotherapeutischen Setting - auch in der Einzelpsychotherapie, aber speziell in der Pluralität der Gruppe - ein sehr hoher Stellenwert beigemessen wird (BLOCH u. CROUCH 1985; STRICKER u. FISHER 1990). Erste Ergebnisse zur *Selbstöffnung* (im folgenden *S-D* genannt) kamen von JOURARD, für den der Prozeß der Öffnung der Person in der Einzel- wie in der Gruppentherapie der wichtigste Schritt hin zur Gesundheit war, die Bereitschaft zur *S-D* mithin ein Maßstab für psychische Gesundheit darstellte (JOURARD 1964). Verschiedene Autoren stimmen dieser Auffassung zu, indem sie *S-D* als notwendige Bedingung für eine erfolgreiche Psychotherapie ansehen (ALLEN 1973; BLOCH u. CROUCH

1985; CORSINI u. ROSENBERG 1955), ohne die andere Wirkfaktoren gar nicht erst zur Entfaltung kämen (YALOM 1985). Am Beispiel der anfänglich naiven Ermittlung von *S-D,* indem die Beteiligten auf dem Fragebogen ihre Bereitschaft und Fähigkeit zur *S-D* selber einschätzen sollten - und der sich einstellenden Enttäuschung, daß die kundgetane Bereitschaft in keiner Weise mit dem wirklichen Grad von *S-D* in der Therapiestunde korrelierte (COZBY 1973; HURLEY u. HURLEY 1969) - , läßt sich deutlich aufzeigen, daß der Weg über die Befragung von Beteiligten (in der Regel Patienten) kaum sinnvoll gangbar ist. Aus verschiedenen - plausiblen - Gründen sind die Betroffenen selber nicht in der Lage, ein objektives Bild ihrer eigenen therapeutischen Veränderungsprozesse nachzuzeichnen: selektive Wahrnehmung, Verzerrung der Wahrnehmungen, Scham, Nicht-Bewußtwerdung, z.B. aufgrund von Abwehr, Unfähigkeit der Einschätzung komplexer psychotherapeutischer Abläufe etc. stehen dem entgegen.

Die anfänglich anhand von Studenten-Gruppen vielfach validierte These von JOURARD, daß *S-D* und seelische Gesundheit korrelierten, ließ sich mit schwerer gestörten Patienten gleichfalls bestätigen (ANCHOR et al. 1973; COCHÉ 1980), was der These JOURARD's jedoch widersprach. Die *S-D*-Forschung erbrachte nicht so plausible und stimmige Ergebnisse, wie anfänglich vermutet. Zwar ließ sich feststellen, daß kohäsivere Gruppen mehr *S-D* ermöglichten bzw. umgekehrt (KIRSHNER et al. 1978; YALOM 1975), man fand *S-D* aber auch nur unter bestimmten Bedingungen als hilfreich: Nicht bei allen Patienten-Gruppen - bei Schizophrenen scheint ein niedrigeres Maß an *S-D* günstig (STRASSBERG et al. 1975) - , nur in Verbindung mit *Einsicht* (LIEBERMAN et al. 1973) und auch eine zu frühe und unangebracht zu intensive *S-D* ("overdisclosing") scheint kontraproduktiv zu sein und führt vermutlich zur Isolation in der Gruppe (BLOCH u. CROUCH 1985).

Es leuchtet unmittelbar ein, daß Psychotherapie eine gewisse Öffnung über problematische Bereiche des privaten Selbst erforderlich macht, quasi einen Transport von Informationen

"...von der Kategorie "persönliche Geheimnisse" zur Kategorie "öffentlich Bekanntes"" (MacKENZIE 1990b, S. 335),

da ansonsten eine Bearbeitung dieser häufig sehr schambesetzten und verletzbaren Anteile des Selbst nicht möglich erscheint. Der geäußerte Inhalt schließt eine Vielfalt von persönlichen Ereignissen ein, aus der Vergangenheit und dem Leben außerhalb der Gruppe (sog. "vertikale *S-D*"), Fantasien und Träume oder aus dem Hier-und-Jetzt, Untersuchungen der interpersonellen Effekte und Implikationen in der Gruppe durch die Öffnung (sog. "horizontale *S-D*") (VINOGRADOV u.

YALOM 1990). Auch Gefühle, Einstellungen und Gedanken, die ein Patient in Beziehung zur Gruppe oder einem spezifischen Gruppenmitglied empfindet, gehören dazu (BLOCH u. CROUCH 1985).

Worum es auch hier geht, ist das Ausmaß, die Qualität und der Zeitpunkt der Öffnung des Individuums in der Gruppe, die von Bedeutung sind. *S-D* ist in der Einzel- wie in der Gruppentherapie möglich, sie ist allerdings in der Gruppe für das Individuum mit einem größeren Risiko verbunden als in der Einzeltherapie - es kann mißverstanden, zurückgewiesen oder ausgegrenzt werden für seine Öffnungen (VINOGRADOV u. YALOM 1990). Der belohnende Effekt allerdings, der durch die Akzeptanz anderer nach vorausgegangener Öffnung erfolgen kann, stellt für Patienten häufig ein vitales Erlebnis dar.

"To reveal oneself, and then to be actively accepted and supported by others, is deeply validating. Patients often entertain some disastrous or shameful fantasy about revealing less-than-ideal parts of themselves; to allow others to see "the real me" and to have that fantasy disconfirmed is highly therapeutic" (VINOGRADOV u. YALOM 1990, S. 194).

Allerdings folgt hieraus auch, daß *S-D* ein nicht unerhebliches Risiko birgt, daß die Gruppe die Öffnung nicht annimmt und das Individuum aufgrund seiner die Gruppe möglicherweise überfordernden und problematischen *S-D* in eine "Omega-" oder "Schwarze Schaf"-Position ("scapegoat") gerät (MacKENZIE 1990a; SCHINDLER 1957-58), was seine schlimmen Befürchtungen ja gerade erst recht validieren würde. Die Frage, inwieweit ein Gruppenpatient aufgrund eines oder mehrerer mißglückter Versuche der *Selbstöffnung* früh in der Gruppe in eine Außenseiter-Rolle gerät, die eine Annahme von *Feedback* der anderen weiterhin verhindert oder zumindest erschwert und der gesamte Therapieverlauf für dieses Individuum einen fatalen, weil regressiven oder ungünstigen Verlauf nimmt (bis hin zum vorzeitigen Ausstieg), ist bislang praktisch nicht untersucht worden.

S-D erweist sich als ein offenbar schwierig einzuschätzender Wirkfaktor, da seine potentiell heilsame Wirkung auf einer geglückten Balance beruhen muß zwischen "nicht zu früh" bzw. "nicht zur falschen Zeit", "nicht zuviel", "nicht zuwenig", was alles in allem eine gesunde integrierte Person erfordert, die darüber hinaus sozial sensitiv ist - eine Unmöglichkeit angesichts der in therapeutischen Gruppen behandelten Klientel. Maladaptive *S-D* kann auch in einem Zuwenig erfolgen: der/die Patient/in mißtraut dem Gruppenleiter, verspürt Ängste, die Gruppe akzeptiert nicht oder verurteilt gar. Zuviel *S-D* verschreckt schnell den Rest der Gruppe: "Was will der? Erwartet der von uns etwas ähnliches?" Die Gruppe kann sich entwertet und zu nahe getreten fühlen, ein zu schnelles Intimitätsgebaren ist sozial naiv (MacKENZIE 1990b) und kann zur Nicht-Akzeptanz durch die anderen führen. Gruppenmitglieder, die sich zu früh und zu häufig öffnen, stellen mit einer hohen Wahrscheinlichkeit auch diejenigen Mitglieder dar, die vorzeitig aussteigen (YALOM 1966; 1985).

Ziemlich gut gesichert ist die positive Verbindung zwischen *S-D* als therapeutischem Wirkfaktor auf der einen und *Kohäsion* als Wirkfaktor auf der anderen Seite (JOHNSON u. RIDENER 1974; KIRSHNER et al. 1978; QUERY 1964; RIBNER 1974; TSCHUSCHKE 1987). Kohäsivere Gruppen ermöglichen offenbar ein Klima, in dem *S-D* risikofreier erfolgen kann bzw. sich öffnende Gruppenmitglieder lassen ein kohäsiveres Binnenklima in der Gruppe entstehen. Bezüglich des günstigsten Zeitpunktes während der Dauer der Gruppentherapie gibt es sehr wenig Wissen, außer daß eine zu frühe Öffnung, bei mangelnder Vertrautheit, kontraproduktiv zu sein scheint (s.o. und YALOM 1966; 1985). KAHN und RUDESTAM (1971) fanden eine eher zum Beginn der Gruppe erfolgende Öffnung als sympathiestiftend bei den anderen Gruppenmitgliedern, allerdings in einer Selbsterfahrungsgruppe mit Studenten. Patienten-Gruppen scheinen in diesem Bereich sensibler zu sein, was ihre Irritierbarkeit durch geäußerte sehr persönliche Dinge angeht (siehe weiter unten der negative Effekt von Therapeuten-*S-D*).

Einen großen Einfluß und eine möglicherweise unschätzbar wertvolle Hilfe für sozial günstige Öffnung mit positiver Auswirkung auf die "*S-D*-Mentalität" der Gruppe scheint die Haltung des Gruppenleiters auszuüben, die im allgemeinen eine offenere ist als die des Individualtherapeuten (VINOGRADOV u. YALOM 1990). Die *Selbstöffnung* des Therapeuten bzw. Gruppenleiters ist eine Variable im psychotherapeutischen Veränderungsprozeß, die gleichfalls - richtig dosiert, an der richtigen Stelle - als ein Agens der Veränderung diskutiert wird (CZOGALIK 1990; DIES 1977) (in dieser Untersuchung nicht weiter kontrolliert). Allerdings bleibt auch hier der Stellenwert der Transparenz des Therapeuten umstritten. Es gibt Hinweise, daß Teilnehmer von Studenten- und Selbsterfahrungsgruppen die Öffnungen des Gruppenleiters als hilfreicher und günstiger einschätzten (BUNDZA u. SIMONSON 1973) als Patienten von Therapiegruppen (DIES u. COHEN 1976; WEIGEL u. WARNATH 1968). Bei 40 stationären psychiatrischen Patienten allerdings wurde eine signifikant positive Beziehung zwischen der Therapeuten-Transparenz und einer Öffnung auf seiten der Patienten gefunden (TRUAX u. CARKHUFF 1965).

3.1.4 Rekapitulation der primären Familiengruppe ("family re-enactment")

Dieser Wirkfaktor wurde von YALOM (1975, 1985) konzeptuell einge-führt. Er ist der Auffassung, daß jegliche Form von Gruppen-psychotherapie stets vor dem generellen Hintergrund gesehen werden müsse, vor dem die Gruppe erlebt werde: dem der Familie.

"Few therapists will deny that the primary family of each group member is an omnipresent specter which relentlessly haunts the group therapy room. The patient´s experience in his other primary family obviously will, to a great degree, determine the nature of his or her parataxic distortions, the role the patient assumes in the group, his or her attitudes toward the group leaders, and so on. In other words, there is every reason to believe that early primary family experience influences the nature of each member´s therapy group experience and imbues it with power.

There is little doubt in my mind that the therapy group reincarnates the primary family." (YALOM 1985, S. 91).

Die Familie "spuke" für jedes Gruppenmitglied förmlich im Gruppenraum. Der Patient reinszeniere frühe familiäre Skripte in der Gruppe. Falls er/sie erfolgreich sei, würde sich die Möglichkeit des Experimentierens mit neuem Verhalten in der Gruppe ergeben, um sich letztlich von der angestammten Familien-Rolle zu befreien, in die er/sie so lange eingebunden gewesen sei.

Die Überzeugung von YALOM wird als überwiegend von seiner theoretischen und klinischen Position her bestimmt angesehen (BLOCH u. CROUCH 1985) und weniger als von empirischer Seite her gestützt. Wie fast alle Studien zeigen, wird dem Faktor *family re-enactment* praktisch keine Bedeutung von Patientenseite her eingeräumt. Mit den Faktoren *Anleitung* und *Identifikation* rangiert er am Ende der Wichtigkeit fast aller empirischen Studien, die Gruppenteilnehmer nach ihrem Therapie-Erlebnis befragten (MacKENZIE 1987; YALOM 1985). Tatsächlich räumt auch YALOM selber ein, daß dieser Wirk-faktor wohl auf einem anderen Abstraktionsniveau verstanden werden müsse als z.B. *Universalität des Leidens* oder *Katharsis*. Hier setzt auch die Kritik an YALOM ein, mit seinem forced-choice-Q-Sort-Verfahren den Gruppenteilnehmern ein Instrument vorzulegen, das speziell in den Items des Faktors *family re-enactment* auf der Bewußtseinsebene Aspekte des Unbewußten abfrage (WEINER 1974). Es schließt sich noch ein anderes Problem an, nämlich das der genetischen vs. der interpersonellen *Einsicht*. Praktisch das gesamte Forschungswissen über Wirkfaktoren in der Gruppenpsychotherapie konnte bislang nicht den Nachweis einer unterschiedlichen Wirksam-keit von interpersonell gewonnener *Einsicht* bzw. psychogenetisch erworbener *Einsicht* erbringen. YALOM´S Patienten hätten von Symptomverlusten profitiert aber nicht psychodynamisch, da sie durch den interpersonellen Gruppenansatz schlicht die Möglichkeit und somit den Punkt der Exploration und des Verständnisses der unbewußten Kräfte in ihnen nicht eröffnet bekommen hätten (BLOCH u. CROUCH 1985). Eine Einschätzung von eher psychodynamisch konzeptualisierten Wirkfaktoren wie *family re-enactment* oder *Identifikation* könne demzufolge auch nicht erwartet werden.

Die konzeptuelle Bedeutung des Wirkfaktors *family re-enactment* mag tatsächlich von kaum einem Gruppentherapeuten bezweifelt werden. Das sich stellende Problem liegt in der Erfaßbarkeit von Vorgängen, die praktisch nicht beobachtbar und dem Bewußtsein der Beteiligten kaum zugänglich sind. Dies dürfte der entscheidende Grund sein, warum - nach diesem Faktor befragt - er von Teilnehmer von Gruppen als nicht relevant eingeschätzt wird, und zwar durchgängig, ungeachtet des Faktums, ob Mitglieder von stationären, ambulanten, Langzeit- oder Kurzzeitgruppen befragt worden sind. Und weil eben etwas Unbeobachtbares auch nicht objektiviert werden kann. Gleichwohl stellt sich hier die gleiche Kontroverse, die schon längere Zeit aus der Psychoanalyse bekannt ist: Können unbewußte Prozesse, wie sie die psychoanalytische Methode zu behandeln behauptet, in ihren Veränderungen oder Auswirkungen über den Verlauf von Psychotherapien hinweg wissenschaftlich-nomothetisch untersucht werden? Auf diese Kontroverse kann hier nicht eingegangen werden, da sie einen eigenen Raum beansprucht. Sie ist an anderer Stelle ausführlich geführt worden (KIENER 1978; LEUZINGER-BOHLEBER 1989; LORENZER, 1970; ROSENKÖTTER, 1969; THOMÄ u. KÄCHELE 1973; TSCHUSCHKE u. EHLERS 1983).

3.2 Überblick und Kritik der Wirkfaktorenforschung in der Gruppenpsychotherapie

Die Gruppenpsychotherapie leidet speziell unter einem enormen Defizit an objektiver und systematischer Forschung. Während sich bei der Forschung in der Einzelpsychotherapie in den letzten Jahren - wie vor allem die vorgestellten Methoden und Forschungsansätze im Rahmen der jährlichen Tagungen der "Society for Psychotherapy Research (SPR)" zeigen - doch erhebliche Fortschritte durch eine Konzentration auf Prozeß- und Einzelfallforschung herauskristallisieren (zur Notwendigkeit der Umorientierung auf detaillierte Einzelfallforschung vgl. GRAWE 1988), krankt die Forschung in der Gruppenpsychotherapie noch immer an den folgenden Merkmalen:

1. Der unsinnige gruppenstatistisch motivierte Ansatz versucht noch immer, Patienten- oder Gruppenmerkmale zu finden, die

charakteristisch für Therapieergebnisse bestimmter Gruppen-
konzepte bzw. -techniken sein könnten bzw. für bestimmte
Patienten-Gruppen.
2. Patienten aus Therapiegruppen bzw. Teilnehmer von Selbsterfahrungsgruppen ("Personal Growth Groups" bzw. "Human
Relations Groups") werden nach ihrer Therapieerfahrung gefragt
und die subjektiven Auskünfte für objektive Wahrheiten
genommen.
3. Zumeist werden einmalige Erhebungen, entweder retrospektiv
mit bis zu jahrelangem Abstand von der Therapieerfahrung,
durchgeführt oder Messungen vorgenommen, die unnachvoll-
ziehbar irgendwann während der Laufzeit der Gruppe nur einen
Momenteindruck widerspiegeln.

Der erste Kritikpunkt weist die Forschung in der Gruppenpsychotherapie als der Forschung in der Individualpsychotherapie hinterher-
hinkend aus. Detaillierte Einzelfallstudien, die der Komplexität der
Prozesse in der Psychotherapie und speziell denen einer therapeutischen Gruppe Rechnung trügen und die über den Verlauf einer
Gruppe hin erfolgen würden, fehlen gänzlich. Dies mag vor allem an
der enormen Komplexität der gruppalen Prozesse liegen, weil z.B.
der Beitrag eines jeden Gruppenmitgliedes empirisch erfaßt werden
müßte und möglichst auch noch Gruppenphänomene wie z.B.
Gruppenrollen oder Phasen der Gruppenentwicklung mit im Auge
behalten werden müßten (LIVESLEY u. MacKENZIE 1983; MacKENZIE
u. LIVESLEY 1983; TSCHUSCHKE u. MacKENZIE 1989).
Der zweite Punkt beleuchtet den vor allem in den USA und Kanada
üblichen Pragmatismus, die Betroffenen selber zu befragen und die
Auskünfte als objektive Wahrheiten zu behandeln. Dieser "naive
Empirismus" kann natürlich keine differentiellen Ergebnisse zutage
fördern und die einheitlichen Ergebnisse über stationäre vs. ambulante Therapiegruppen spiegeln dies wider (TSCHUSCHKE 1989;
1990a). Es spricht nichts dafür, daß Teilnehmer von Gruppen,
insbesondere Patienten, in der Lage wären, die für eine bei ihnen
erfolgte (therapeutische) Veränderung bedeutsamen Faktoren zu
identifizieren. Erst recht nicht, wenn diese Faktoren auf einem
erhöhten klinisch-theoretischen Abstraktionsniveau operieren bzw.
unbewußte Prozesse beschreiben (DIES u. MacKENZIE 1983, S. 207;
LIEBERMAN 1983). Psychiatrische Patienten in einer deutschen Studie
in einem stationären Setting (gesprächstherapeutische und psychoanalytische Gruppen) waren nicht in der Lage, *Kohäsion* rückblickend im
Hinblick auf das Therapieergebnis richtig einzuschätzen (ECKERT u.
BIERMANN-RATJEN 1985). Erst eine systematische Fremdbeurteilung
durch trainierte Beobachter machte den Zusammenhang zwischen

Therapieerfolg und dem Prozeßmerkmal *Kohäsion* deutlich. Auf die vollständigen Diskrepanzen zwischen den Auskünften von Patienten und Behandlern im Bezug auf die wirksam gewordenen Veränderungsfaktoren innerhalb eines stationären Behandlungs-Settings (SCHAFFER u. DREYER 1982) ist bereits weiter oben hingewiesen worden.

Wie eindeutig nachgewiesen werden konnte, sind die Auskünfte von Gruppenteilnehmern bezüglich der hilfreichen therapeutischen Mechanismen stark von der Ideologie des Gruppenleiters/-therapeuten, von dem Problem, das einen Patienten zu einer Therapiegruppe bringt sowie von den generellen sozialen Werten und Glaubenssystemen über therapeutische Hilfe abhängig (LIEBERMAN u. BORMAN 1979). Die methodologischen Defizite der Fragebogen-Methode z.B. mit dem Q-Sort nach YALOM (1975; 1985) oder mit den offenen Fragen nach den hilfreichsten Mechanismen bzw. Faktoren (BLOCH u. CROUCH 1985, S. 222) führen einmal zu Artefakten aufgrund sozialer Erwünschtheit bei den Auskünften; sie verleiten weiterhin zu stereotypen Auskünften; vor allem aber sind sie anfällig gegenüber dem dem Individuum unbewußten gruppenideologischen Einfluß durch den Gruppenleiter. Wie LIEBERMAN die Ergebnisse seiner Studie mit YALOM und MILES (LIEBERMAN et al. 1973) zusammenfassend kommentiert, kann es im Grunde keine verläßlichen Auskünfte durch Gruppenteilnehmer selbst geben:

"The influence of professional leaders on group ideology or the special demands of the affliction may override all other considerations. There may in fact be a unique set of events or experiences associated with change, but given the context of such studies, any approach that relies on phenomenological data will be shaped more by the context than by the specificity of change. Perhaps participants are fundamentally incapable of reflecting sensitively on particular experiences they have had in a change context.

To state this another way, patients can provide us with answers only for the questions we as researchers ask, and therefore we end up studying reflections of our own theories." (LIEBERMAN 1983, S. 208).

Wie Übersichten über die wenigen verfügbaren empirischen Arbeiten zeigen (BLOCH u. CROUCH 1985; MacKENZIE 1987; TSCHUSCHKE 1989; YALOM 1985), ergeben sich praktisch kaum irgendwelche Unterschiede bei den Auskünften von Gruppenteilnehmern, die nach hilfreichen Wirkfaktoren befragt worden waren.

Die einzigen Studien, die Wirkfaktoren mit dem Therapieergebnis in Verbindung brachten (3 Studien!), untersuchten eine derart unterschiedliche Klientel, daß keine Verallgemeinerungen erkennbar wären. YALOM (1975) berichtet von 20 ambulanten Patienten, die primär *Feedback, Katharsis* und *Kohäsion* als hilfreich empfanden und *family re-enactment, Anleitung* und *Identifikation* (bzw. *stellver-*

tretendes Lernen) am niedrigsten einstuften. LIEBERMAN et al. (1973) untersuchten studentische Mitglieder von Selbsterfahrungsgruppen und fanden vor allen anderen *Einsicht* als am höchsten bewertet. Die spezifische Situation von 50 schwarzen, männlichen Gefängnisinsaßen, ehemaligen Drogenabhängigen, die intensiv über 16 Monate gruppentherapeutisch behandelt wurden, spiegelt sich in der hohen Bewertung des *existentiellen Faktors,* nirgendwo sonst mit vergleichbarer Einschätzung versehen (STEINFIELD u. MABLI 1974). Interessanterweise steht auch hier der Faktor *Einsicht* an erster Stelle, für BLOCH und CROUCH (1985) ein Beweis, daß längerfristige Gruppenbehandlungen zumeist diesen kognitiven Faktor als wesentlich erscheinen ließen, ganz im Gegensatz zu kurzfristigen Gruppenbehandlungen. Als am geringsten von den Strafgefangenen eingeschätzt: *Altruismus, Anleitung, Universalität des Leidens* und *Identifikation.* Wenn man die soziale Situation der Betroffenen betrachtet, verwundern die letztgenannten Ergebnisse allerdings auch nicht.

Die berichteten *Wirkfaktoren*-Rangfolgen bei stationären Gruppen-patienten (MACASKILL 1982; MARCOVITZ u. SMITH 1983; MAXMEN 1973; SCHAFFER u. DREYER 1982) erbringen keine wesentlichen Unterschiede im Vergleich mit den Studien, die über ambulante Gruppenpatienten berichten (BLOCH u. REIBSTEIN 1980; CORDER et al. 1981; DICKOFF u. LAKIN 1963; YALOM 1985). Einzige tenden-tielle Erkenntnis: Mitglieder von Langzeitgruppen (Patienten und Selbsterfahrungs-Teilnehmer) scheinen eher *Einsicht* als wirkungsvoll anzusehen als Teilnehmer von Kurzzeitgruppen (BLOCH u. CROUCH 1985; MAXMEN 1973; ROHRBAUGH u. BARTELS 1975). Dieses Ergeb-nis vermag nicht zu überraschen. Im Lichte der Kritik LIEBERMAN's (1983) wäre jede andere Schlußfolgerung als die, die Therapeuten dieser auf langfristige Wirkung angelegten Gruppen betrachteten *Einsicht* als eines der wesentlichen Ziele ihrer Gruppen, abwegig.

Ein anderer, wichtiger, Punkt könnte in dem großenteils ausge-suchten Klientel bestehen, das in den USA in - speziell psycho-analytisch orientierten - Langzeit-Therapiegruppen behandelt wird. Personen mit einem höheren "level of functioning" bewerten offenbar Wirkfaktoren höher (*Katharsis, Einsicht, Feedback, Interaktion*), weil sie eher in der Lage zu sein scheinen, offener Gefühlsausdruck zu zeigen, interpersonal also über bessere kommunikative Ressourcen verfügen, eine genauere Betrachtung des eigenen Verhaltens vorzunehmen, eine Toleranz für - auch negatives - *Feedback* zu entwickeln sowie eine Fähigkeit entwickeln/aufweisen, Intimität her-zustellen (BUTLER u. FUHRIMAN 1983).

Schließlich weisen BLOCH und CROUCH (1985) auf einen ganz wesentlichen Aspekt im Zusammenhang mit therapeutischen Wirkfaktoren in der Gruppenpsychotherapie hin, der bislang praktisch noch gar nicht untersucht und kaum problematisiert worden ist:

"What is the relationship between therapeutic factors and group development?" (S. 239).

Die Vermutung, daß *spezifische* Wirkfaktoren zu ganz bestimmten Phasen besonders relevant werden könnten - z.B. *Universalität des Leidens, Akzeptanz (Kohäsion), Einflößen von Hoffnung* in frühen Phasen und andere Faktoren wie *Einsicht* und *Interaktion* in späteren Abschnitten der Gruppenentwicklung (BLOCH u. CROUCH 1985) - ist eine gelegentlich der Literatur zu entnehmende Spekulation; genauere Kenntnisse liegen indes bedauerlicherweise nirgendwo vor.

4. Wirkfaktoren in analytischer Gruppenpsychotherapie

Die Frage nach den Wirkfaktoren stellt sich in der *analytischen* Therapiegruppe wie in jeder therapeutischen Gruppe oder in der Einzelpsychotherapie, sie ist gleichwohl so weit von einer Beantwortung entfernt wie ehedem. Nicht nur

"...hat die psychoanalytische Forschung aus dem Blickwinkel der Analyse des Individuums bisher wenig Notiz genommen von den in nunmehr 50 Jahren gewonnenen Erkenntnissen psychoanalytischer Gruppenforschung..." (FINGER-TRESCHER 1990, S. 307),

bereits die bislang kaum jemals hinterfragte Anwendung psychoanalytischer Konzepte der individuumszentrierten Behandlung auf die Gruppensituation wirft Probleme auf, die kaum gelöst sind (TSCHUSCHKE u. CATINA 1988), ja nicht einmal problematisiert werden. Dabei versteht sich die "Psychoanalyse *der* Gruppe" bzw. "die Psychoanalyse *in* der Gruppe" "bewußt als Teil der Psychoanalyse" (FINGER-TRESCHER 1990). Diese einseitige - und unerwiderte - "Liebe" der Gruppenanalytiker zur klassischen Psychoanalyse scheint zumindest in der deutschen oder europäischen Szenerie charakteristisch zu sein, sie gilt indes nicht in diesem Umfange in den USA oder Kanada. Interessant ist in diesem Zusammenhang die Ignoranz der europäischen gruppenanalytischen Bereiche ihrerseits, die Arbeiten amerikanischer Autoren auf diesem Felde zur Kenntnis zu nehmen. Generell zeige sich ein

"...Mangel an Auseinandersetzung mit den jeweils anderen Konzepten als ein geradezu erschreckendes Defizit an wissenschaftlich haltbaren und überprüfbaren Positionen" (FINGER-TRESCHER 1990, S. 308),

das FINGER-TRESCHER zufolge - genau betrachtet - *alle* elementaren Grundaspekte analytischer Gruppenpsychotherapie als "nicht hinreichend erforscht" entlarvt, im einzelnen:

- die Zusammenhänge zwischen dem spezifischen gruppenanalytischen Setting und den beobachteten Prozeßphänomenen
- die Wertigkeit unterschiedlicher Prozeßfaktoren im Hinblick auf ihre therapeutische Wirksamkeit

- den Einfluß des Gruppenanalytikers, seiner Person, Theorie und Methode
- die Frage nach der Wechselwirkung zwischen gruppenspezifischen Prozessen und der intrapsychischen Umsetzung im Hinblick auf individuelle Veränderungen (FINGER-TRESCHER 1990, S. 308).

Nun soll der alte Streit, wie psychoanalytische - und mithin auch gruppenanalytische - Prozesse wissenschaftlich zu untersuchen seien und welches Wissenschaftsverständnis zugrundegelegt werden muß (vgl. u.a. SANDNER 1986), hier nicht erneut weitergeführt werden. Gegenstand der in diesem Buch darzustellenden Ergebnisse ist es u.a., zu zeigen, daß gruppenanalytische Wirkprozesse sehr wohl empirisch-nomothetisch untersucht und überprüft werden können und daß die daraus gewonnenen Erkenntnisse unmittelbar klinische Relevanz gewinnen können.

Der unbefriedigende Kenntnisstand in der Psychotherapie generell bezüglich *spezifischer* Wirkfaktoren ist aufgrund der völlig unzureichenden Forschung in der Gruppenpsychotherapie noch unbefriedigender. Die Gründe für diese Situation sind bereits im einzelnen erörtert worden, vor allem die mangelnde Integration fremder psychologischer Konzepte, abstrakte und unpräzise Formulierungen, die schwer oder nicht überprüfbar sind, müssen angeführt werden (DENEKE 1982; KAUL u. BEDNAR 1986) (vgl. auch Kap. 3). Noch unhaltbarer stellt sich die Lage gar in der analytischen Gruppen-psychotherapie dar, gerade und weil Anspruch und Wirklichkeit hier besonders auseinanderzuklaffen scheinen.

Die analytische Gruppenpsychotherapie beansprucht für sich durchaus, allerdings weitestgehend unbewiesen, *spezifische* Wirkfaktoren, wie man verschiedenen einschlägigen Arbeiten entnehmen kann (FINGER-TRESCHER 1984; GANZARAIN 1983; HEIGL-EVERS u. HENNEBERG-MÖNCH 1986; KÖNIG 1982; PINES 1983; SCHEIDLINGER 1974).

Der Nachweis einer solchen Wirksamkeit indes erschöpfte sich bislang in zahllosen klinischen Falldarstellungen, die im Grunde kaum je substantielle Bestätigungen oder Modifizierungen vermeintlich angewendeter Konzepte und Techniken erbringen konnten, weil keine systematischen und objektiv-kontrollierenden Forschungen zugrunde-lagen, sondern subjektive Berichte beteiligter Therapeuten. Erst in letzter Zeit - begünstigt offenbar durch den bereits beschriebenen Paradigmen-Wechsel in der Psychotherapieforschung - mehren sich auch empirische Arbeiten über analytische Gruppentherapie, allerdings vor allem im stationären Bereich (DAVIES-OSTERKAMP et al. 1989; DENEKE 1982; RÜGER 1981; STRAUß 1992; TSCHUSCHKE et al. 1992). Z.B. speziell auch im Rahmen der von HOFFMANN und BASSLER initiierten "Mainzer Werkstatt zur empirischen Forschung in der stationären Psychotherapie", die auch einen Arbeitskreis zur Untersuchung stationärer Gruppenpsychotherapie umfaßt.

Die bisherige Forschung in der Psychotherapie weist die einzelnen Therapiemethoden als im Endeffekt nicht unterschiedlich wirksam aus. Wie ausführlich dargelegt (vgl. Kap. 3), müssen der Forschungsstand aufgrund mangelhafter methodischer Qualität als nicht ausreichend und die aus dem derzeitigen Forschungsstand gezogenen Schlußfolgerungen als vorschnell bezeichnet werden (TSCHUSCHKE, 1993b). Somit sind diese vorläufigen Ergebnisse der vergleichenden Psychotherapieforschung mit sehr großer Vorsicht zur Kenntnis zu nehmen. Andererseits sehen sich *alle* psychotherapeutischen Schulen und Techniken mit der Forderung konfrontiert, ihre postulierten *spezifischen* Wirkweisen und differentiellen Effekte belegen zu müssen (TSCHUSCHKE u. CZOGALIK 1992b). Theoretisch gesehen könnte es schließlich doch durchaus der Fall sein, daß als sehr unterschiedlich bezeichnete Phänomene, Techniken und Prozesse sich sehr wohl in Bedeutung und Auswirkung als identisch erweisen würden, was die *Unspezifitäts*-Hypothese in der Psychotherapie bestätigen würde. Wo Anspruch und Beleg so weit auseinander liegen, ensteht Veränderungsdruck. Hier sieht sich auch die analytische Gruppenpsychotherapie herausgefordert.

4.1 Spezifische Wirkfaktoren analytischer Gruppenpsychotherapie

Die wachsende Beschäftigung mit der Bedeutung früher Objektbeziehungen innerhalb der psychoanalytischen Theorie hat die frühe Mutterbeziehung auch in der analytischen *Gruppen*psychotherapie verstärkt in den Fokus gerückt (SCHEIDLINGER 1974). Während FREUD (1921) noch das "Paternale als zentrale Figur" in der Gruppenpsychologie ansah, tauchte erstmals bei MONEY-KYRLE (1950) der Begriff der "Mutter" als Normen und Ideale der Gruppe verkörpernde Figur auf. Indes bezeichnete erstmals Walter SCHINDLER (1951) explizit die Gruppe als "Mutter-Symbol", während die Gruppenmitglieder als "Geschwister" und der Gruppenleiter als "Vater" in der Übertragung konzipiert wurden.

Die Sichtweise der symbolischen Repräsentanz der Mutter in der Gruppe-als-Ganzes ("mother group", Gruppe als "nurtering mother") ist weitestgehend übernommen worden und dürfte sich wohl generell im analytischen Gruppenverständnis etabliert haben (DURKIN 1964; FINGER-TRESCHER 1990; FOULKES 1964; HEIGL-EVERS u. HENNEBERG-MÖNCH 1986; KIBEL 1991; SCHEIDLINGER 1974; SLATER 1966; SLAVSON 1964). SCHEIDLINGER (1974) und andere Gruppentheoretiker sehen eine unmittelbare Parallele zwischen der von Anna

FREUD (1965) für das Kleinkind postulierten separaten Stufe einer "bedürfnisbefriedigenden Beziehung", die entwicklungspsychologisch zwischen die "Phase des primären Narzißmus" und die der "Objekt-Konstanz" falle, und jenen aufgrund von gruppenformativen Prozessen hervorgerufenen regressiven Phänomenen bei Gruppenmitgliedern in der Anfangsphase von Gruppen:

"...the regressive emotional pulls which characterize the early group formative stages in unstructered groups tend to loosen the individual´s self boundaries and to reactivate primitive wishes and modes of early object relations, including identifications." (Scheidlinger 1974, S. 294).

Die psychodynamische Gruppe habe eine spezifische Kapazität für das Evozieren "früher Mutterbedürfnisse" (KOSSEFF 1991), andererseits handele es sich bei den strukturellen Psychopathologien um eine Neigung zum Ausleben prägenitaler Aggression bzw. zu einer Unfähigkeit, aggressive Derivate zu inkorporieren (KIBEL 1990). In der Literatur mehren sich auch aufgrund empirischer Hinweise (HORWITZ 1974; KIBEL, 1990) zunehmend die Argumente, daß für sogenannte "Frühstörungen" bzw. präödipale Charakter-Pathologien der gruppenpsychotherapeutische (und -analytische) Behandlungsansatz die geeignete Indikation sei (FINGER-TRESCHER 1990; HEIGL-EVERS u. HENNEBERG-MÖNCH 1986; HORWITZ 1974; KAUFF 1991; KIBEL 1991). Aufgrund der strukturellen Defizite des Ichs erfolgt keine Synthese abgespaltener, aggressiv besetzter Selbstanteile mit libidinös besetzten Anteilen, so daß erstere primitiv verleugnet oder projiziert werden. Die sich um den Mechanismus der Spaltung gruppierenden primitiven Abwehrmechanismen wie projektive Identifikation und primitive Verleugnung sowie Verfolgungsängste stellten sich regelmäßig ein (KERNBERG 1984; KIBEL 1991). Aus dem Problem der mangelnden Introspektionsfähigkeit aufgrund der Unfähigkeit zur Selbstreflexion (KERNBERG 1986) erwüchsen Konsequenzen für die Technik des Gruppenleiters, eine klassische analytische Haltung sei bei einer solchen Klientel nicht angezeigt, eher eine supportive (KIBEL 1991).

KIBEL (1991) sieht in der Gruppe vor allem einen Garanten, gerade bei Patienten mit einem chaotischen, amorphen und fragilen Ich unerwünschten regressiven Prozessen zuvorzukommen. Die Gruppe vermindere den Druck eines aktiven Gefordertseins, erlaube jedem Gruppenmitglied, sein eigenes Maß an Beteiligung zu finden und zu bestimmen und stelle eine Orientierungsmöglichkeit an der Realität bereit.

Die spezielle Nutzung gerade primitiver Abwehrmechanismen wie z.B. auch des Mechanismus der projektiven Identifikation, für den in der Gruppe durch die interpersonelle Situation ausreichend Gelegenheit bestünde, sei über die Arbeit an diesem Mechanismus und an der interpersonellen Auswirkung der projektiven Identifikation ein *spezifischer* Wirkfaktor analytischer Gruppenpsychotherapie. Der Mechanismus der projektiven Identifikation könne als spezifisches Instrument zur Überbrückung der konzeptuellen Kluft innerhalb der Psychoanalyse beitragen, indem er die intrapsychische mit der interpersonellen Welt verbinde (PINES 1983). Die fälschliche Projektion eigener nicht anerkannter Selbstanteile auf eine andere Person, so als wäre diese ein wahrhaft repräsentativer Teil des abgespaltenen Selbst und eine wirklich schreckliche Person, müsse im Kern zunächst akzeptiert werden, um in einen Dialog mit dem Projektor eintreten zu können. Die wirkliche Wahrheit könne so eher erkannt werden, nämlich daß Ähnliches in beiden Personen existiere. Nur so könne ein höheres Niveau an psychischer Interaktion erreicht werden. Die Gruppen-Matrix-Funktion sei gefördert, was wiederum der Container-Funktion der Gesamtgruppe zugute komme, und das destruktive Vakuum zwischen den Gruppenmitgliedern werde auf diese Weise in ein kommunikatives Medium umgewandelt.

KAUFF (1991) beschreibt die schwierige Gratwanderung schwerer präödipaler Charakterstörungen bei der Aufnahme der Objektbeziehung mit der Gruppe. Demzufolge könnten Therapeut, einzelne Gruppenmitglieder oder sogar die ganze Gruppe zur "bösen Mutter" werden. Speziell die Neigung zur Abspaltung eigener aggressiver Selbstanteile und zur projektiven Identifikation von allem des schlechten oder aggressiven Selbst ("all bad or aggressive self", S. 178) impliziert nach KERNBERG (1975) in der Konsequenz die Entwicklung von gefährlichen und nach Vergeltung gierenden Objekten, die es vorbeugend zu attackieren gilt, bevor sie selber attackieren und zerstören. Die primitive Verleugnung eigener negativ erlebter Anteile des Selbst bewirke gerade ihre Unerträglichkeit. Einmal externalisiert und verkörpert im mächtigen Mutter-Imago, könnten unakzeptable aggressive und primitive sexuelle Gefühle und Fantasien sicher vom Selbst getrennt gehalten werden. Als Ergebnis dieser unbewußten Operation entstehe die "böse Mutter" ("bad mother"), die zugleich eine Quelle großer Gefahr wie auch - zugleich - ein *Schutz* für das kleine Kind gegen seine eigenen höchst unerwünschten und gefürchteten Aspekte des Selbst sei. Das Dilemma entstünde aus dem Faktum, daß das Individuum sich gleichzeitig schützen und - gegenüber sich selber - die gleichen bösen Objekte abwehren müsse, deren Existenz weitestgehend nur auf seiner eigenen Konstruktion basierten.

Speziell Patienten mit einem "charakterologischen Masochismus" (GLATZER 1985) - einer nach KAUFF manchmal "für die Behandlung lethalen Art von Widerstand" ("lethal source of resistance in treatment") - provozierten unbewußt ihre eigene Deprivation, mit dem

Versuch, die bedrohliche Macht der "bösen Mutter" sowie ihre Gefühle, von ihr bedroht zu werden, zu minimieren, um verlorene Kontrolle und zerstörte Größenfantasien zurückzugewinnen. Insofern würden diese Patienten ihr eigenes "schlechtes Elternteil".

"In their lives, patients with marked oral masochistic character pathology will repeatedly look for water from stones, consciously seeking nurturance where only deprivation is actually available. Or they will wrench defeat from the jaws of victory, blackwashing whatever is gratifying in their lives. Often they will provoke rage in those from whom they ostensibly seek love and care." (KAUFF 1991, S. 178 f.).

Diese masochistische Haltung bestätigt quasi per sich selbst erfüllender Prophezeiung die Befürchtungen, die die Patienten haben, nämlich, daß das "Böse" außerhalb des Selbst lokalisiert sei. In ihrem erwachsenen Leben finden diese Patienten nach KAUFF die "böse Mutter" bei der Wahl ihrer Freunde, Partner, am Arbeitsplatz oder schlicht am Buchungsschalter einer Luftlinie. Die Funktion dieses Mechanismus liege primär in einer Reinszenierung der Interaktion mit der frühen "bösen" Mutter, die die ersten und unverzeihlichen Zerstörungen der Omnipotenz-Fantasien des kleinen Kindes vorgenommen habe, allerdings jetzt mit einer neuen Wendung: nunmehr kontrolliere der *Patient* die Deprivation.

In der Gruppenbehandlung erscheine dieser Mechanismus insbesondere in Gestalt des Übertragungswiderstandes. Der Therapeut (und/oder die Gruppe?) werde wiederholt in ein "böses Objekt" verwandelt ("specifically the bad breast or "witch-mother" of the preoedipal period"), die Therapie werde somit bekämpft, um zu zeigen, daß der Therapeut der deprivierende Elternteil sei, es werde die gesamte Behandlung durch Fehlen, Nicht-Sprechen, Nicht-Bezahlen usw. sabotiert, alles, um das unbewußte Band zur "bösen Mutter" aufrechtzuerhalten.

An dieser Stelle ergibt sich quasi folgerichtig die Frage, wodurch die initiale (Objekt-)Beziehungsaufnahme zur therapeutischen Gruppe beeinflußt wird? Was entscheidet, ob die Gruppe als "gute" oder als "schlechte Mutter" erlebt wird, was wiederum enorme Auswirkungen auf das *Feedback*, die Aufnahme durch die anderen Gruppenmitglieder und die Rollen-Übernahme haben dürfte? Ist es die Qualität der strukturellen Störung, die die Weichen von Beginn an stellt, ist es die sehr frühe spezifische Technik des Gruppenleiters, z.B. die teilweise extreme, intensive und primitive Wut des Patienten in der Gruppe zunächst einmal einfach zu akzeptieren (PINES 1983) und sogar fördern zu können (KAUFF 1991)?

KAUFF schreibt der Rolle der übrigen Gruppenmitglieder eine möglicherweise entscheidende Funktion bei der Auflösung der beschriebenen pathologischen Spaltungs- und Projektionsmechanismen einzelner Patienten in der Gruppe zu, indem über *Feedback*-Prozesse der anderen die eigene Pathologie angeschaut und überprüft werden könne. Allerdings kann die Resonanz durch die Gruppe auch wie die Resonanz durch die (böse) Mutter erlebt werden ("mother group") (KOSSEFF 1991), was seinerseits wiederum einen Effekt auf die Beziehungsfähigkeit hat, speziell dann, wenn ichstrukturell bedingt Neigungen zur Abspaltung und Tendenzen zum Ausagieren aufgrund projektiver Identifikationen vorherrschen, wie wir gesehen haben.

Ein weiterer wichtiger Mechanismus sei der des *stellvertretenden Lernens* (*vicarious learning*), indem pathologisches Verhalten, das dem eigenen ähnlich sei, aus sicherer Distanz beobachtet werden könne. Es sei schließlich weitaus leichter, unangepaßtes Verhalten und stereotype Muster in jemand anderem zu entdecken denn in sich selber. Mit den Wirkfaktoren *Feedback* und *stellvertretendes Lernen* sind damit gleichzeitig zwei Wirkfaktoren jener empirischen Konzeptualisierungen der gebräuchlichen Taxonomie genannt, die bereits in Kap. 3.1 dargestellt wurde. Hier bietet sich z.B. eine Möglichkeit des Brückenschlags zwischen den doch recht theoriefrei (unspezifisch?) formulierten Wirkfaktoren der (interpersonellen) Gruppenpsychotherapie und jenen spezifischer formulierten der analytischen Gruppenpsychotherapie an.

4.2 Wirkfaktoren und therapeutische Intervention in analytischer Gruppenpsychotherapie im Rahmen des stationären Settings

Die bisherigen Ausführungen haben deutlich gemacht, daß sich aufgrund der im Durchschnitt stärker beeinträchtigten, chronisch kranken und ichstrukturell gestörten Patienten "am unteren Ende des Neurose-Spektrums" (in den USA neuerdings auch mit "severe and persistent mentally ill" - *SPMI* benannt) sowie aufgrund der "Folgen der Organisationsstruktur" stationärer Behandlungsmodelle (JANSSEN 1987), wie sie im stationären Bereich angetroffen werden, eine "klassische" analytische Haltung (ausgeprägte Abstinenz des Therapeuten zur Förderung der Regression, klassische Übertragungsdeutungen usw.) offensichtlich weitgehend verbietet (HORWITZ 1974; JANSSEN 1987; KAUFF 1991; KIBEL 1991; PINES 1983).

Damit ergibt sich auch die Frage, ob sich nicht gerade durch die veränderte Technik andere, *spezifische* Wirkfaktoren ergeben, die für das stationäre Setting typisch sind? Erste Untersuchungen scheinen zu belegen, daß die Ursachen *spezifischer* Wirkfaktoren möglicherweise exakt im Bereich des Therapeutenverhaltens zu suchen sind (DAVIES-OSTERKAMP et al. 1989).

Eine veränderte "Grundhaltung" des Gruppentherapeuten bei der Behandlung strukturell ichgestörter Patienten hat demnach die offenbar qualitativ grundsätzlich anderen Übertragungsangebote und die pathologischeren Abwehrformen der Patienten zu reflektieren. JANSSEN (1987) verbindet die zu modifizierenden therapeutischen Interventionsstrategien mit den Namen G. und R. BLANCK (1974; 1979), KERNBERG (1975; 1976) und WINNICOTT (1960; 1962). So sieht er z.B. eine veränderte Auffassung der Widerstandsanalyse, der Verbalisation im gruppenanalytischen Prozeß sowie Förderung und Schutz der Individuationsbestrebungen seitens der Patienten (BLANCK u. BLANCK 1974; 1979) als erforderlich an.

Bezüglich der Interventionstechnik in solchermaßen charakterisierten Gruppen bedeutet dies, daß Gruppenleiter konsequent die zu erwartenden manifesten oder latenten negativen Übertragungen und das Übertragungsagieren der Patienten adressieren sowie die pathologischen Abwehrformen der Patienten konsequent konfrontieren müßten (KERNBERG 1975; 1976), z.B. projektive Identifikationen auf den Therapeuten oder die Gruppe deutend zu bearbeiten helfen. Gleichzeitig sei es ungemein wichtig, daß die Gruppe oder der Gruppenleiter sich den Gruppenmitgliedern als "tragendes, (gutes) mütterliches Objekt", das "primäre Mütterlichkeit" vermittle, anbiete; technisch gesprochen: "holding, handling, object presenting" (WINNICOTT 1960; 1962), eben die "Heilkraft der Objektbeziehung" sensu M. BALINT nutzend.

Als offensichtlich entscheidend kritische Punkte scheinen bei allen Erwähnungen in der Literatur immer wieder Aufnahme und Regulierung der Objektbeziehung durch. Der Therapeut *müsse* die (positiv besetzte) Mutter-Gruppe und ihre Existenz fördern und stützen (KIBEL 1991). Die sogenannte "Einschluß-Phase" ganz zu Beginn der Gruppe ("inclusion phase") sei eine sehr heikle Zeit für die Existenz der Gruppe und der Therapeut müsse konstant und wiederholt den Patienten helfen, diese Phase zu meistern, wie dies auch andere Untersuchungen nahelegen (MacKENZIE u. TSCHUSCHKE 1993; MacKENZIE 1990a). Eine kohäsive Beziehung einzelner Gruppenmitglieder zur Gruppe - als Pendant der Gruppentherapie zur therapeutischen Allianz in der Einzeltherapie (GURMAN u. GUSTAFSON 1976; MacKENZIE u. TSCHUSCHKE 1993) - stellt nach KIBEL (1991) und HORWITZ (1974) nicht nur eine Voraussetzung therapeutischer Arbeit dar, sondern scheint ein Wirkfaktor sui generis zu sein, der möglicherweise sogar als "Hauptinstrument" der therapeutischen Veränderung aufgefaßt werden könnte.

"...the treatment alliance not only served as a prerequisite for therapeutic work, but often became the main vehicle for change. It is postulated here, by the same token, over the long haul in group, patients with severe ego pathology can be maintained and even grow through participation in the treatment, because they form new partial identifications by incorporating elements of the group alliance." (KIBEL 1991, S. 125).

Die notwendige *Kohäsion* der Gruppe allerdings sei ein mühsamer Prozeß und erfordere initial einen ziemlich aktiven Gruppenleiter.

"In this kind of group, the therapist must assume a fairly active role. He needs to take an energetic part in helping the patients interact with one another. He should guide them in helping each other (i.e., by giving mutual support, advice, feedback, and opinions). These patients can be shown how to make a variety of "meaning attribution" statements (SCHEIDLINGER 1987) to each other." (KIBEL 1991, S. 122).

PINES (1983) spricht in diesem Zusammenhang von der Gruppe als "moveable context for experience" (S. 166); die graduelle Akzeptanz und Integration unterschiedlicher Standpunkte stellten einen ganz wichtigen Wirkfaktor dar.

Wie der Gruppenleiter die Gruppe konzeptuell auffaßt, sie also eher im Sinne einer Gruppe-als-Ganzes (vgl. z. B. OHLMEIER, 1976) oder eher als Individuen in der Gruppe technisch operationalisiert, dürfte entsprechende Auswirkungen auf das zum Tragen kommende Set an Wirkfaktoren haben. Allerdings sollte an dieser Stelle sehr deutlich betont werden, daß es klinischen Überlegungen (KIBEL 1991) wie auch einzelne detaillierte empirische Studien gibt, die eine zu orthodoxe analytische Haltung und einen die Gruppe-als-Ganzes zu stark konzeptualisierenden Ansatz als sehr ungünstig angesichts des im stationären Bereich anzutreffenden Klientels auszuweisen scheinen (MALAN et al. 1976; TSCHUSCHKE u. MacKENZIE 1989).

5. Das Phänomen der Gruppenentwicklung - Modellentwürfe und Forschungsergebnisse

Vom Aufschwung gruppenpsychologischer Maßnahmen an - also nach dem Zweiten Weltkrieg - haben Phänome sich entwickelnder Gruppen (unter den Stichworten "Phasen", "Stufen", "Segmenten der Gruppenentwicklung" bzw. "group development") die Literatur beherrscht (TSCHUSCHKE 1986). Implizit sind Aspekte des entwicklungsmäßigen Fortschreitens einer "Veränderungs-Gruppe" im Zuge ihres Fortbestehens in den gebräuchlichen Modellen und Konzepten der Gruppenpsychotherapie, ihrer therapeutischen Technik, mehr oder weniger enthalten (ABSE 1974). Man nimmt an, daß diese offenbar gruppenspezifischen Phänomene nicht für therapeutische Gruppen spezifisch sind, sondern anscheinend in jeder Art von relativ zeitüberdauernder, kleinerer sozialer Gruppe auftreten (SARRI u. GALINSKY 1974). Der fast durchgängigen Auffassung in der einschlägigen Literatur zufolge durchlaufen Gruppen aufeinanderfolgende Phasen, von denen jede durch eine spezifische Interaktionsqualität charakterisiert ist (BATTEGAY 1974; BENNIS u. SHEPARD 1956; LACOURSIÈRE 1980; SARRI u. GALINSKY 1974; TUCKMAN 1965). Nur einige wenige Autoren haben die Entwicklungs-These bezweifelt (KUTTER 1980; YALOM 1985). Obwohl die ganz überwältigende Mehrheit von Theoretikern und Gruppenpraktikern die Entwicklungs-These bestätigt und sich eine ganze Reihe von Entwicklungsmodellen eine Weile lang in der Literatur förmlich breitgemacht hat (vgl. TSCHUSCHKE 1986), ist die Stützung der Entwicklungstheorie von Gruppen im wesentlichen anekdotischer und nicht empirischer Natur (LACOURSIÈRE 1980).

"...the criticism of Tuckman still applies, namely that most of the available data is anecdotal in nature and subject to the perceptual biases of the observer, and that the use of methodologically sound objective measurements is rare. In particular, few studies provide data to support the idea that therapeutic potential is maximized when sequential development is effectively achieved." (TSCHUSCHKE u. MacKENZIE 1989, S. 419 f.).

GIBBARD et al. (1974) unterteilen die zahlreichen Modellentwürfe in verschiedene Klassen, in

a) *linear-progressive Modelle* (Perspektive eher die der Gruppe-als-Ganzes, Entwicklung von der Kindheit/ Abhängigkeit bis zum Erwachsensein/Intimität)
b) *lebenszyklische Modelle* (zusätzlich zur linear-progressiven Entwicklungsidee kommt der Aspekt des "Gruppentodes", der Abschlußphase, in der die Trennung bearbeitet werden muß)
c) *Pendel-Modelle* (sich wiederholende Zyklen der Entwicklung bzw. eine pendelnde Oszillation zwischen verschiedenen Grundeinstellungen oder Qualitäten)
d) *Integrierte lebenszyklische/Pendel-Modelle* (Entwicklung bis zum Abschluß/zur Trennung inklusive pendelnder, wechselnder, sich zyklisch wiederholender Qualitäten) (GIBBARD et al. 1974)

Der Bogen der Gruppenentwicklungsmodelle spannt sich von dreiphasigen bzw. -stufigen (KAPLAN u. ROMAN 1963) bis zu komplexen sechs- oder neunstufigen Modellen (BECK 1974; BECK et al. 1986; MacKENZIE u. LIVESLEY 1983; MANN 1967; MARTIN u. HILL 1957; SARRI u. GALINSKY 1974).

Unter a) lassen sich eher Modelle fassen, die den anfänglichen Beobachtungen entstammen, die zu Beginn des Gruppen-Booms nach dem Zweiten Weltkrieg gemacht wurden (BENNIS u. SHEPARD 1956; KAPLAN u. ROMAN 1963; MARTIN u. HILL 1957). TUCKMAN (1965) kommt das Verdienst zu, 50 Literaturberichte über Therapie-Gruppen, T-Gruppen und Labor-Gruppen systematisch ausgewertet zu haben. Seine Analyse kommt in der Essenz auf eine den meisten Berichten zugrundeliegende Beobachtung von *vier Entwicklungsphasen*, die Gruppen im Verlaufe ihres Bestehens durchliefen:

1. Phase/Stufe
Testung und Abhängigkeit (Formieren, Testen, Orientieren; "forming")
2. Phase/Stufe
Intragruppaler Konflikt (Konflikte, Widerstand, Emotionalität; "storming")
3. Phase/Stufe
Entwicklung von Gruppen-Kohäsion (Zusammengehörigkeits-, Identitätsgefühle, Vertrauen, Intimität; "norming")
4. Phase/Stufe
Funktionelle Rollenbezogenheit (Aufgabenbewältigung, Leistung, therapeutische Arbeit; "performing")

Die Theorie der Gruppenentwicklung ist offenbar selber einer Entwicklung unterlegen, was z.b. der nächsten Modellstufe, der unter b) aufgeführten Modellklasse zu entnehmen ist. In den sechziger und siebziger Jahren verbreiteten sich Modellannahmen, die den Lebenszyklus des menschlichen Individuums auf die Gesamtgruppe übertrugen (MANN 1967; SARRI u. GALINSKY 1974).

Die Vorstellung einer oszillierenden, pendelnden Bewegung der Gruppe über die Dauer ihres Bestehens scheint sich dagegen - passend zum Bild - keiner eindeutig linearen Entwicklungslinie zuordnen zu lassen (Modell unter c). Obwohl BION (1961) sehr ausdrücklich die Möglichkeit der Einbettung seines Modells in einen entwicklungs-geschichtlichen Kontext der Gruppe abgewehrt hat, wurde sein Modell der sogenannten "Grundeinstellungs-Qualitäten" ("basic assumptions") mit den Phänomenen "Abhängigkeit" ("dependency"), "Kampf-Flucht" ("fight-flight") und "Paar-Bildung" ("pairing") (BION 1961) so betrachtet, weil die Gruppe sich im Zuge regressiver Phänomene in solche "Grundeinstellungs-Qualitäten" zum Zwecke einer "gruppenspezifischen Abwehr" (HEIGL-EVERS 1978) flüchte, um bei ernsthafter "Arbeit" ("work group" nach BION) bzw. bei Entwicklung aufkommende Ängste abwehren zu können.

Ebenfalls psychoanalytische Entwicklungsauffassungen sind in weitere Modelle eingegangen (SARAVAY 1978; SLATER 1966). Letzterer baut auf die von FREUD begründete "Theorie der Urhorde" (FREUD 1921c) auf, derzufolge der "Vatermord" als "Wendepunkt" in der Geschichte einer jeden einzelnen Gruppe zu sehen sei, ab dem eine Gruppe erst eine zusammengewachsene Entität werde (siehe die in praktisch allen Modellen erwartete Phase erhöhter Gruppen*kohäsion* im Verlaufe einer Gruppenentwicklung). GIBBARD und HARTMAN haben versucht, in einer aufwendigen empirisch-klinischen Synthese das "ödipale Paradigma" von SLATER nachzuweisen und kommen zu dem Schluß, daß die untersuchten Gruppen durchaus Oszillierungen zwischen verschiedenen Klimata aufgewiesen hätten, die regressive Komponenten bewirkten, bevor die Gruppe wieder vorangeschritten wäre, um die ödipale Konfrontation mit dem Gruppenleiter durchzustehen (GIBBARD u. HARTMAN 1973).

Die Entwicklungs-Hypothese ist deshalb von besonderer Wichtigkeit für die Gruppenpsychotherapie, weil sie unterstellt, daß erst das Auftreten, Bewältigen und Überwinden verschiedener, zuvor notwendiger, Gruppenbinnen-Klimata das therapeutische Potential von Gruppen herstellt bzw. maximiert. Weiterhin stellt sich dann natürlich - und mit unmittelbar nachvollziehbarer klinischer Relevanz - die Frage, welche Wirkfaktoren kommen wann im Verlaufe einer Gruppenpsychotherapie(-Entwicklung) besonders bzw. überhaupt erst zum Tragen?

"One question shouts out for attention - what is the relationship between therapeutic factors and group development? The clinician would be better able to promote therapeutic forces if he were more certain about timing." (BLOCH u. CROUCH 1985, S. 239).

Die empirische Forschung hinkt auch hier so weit hinter den theoretischen Entwürfen bzw. klinisch berichteten Phänomenen her wie irgendwo sonst in der Psychotherapie. Es gibt fast keine empirischen Stützungen der Entwicklungshypothese. Der Ansatz von GIBBARD und HARTMAN (1973) wurde bereits erwähnt, bei dem aufwendige methodische Untersuchungen letztlich sehr viel klinisch-theoretischer Interpretation bedurften, um das zu erklärende Modell ("ödipales Paradigma" sensu SLATER, 1966) wiederzufinden.

Eine Studie über 45 Studenten mit neurotischen Problemen, die in interaktionell geführten ambulanten Gruppen über ca. sechs Monate behandelt wurden (SWARR u. EWING 1977), beleuchtet zwar nicht direkt die Entwicklungs-Hypothese, weist aber deutlich nach, daß positive Veränderungen in bestimmten Bereichen bereits während der ersten zehn Sitzungen möglich waren, z.B. bei vermindertem Selbstwertgefühl oder Angst gab es hier Verbesserungen. Andere Probleme wie interpersonelles Verhalten und begleitende Gefühle wie Mißtrauen, Feindseligkeit, mangelnde Selbstsicherheit konnten erst gegen Ende der sechsmonatigen Gruppentherapien eine signifikante Verbesserung erfahren. Diese Ergebnisse weisen auf zugrundeliegende Wirkfaktoren hin, die zu unterschiedlichen Zeiten bzw. in verschiedenen Abschnitten in einer Gruppe zum Tragen kommen können. Angst konnte recht früh reduziert werden, was auf einen Gruppenbildungsprozeß schließen läßt, der früh bereits eine tragfähige *Kohäsion* herausgebildet haben muß, entsprechend einem tragfähigen therapeutischen Arbeitsbündnis. Allerdings zeigen sich Angstsymptome auch in Einzeltherapien sehr schnell gebessert (HOWARD et al. 1986). Der Faktor *interpersonal learning - output (Verhaltensänderungen)* dagegen ist in der Studie von SWARR und EWING offensichtlich erst in späteren Gruppenabschnitten wirksam geworden.

Leider schloß diese Untersuchung - wie die meisten - keine katamnestischen Nachuntersuchungen ein.

Methodische Arbeiten, Gruppenentwicklungen auf ihren empirischen Gehalt hin zu überprüfen, wurden bislang gleichfalls äußerst selten vorgenommen (HAWKINS et al. 1973; HECKEL et al. 1971; 1967).

HECKEL et al. (1967) konnten in sechs verschiedenen verbalen Interaktionsmerkmalen über die Rangvarianzanalyse nach FRIEDMAN vier verschiedene Therapie-Abschnitte der ersten 18 Gruppensitzungen von vier Gruppen ermitteln, die eine Entwicklung von therapeutenabhängigen und persönlichen, ungeteilten Äußerungen zu Beginn bis hin zu gruppenbezogenen und an anderen orientierten, empathischen Äußerungen in späteren Sitzungen erkennen ließen. Die Autoren schlußfolgern eine eher zweistufige Gruppenentwicklung, was sie aber selber angesichts der nur wenigen untersuchten Sitzungen auf den untersuchten Therapie-Abschnitt relativieren. Ein faktorenanalytischer Auswertungsansatz von HECKEL et al. (1971) verdeutlichte gleichfalls die erfolgte Entwicklung der verbalen Interaktionsstrukturen der untersuchten Gruppen.

Den direkten Zusammenhang zwischen Phänomenen der Gruppenentwicklung und therapeutischem Erfolg untersuchte eine eigene Arbeit, die auf der Entwicklung der in Gruppen ausgedrückten ängstlichen und aggressiven Affekte basierte (TSCHUSCHKE u. MacKENZIE 1989).

Zwei ambulante analytische Langzeit-Gruppentherapien, durchgeführt von zwei verschiedenen, erfahrenen analytischen Gruppentherapeuten im selben räumlichen Setting, mit gleicher Sitzungsfrequenz (zweimal pro Woche über 100 Minuten), allerdings mit unterschiedlichen gruppenanalytischen Konzepten, wurden vollständig video- bzw. tonbandaufgezeichnet. Jede Gruppe begann mit initial neun Patienten. Alle Patienten wiesen neurotische oder Persönlichkeitsstörungen auf; die Gruppenzusammensetzungen erfolgten hinsichtlich Diagnosen, Geschlecht und Alter heterogen, jede Gruppe nach Geschlecht gematcht, mit der Beschränkung auf maximal einen Borderline-Patienten pro Gruppe und einer Altersgrenze von ca. 45 Jahren. Beide Gruppen waren auf eine Laufzeit von jeweils ca. 150 Sitzungen angelegt. Gruppe 1 wurde von einem jungianisch orientierten analytischen Psychotherapeuten geleitet (zum Konzept vgl. VOLK u. SEIFERT, 1982), der Gruppe-als-Ganzes-Interpretationen mit Interpretationen verknüpfte, die das Individuum vor dem Hintergrund des Gruppengesamt verband, während Gruppe 2 von einem überwiegend Gruppe-als-Ganzes-Ansatz konzipierenden, freudianisch orientierten Therapeuten geleitet wurde.

O- und P-Faktorenanalyse-Techniken wurden eingesetzt, um Sitzungen mit gleicher Affektstruktur berechnen zu können. Ca. jede vierte Sitzung war von beiden Therapien hierzu transkribiert und nach dem *Gottschalk-Gleser-Verfahren* hinsichtlich vier verschiedener Angst- und vier verschiedener Aggressivitätsformen bewertet worden. 19 Sitzungen der ersten 80 Gruppensitzungen von Gruppe 1 wurden somit in die Analyse aufgenommen und 17 Sitzungen der ersten 75 von Gruppe 2.

Während Gruppe 1 die vorgesehene Laufzeit von 150 Sitzungen erreichte, nur einen vorzeitigen Dropout (nach 53 Sitzungen) hatte, wurde Gruppe 2 vorzeitig beendet wegen zu hoher Dropout-Rate (vier Patienten) und mangelnder *Kohäsion*. Gruppe 1 zeigte oszillierende, spiralförmige Entwicklungsphasen mit wiederkehrender affektiver Thematik über jeweils verschiedene aufeinanderfolgende Sitzungen hinweg. Diese größeren Abschnitte der Therapie, mit einer anfänglich ängstlich-abhängigen Phase, einer darauf folgenden intensiven Aggressivitäts-Phase, bis hin zu einer stark affektabgesenkten Phase, die möglicherweise eine erhöhte *Kohäsion* widerspiegelt, da negative Affekte (Ängste, Aggressivität) auf ein Minimum gesunken waren, stimmen mit dem Modell von TUCKMAN (1965) in den ersten drei Abschnitten überein.

Gruppe 2 zeigte keinerlei Entwicklungsmuster. Stattdessen war das gesamte Affektniveau, verglichen mit Gruppe 1, abgesenkt und zeigte kein aggressives Muster, das auf eine Phase intragruppalen oder gegen den Leiter gerichteten Konfliktes hinweisen würde.

Wie katamnestische Untersuchungen zeigten, nahm von den Patienten von Gruppe 1 nur ein Patient eine weitere Therapie nach Beendigung der Gruppe auf, während dies vier Patienten von Gruppe 2 vom Therapeuten empfohlen worden war. Eine Gesamteinschätzung am Ende der Therapien bezüglich des Gesamterfolges ihrer Gruppenpatienten auf einer 5-Punkte-LIKERT-Skala durch beide Therapeuten erbrachte einen entsprechenden Unterschied zwischen beiden Gruppen ($chi^2 = 2.77$, $df = 1$, $p < 0.09$).

Die Zusammenhänge zwischen Entwicklungsmustern, Fortbestand der Gruppe und individuellem Therapieerfolg sind nach den Ergebnissen der zitierten Studie eindrucksvoll. Eine Gruppe benötigt demnach zur Sicherung ihres Fortbestands zunächst Entwicklung. *Wodurch* diese bei den untersuchten Gruppen ermöglicht bzw. verhindert wurde, war nicht untersucht worden. Die sich entwickelnde Gruppe 1 bot offenbar ausreichend *Kohäsion* bzw. führte schließlich auch zu einer erhöhten *Kohäsion,* indem ein Therapie-Abschnitt erreicht wurde (nach der 60. Sitzung etwa), in dem wesentlich weniger negative Affekte in den Interaktionen geäußert wurden, verglichen mit den Therapie-Abschnitten davor. Nur ein Gruppenmitglied verließ die Gruppe vorzeitig. Klinisch eingeschätzter Therapieerfolg - was tatsächlich auch dokumentiert wurde durch eine 2-Jahres-Katamnese - war für sieben der anfänglich neun Patienten mehr oder weniger eingetreten. Gruppe 2 dagegen erreichte offenbar keine haltende Struktur, hatte vier Dropouts und ermöglichte nur einem Gruppenmitglied - leichten - Therapieerfolg.

Es ist zu vermuten, daß die zweite Gruppe kein ausreichend kohäsives Gruppenklima entwickelte, in dem z.B. der Ausdruck auch von negativen Gefühlen ermöglicht wird, ohne daß befürchtet werden muß, die Basis des gemeinsamen Unternehmens zu gefährden. Entsprechend dürften auch *Wirkfaktoren* wie *Kohäsion, Katharsis, Einflößen von Hoffnung, Universalität des Leidens,* die zu Beginn einer Gruppe vermutlich eine größere Rolle spielen (BLOCH u. CROUCH 1985) - und damit strukturgebende Funktion haben - , in der Gruppe 2 *nicht* zum Tragen gekommen sein. Damit aber konnte wahrscheinlich auch nicht ein Therapie-Abschnitt erreicht werden, in dem - wie vermutet wird - Faktoren wie z.B. *Einsicht* oder *interpersonelles Lernen* hätten wirksam werden können.

6. Das stationäre Setting als spezieller psychotherapeutischer Rahmen - Probleme und Chancen für die Gruppenpsychotherapie

Psychotherapie in der Klinik ist eine "Psychotherapieform sui generis" (HEIGL u. NERENZ 1975). Sie ist aus vielfältigen Gründen von ambulanten Psychotherapien zu unterscheiden. Dazu gehören u.a. vor allem der Zeitaspekt (HEIGL u. NERENZ 1975; KÖNIG u. SACHS-SE 1981), das vielfältige Therapieangebot, das Problem der Regression (ZAUNER 1978), die zunehmend veränderte Klientel (ENKE 1988) und damit erforderliche neue komplexe stationäre Behandlungsansätze mit modifiziertem analytischem Konzept (JANSSEN 1987; SCHEPANK 1988). Da es sich nach Auffassung von SCHEPANK (1988) um weit mehr als nur "eine im Rahmen stationärer Krankenhausbehandlung applizierte Psychotherapie" handelt, schickt er eine "Definition für stationäre Psychotherapie" voraus:

"Die im Einvernehmen (zwischen Patient, Therapieinstitution und Bezugsgruppe, womit insbesondere der Kostenträger sowie das familiäre und ggf. berufliche Umfeld angesprochen sind) geplante Anwendung verschiedenartiger umschriebener psychologischer Interventionstechniken in einem hierfür in besonderer Weise organisierten Krankenhaussetting zwecks intensiver (!) Behandlung einer überwiegend psychogenen Erkrankung mit dem Ziel von Besserung oder Heilung." (SCHEPANK 1988, S. 13 f.) (Hervorhebung durch den Verf.).

Das Besondere sei eben das "abgestimmte Setting bei der Gesamtorganisation mehrerer psychotherapeutischer Maßnahmen", bei denen

"...rund um die Uhr Psychotherapie in Form verschiedener wohlorganisierter und miteinander koordinierter und jeweils theoretisch begründbarer indizierter und individuell dosierter...Interventionstechniken durchgeführt wird..." (SCHEPANK 1988, S. 14).

Zu den Kriterien für eine stationäre Indikation zählt JANSSEN derzeit (1987, S. 14 f.):

- symptombedingte Unfähigkeit, eine ambulante Behandlung aufzunehmen
- psychosomatisch Kranke mit akuter körperlicher Symptomatik
- persönlichkeitsbedingte Unfähigkeit, z.B. Ich-Schwäche, eine ambulante Psychotherapie aufzunehmen oder aufrechtzuerhalten
- Krisenintervention bei akuter Dekompensation

58

- die erforderliche Trennung aus einem Milieu, das die pathogene Psychodynamik erhält oder fördert
- eine regionale Unterversorgung mit ambulanten Psychotherapeuten

Die Situation in der Bundesrepublik Deutschland war noch 1988 - vor der Wiedervereinigung - eine einmalige im internationalen Vergleich. Es gab

"...in unserem Lande mehr psychotherapeutische Betten in eigenständigen Fachkliniken als in der ganzen übrigen Welt zusammen." (SCHEPANK 1988, S. 13).

SCHEPANK sieht für den nach dem Zweiten Weltkrieg erfolgten "quantitativ rasanten" Ausbau der stationären psychotherapeutisch-psychosomatischen Krankenversorgung verschiedene Faktoren, die diese Entwicklung begünstigt hätten. Dazu gehörten einerseits die allgemeinen soziokulturellen Bedingungsfaktoren wie der allgemeine Wohlstand, die tradierte (Sozial-) Gesetzgebung, das Aufkommen einer psychoanalytisch orientierten Theorie und Praxis, deren eigenständige Etablierung neben der psychiatrischen Versorgung, unsere freiheitlich-demokratische Grundordnung sowie ein sehr weit fortgeschrittener Säkularisierungsprozeß. Aus diesen, alle erforderlichen, Faktoren seien andererseits durch die Tatkraft und Initiative einzelner Persönlichkeiten "differentielle Rahmenbedingungen für verschiedene Kliniktypen" geschaffen worden, die die stationäre Psychotherapie-Landschaft in Deutschland - und damit die Entwicklung von Behandlungs-Konzepten - möglich gemacht und weiterhin befruchtet hätten.

In den letzten 15 bis 20 Jahren ist durch die Erfahrungen und ein wachsendes Verständnis für die stationäre psychotherapeutische Behandlung sowie unter dem Eindruck einer sich offenbar wandelnden Patientenklientel (ENKE 1988; ERMANN 1988; KNOKE 1988) eine Modifizierung der psychoanalytisch konzipierten Behandlungen neurotischer und psychosomatischer Störungen erfolgt (ERMANN 1988; JANSSEN 1987). Stationäre Psychotherapie wird oftmals auch als "Anbehandlung" (KÖNIG u. LINDNER 1991) angesehen und von den niedergelassenen Psychotherapeuten offenbar "...zunehmend gewürdigt, anerkannt und für unentbehrlich gehalten" (ENKE 1988, S. 11). Die Etablierung psychotherapeutischer Normen im Rahmen der stationären Psychotherapie sieht ENKE sogar als hilfreiche "Voraussetzung für das "Arbeitsbündnis" des ambulanten therapeutischen Vorgangs" (ENKE 1988, S. 11). Verschiedene Modelle wurden entwickelt, stationäre Behandlung mit einer sich unmittelbar anschließenden ambulanten Weiterbehandlung zu kombinieren (BRÄUTIGAM 1974; 1978; von RAD u. RÜPPELL 1975; RÜGER 1981). Bezüglich der spezifischen Wirkweisen und Probleme dieser Behandlungskonzepte sei auf die angegebene Literatur verwiesen (JANSSEN 1987). Der

"...Wandel von der Psychoanalyse als dualem Prozeß in der Klinik hin zur psychoanalytisch konzipierten Teamtherapie..." (ERMANN 1988, S. 59)

ließ einen neuen Behandlungsansatz entstehen, mit der Folge,

"...daß stationäre Psychotherapie als spezielle Form der psychoanalytischen Therapie verstanden werden kann, die eine spezielle Gruppe von Patienten erreicht, welche in ambulanten psychoanalytischen Behandlungen nur schwer erreichbar sind." (JANSSEN 1987, S. 15).

Das von ENKE entworfene Modell der "Bipolarität" stationärer Psychotherapie (ENKE 1965) berücksichtigte bereits früh die Problematik der Unmöglichkeit einer reinen psychoanalytischen Behandlung in der Klinik. Der Gedanke der Aufteilung in einen "Therapieraum" und einen "Realitätsraum" beeinflußte "die stationäre Psychotherapie in der Bundesrepublick deutlich" (JANSSEN 1987, S. 52). Die Gruppenpsychotherapie als Therapieform, die den sozialen Bedingungen am ehesten gerecht werde, wurde so als therapeutischer Raum konzipiert und der "Hausgruppe" als "realem Raum", in der die sozialen Probleme des Zusammenlebens auf der Station bearbeitet werden könnten, gegenübergestellt.

"Hinter der konzeptuellen Trennung von Therapie- und Realraum steht die weitere Überlegung, daß auf diesem Wege die Übertragungsreaktionen und die *Regressionen* der Patienten eher zu steuern seien oder vermindert werden könnten. In erster Linie soll das Phänomen der *Übertragungsspaltung,* das durch das multipersonale Beziehungsangebot vorgegeben ist, verhindert werden." (JANSSEN 1987, S. 56).

Um dies zu realisieren, ist allerdings ein regelmäßiges Austauschen von Informationen zwischen beiden Räumen erforderlich, d.h. die "Notwendigkeit einer guten Verständigung unter dem therapeutischen Personal" (KÖNIG 1974, S. 263). JANSSEN (1987) allerdings fragt, wie die

"...intensiven Übertragungs- und Regressionsprozesse, die durch das Zusammenleben der Patienten, durch Übertragungen auf die gesamte Therapeutengruppe und durch das "Schonklima" auf der Station entstehen, therapeutisch genutzt werden (können)?" (Janssen 1987, S. 57).

Er schlußfolgert mit ERMANN (1979; 1982), daß das therapeutische Team eine "Abstimmung von Teilfunktionen" gegenüber dem Patienten vornehmen müsse, obwohl es eine gemeinsame Funktion für den Patienten wahrnehme.

QUINT (1972) - und später mit JANSSEN (zit. nach JANSSEN, 1987) - entwickelte ein bipolares Modell stationärer Psychotherapie. In diesem wurden vier mögliche Bereiche mit strukturierendem Einfluß auf den therapeutischen Prozeß benannt:

- der Bereich der Außenwelt
- der Bereich des stationären Zusammenlebens der Patienten
- der Bereich der analytischen Gruppenpsychotherapie
- der Bereich der nonverbalen Therapien

Dabei sollte eine Hauptkonzentration auf die psychoanalytische Gruppenpsychotherapie erfolgen, wobei die Erfahrungen im "Realitätsraum" (Begegnungen mit Stationsarzt bzw. Therapeut und Pflegepersonal auf der Station) Gegenstand der Analyse in der Gruppentherapie sein sollten (JANSSEN 1987). Die Erfahrungen mit diesem Modell waren einesteils ernüchternd, insofern die idealtypische Trennung zwischen dem "Real-" und dem "Therapieraum" unmöglich war; andererseits war dies "Anstoß für eine Neukonzeption" und ermöglichte diese Erkenntnis eine "Neukonzeption der stationären Psychotherapie" (JANSSEN 1987, S. 90). Das "Problem der Nebentherapien" durch Übertragungsspaltungen und ausagierte regressive Prozesse konnte offenbar nicht durch Besprechungen und Kooperationen seitens des behandelnden Teams aufgefangen werden, so daß ein "neues integratives Behandlungskonzept" entworfen werden mußte, das verschiedene Bedingungen im stationären Setting als Voraussetzungen benötigte (vgl. JANSSEN 1987, S. 94 f.). Markantester Punkt: einen therapiefreien "Realraum" sollte (und konnte) es nicht geben.

"Die als Realitätsraum bezeichneten Bereiche außerhalb der psychoanalytischen Gruppentherapie können als therapeutisch potente Felder einer stationären Therapie verstanden werden." (Janssen, 1987, S. 94).

Man sieht heute die Unmöglichkeit des übertragungsfreien "Realraumes" sogar eher als Chance, gerade bei dem strukturell ichgestörten Klientel der stationären Psychotherapie den therapeutischen Rahmen der Klinik zum "Kristallisationspunkt" des therapeutischen Prozesses zu machen (ERMANN 1988) und die Therapie-Station als dynamische Einheit zu sehen (HOFFMANN et al. 1981).

Die vielfältigen Übertragungsprozesse gerade im stationären Setting könnten im Gegenteil als "Manifestation infantiler Objektbeziehungsmuster im multipersonalen Beziehungsfeld der klinischen Situation" (JANSSEN 1987, S. 184) genutzt werden. Die

"...einsichtsfördernde Wirkung der Verbalisation von Re-Inszenierungen, der Vergegenständlichung innerer Bilder im Malen und der verbalisierten Körpererfahrung" (JANSSEN 1987, S. 210)

wäre gerade bei agierenden Patienten - und die sogenannten Früh-störungen gehören besonders dazu (KNOKE 1988) - ein Weg, die Wirk-faktoren stationärer analytischer Psychotherapie zum Tragen kommen zu lassen:

"Nach meiner Auffassung liegen die heilenden Faktoren der stationären psychoanalytischen Therapie gerade darin, daß dem Patienten hier Erfahrungs-möglichkeiten pflegender Mütterlichkeit eröffnet werden, die er bisher nicht ausreichend gehabt hat, und daß auf der anderen Seite seine Einsichten in sein Verhalten, in seine inneren Konflikte usw. gefördert werden." (JANSSEN 1987, S. 209).

So plausibel diese Erfahrungen und die daraus erfolgten Schluß-folgerungen auch klingen mögen, ob sich die veränderungsrelevanten Binnenstrukturen - die "therapeutisch potenten Felder" - einerseits tatsächlich zu einem homogenen bzw. zusammenwirkenden Ganzen kumulieren und andererseits der Beitrag eines jeden Feldes kontrol-liert werden kann, ist eine wohl bislang unbeantwortete Frage. Können gerade die bei der "frühgestörten" Klientel vielfältig zu erwartenden Aufspaltungen und das im Dienste eines Widerstandes stattfindende Agieren therapeutisch integrativ aufgefangen und somit genutzt werden? Spiegeln sich z.B. im "therapeutischen Haupt-medium" - sei es die analytische Gruppen-, sei es die Einzeltherapie - die in anderen therapeutischen Feldern (Bewegungs-, Musik-, Gestal-tungs-, Psychodrama-Therapien etc.) gemachten Erfahrungen wider, d.h. können diese Erfahrungen thematisiert und durchgearbeitet werden?

Was die stationäre von der ambulanten *Gruppenpsychotherapie* in vielerlei Hinsicht unterscheidet, ist die je nach Klinik-Konzept variierende durchschnittliche stationäre Aufenthaltsdauer der Patienten zwischen zwei Monaten und einem Jahr. Dies dürfte Auswirkungen auf die Form der durchgeführten Gruppen haben, d.h., ob sie als "slow open groups" wie zumeist in der ambulanten Praxis oder als geschlossene Gruppen in der Klinik geführt werden (KÖNIG 1974). Offene Gruppen im stationären Setting sind im ameri-kanisch-kanadischen Bereich aufgrund des dort weit verbreiteten Modells einer "walk-in-clinic" bzw. einer Tagesklinik und der eher an Kurzzeittherapien orientierten Gruppenmaßnahmen eher anzutreffen (YALOM 1983). Der schnelle Wechsel von Gruppenmitgliedern bringt erhebliche Probleme mit sich für die gesamte Gruppe, da hierdurch die Gruppenentwicklung sehr gestört (KÖNIG 1974) bzw. womöglich gänzlich unmöglich gemacht wird (vgl. zur Bedeutung von Gruppenentwicklung Kap. 5). Weiterhin stellt sich ganz besonders dringlich die Frage nach dem Einfluß der *Dauer der stationären Behandlung* (Dosis-/Zeit-Aspekt) auf die Regressionstiefe, da ja der Zeitaspekt permanent über der Gruppe (Therapeuten und Patienten) schwebt und latent im Spiel ist, was sich auch auf die Technik des Gruppenleiters auswirken muß (KÖNIG u. SACHSSE 1981). Die (womöglich nicht ausreichende) Bearbeitung der Trennung und der Beendigung der Therapie nach wenigen Monaten (sechswöchige bis zwölfwöchige Behandlungskonzepte) dürfte erhebliche Ängste bzw. Verlassenheitsdepressionen aktivieren (JANSSEN 1987), wo doch gerade auch die Bearbeitung von Trennungsängsten ein ganz wichtiger Punkt bei der Behandlung der im stationären Bereich vorwiegend anzutreffenden Klientel ist (GANZARAIN 1983). Gänzlich unreflektiert bleibt in diesem Zusammenhang die "Gruppenentwicklungshypothese", derzufolge - notwendigerweise zeitbedingte - Phasen der Entwicklung der Gruppenarbeit und des Gruppenklimas wahrscheinlich erreicht werden müssen, damit eine therapeutische Gruppe ihr Veränderungspotential erst maximieren kann (vgl. weiter oben).

Stationäre Gruppentherapie bringt neben dem Problem des häufigen Patienten-Wechsels weitere Unterschiede im Vergleich zur ambulanten Gruppentherapie mit sich. YALOM (1983) beschreibt die klinisch relevanten Fakten, die der Gruppentherapeut in der Klinik berücksichtigen muß, wenngleich auch einige für das *psychiatrische Setting einer akut-psychiatrischen Einheit* typisch sein mögen (S. 50 f. u. 82 f.) (ausgewählte Aspekte; Kursiv-Setzungen durch den Verfasser):

"There is great *heterogenety* of psychopathology.

All the patients are acutely uncomfortable; they strive toward resolution of psychosis or acute despair rather than toward personal growth or self-understanding.

There are many *unmotivated patients* in the group...

The therapist often has *no control over group composition.*

Patients see their therapist in other roles throughout the day on the ward.

Patients in an outpatient group generally have little contact with one another between meetings. *Members of inpatient groups live together*, share other types of therapy experience, and interact continually with one another between sessions.

The *severity of distress* colors the group experience: hospitalized patients are more deeply troubled, desperate, demoralized, and nihilistic and are more often bereft of ordinary sources of environmental support."

Die Hospitalisierung bringe für die Patienten häufig ein Gefühl von Isolierung und Entfremdung von den Familien und Freunden mit sich. Obwohl die Isolierung von einem ungünstigen, noxischen Umfeld generell günstig sei, habe sie auch Nachteile. Z.B. könne der Gruppentherapeut nicht davon ausgehen - wie bei einer ambulanten Gruppe - , daß Erfahrungen in der Gruppe auf Außensituationen übertragen würden, um dort ausprobiert zu werden, um sodann in der Gruppe wieder berichtet zu werden und um weiterhin diesen Lernprozeß zu modifizieren. Im Unterschied zur Situation in den USA oder Kanada sehen KÖNIG und LINDNER (1991) bei der stationär durchgeführten Gruppentherapie in Deutschland eher ein "psychosoziales Übungsfeld", das durch das Zusammenleben auf der Station konstituiert werde.

Das klinische Setting bringt es nach YALOM (1983) außerdem mit sich, daß die Patienten in einer abhängigen Position gehalten würden, die ihre Regression weiter förderten, z.B. indem sie ernährt würden, indem Sorge für ihr physisches Wohlbefinden getragen werde, indem darauf geachtet werde, daß einige realistische Hausordnungs-Verpflichtungen eingehalten würden usw. Das schlichtweg meist gegebene Streß- oder Belastungs-Niveau der Patienten limitiere die Art der therapeutischen Arbeit, die geleistet werden könne:

"...there is often so much primary process available that the analytically trained, insight-oriented therapists often feel as if they were in a candy store of psychodynamic sweets. They must continue to keep in mind, however, that a wide gulf exists between the therapist´s discovery of the patient´s psychodynamic themes and the patient´s capacity to use these insights. One of the fundamental pillars of good psychotherapy is timing..." (YALOM 1983, S. 103 f.).

Stationäre Gruppenpsychotherapie wird gerade unter dem Eindruck der zeitlichen Limitierung eine andere Interventionsstrategie beim Gruppenleiter erforderlich machen als in der Langzeittherapie bei ambulanten Gruppen, z. B. was die Widerstandsanalyse oder das Ansprechen starrer Rollenpositionen, die sich deutlich gerade in Gruppen manifestieren (SCHINDLER 1957-58), angeht (KÖNIG 1974). Das "Konzept der dem Patienten deutlich vermittelten zeitlichen Limitierung" der stationären Therapie wird als unverzichtbar angesehen, auch um der "Gefahr einer Kollusion der Verleugnung zwischen Therapeut und Patient" bzw. Gruppe zu entgehen (KÖNIG u. SACHSSE 1981). Und um - nicht nur im Hinblick auf die Gruppenentwicklung - den Aspekt der Trennung in die therapeutische Arbeit einbeziehen zu können, da ein Charakteristikum der sogenannten Frühstörungen in der Regel nicht erfolgte Ablösung und Individuation darstellten (siehe auch weiter oben).

Auch hier stellt sich wieder die Frage: Welchen Stellenwert im Rahmen der therapeutischen Veränderung haben die einzelnen "therapeutischen Felder", welchen Stellenwert hat die - zumeist als Haupttherapie angesehene - Gruppenpsychotherapie im Konzert der einzelnen therapeutischen Methoden? Diese Frage kann nicht als akademisch angesehen werden, wenn es um die Beurteilung therapeutischer Effizienz unterschiedlicher Methoden, die Möglichkeiten eines stationären Gesamtansatzes bei umschriebenen Störungen oder um den Beitrag einer speziellen Methode im Gesamt eines Klinikansatzes relativ zu den anderen Methoden geht.

Mittlerweile gibt es verschiedene Ansätze und auch Ergebnisse, die nachweisen, daß stationäre Psychotherapie für die jeweils umschriebene Klientel effizient ist (BALZER et al. 1985; ECKERT u. BIERMANN-RATJEN 1985; KÖNDGEN u. ÜBERLA 1962; KORDY et al. 1983; RÜGER 1981). Eine differentielle Analyse des relativen Beitrags einer spezifischen Methode oder Technik im Rahmen des stationären Gesamtangebots wurde bislang kaum unternommen. Diese - zugegeben - sehr schwierige und aufwendige Arbeit wurde im Rahmen des *Heidelberger Katamnese-Projekts* in methodisch sehr sorgfältiger Weise angegangen (BRÄUTIGAM et al. 1980; KORDY u. SCHEIBLER 1984a; KORDY et al. 1983; SENF u. SCHNEIDER-GRAMANN 1990). So konnte z.B. festgestellt werden, daß Patienten mit initial ausgeprägter Ich-Schwäche bei alleiniger Gruppenpsychotherapie ein höheres Risiko bezüglich eines Mißerfolges mit der Therapie liefen als beim kombinierten Behandlungsmodell (Einzel- *und* Gruppentherapie). Auch im Bereich der stationären Psychotherapieforschung besteht erheblicher Fundierungsbedarf durch systematische Untersuchungen (STRAUß 1992).

7. Methodik

7.1 Einzelfallanalyse als Paradigma der Psychotherapieforschung

Seit den Anfängen der 80er Jahre ist innerhalb der Psychotherapie eine stetige Bewegung zu beobachten, die unter das Motto "Zurück zur psychotherapeutischen Einzelfallforschung" (GRAWE 1988) gestellt werden kann (CHASSAN 1981). Mittlerweile gehört es zum Standardwissen, daß der gruppenstatistische Ansatz mit seinen Aussagen keinerlei Informationen über die spezifischen Ingredienzen psychotherapeutischer Veränderungsprozesse liefern kann. Begünstigt durch die überwundene Ära der vergleichenden Psychotherapieforschung befinden wir uns gegenwärtig in einer "Phase differentieller Fragestellungen", bei der es darum geht, eine "Effektmaximierung" zu erreichen und ein Verständnis für Vorgänge in sehr kleinen Unterabschnitten längerer Therapieprozesse - sogenannten "small chunk units" (GREENBERG u. PINSOF 1986) - zu gewinnen (GRAWE 1988; RICE u. GREENBERG 1984a), um dies therapeutisch nutzen zu können. D.h. exakt, es gilt die im psychotherapeutischen Sinne eigentlich veränderungsrelevanten Elemente und Phänomene des therapeutischen Prozesses zu entdecken, um sie gezielt und systematisch verwenden bzw. sie ins Geschehen einbringen zu können.

Das einzelfallanalytische Vorgehen weist nach KAZDIN (1986) verschiedene Vorteile auf:

a) die Absenz einer klar dominierenden Forschungs-Methodologie trage erheblich dazu bei, die Kluft zwischen Forschern und Klinikern zu überwinden, da letztere durch die Anforderungen des traditionellen Forschungsdesigns und der statistischen Methoden abgeschreckt worden seien; der individuumszentrierte Ansatz dagegen sei dem Kliniker vertraut;

b) die Einzelfallforschung könne unmittelbarer verschiedene relevante Fragen der Ergebnisforschung mit individuellen Patienten zum Gegenstand machen, so wird die Frage, ob eine spezifische Behandlung für die beobachtbare Veränderung verantwortlich gemacht werden kann, beantwortbarer.

"...the assessment of individual subjects and evaluation of their idiosyncratic patterns of organizing response repertoires may be particularly relevant for understanding clinical problems and evaluating the broad effects that interventions are likely to have across behaviors and settings and over time." (KAZDIN 1986, S. 38).

Der "smaller is better-trend" (GREENBERG u. PINSOF 1986; RICE u. GREENBERG 1984a) in der Psychotherapieforschung versucht die lange Zeit vorherrschende "Outcome-Forschung" und die - für sich genommen sinnlose - Prozeßforschung zu integrieren.

"Basing outcome research on ascribed or alleged orientations without actual verification is equivalent to giving blue and green pills to patients in a drug study without knowing the contents of the pills." (GREENBERG u. PINSOF 1986, S. 5 f.).

Psychotherapie ist längst nicht mehr in einer Legitimationsphase, in der sie ihre Effektivität nachweisen müßte. Worum es heute und in nächster Zukunft gehen muß, ist ein Verständnis zu gewinnen für die *in der therapeutischen Situation* ablaufenden veränderungsindu-zierenden Momente und Variablen, die letztlich die psychothera-peutische Potenz i.e.S. aufweisen (DAHL et al. 1988; GRAWE 1988; TSCHUSCHKE u. CZOGALIK 1990b).

Methodisch gesehen ergeben sich verschiedene Fragen aus der Einzelfallforschung, deren Beantwortung noch nicht gänzlich möglich ist. Scheint die gruppenstatistische Methode wegen des relativ grobkörnigen Ansatzes offenbar ein inadäquates Paradigma für die Psychotherapie-Prozeß-Ergebnisforschung zu sein, in der Mikro-analysen von Veränderungsprozessen gefragt sind, so stellt sich beim einzelfallanalytischen Vorgehen die grundsätzliche Frage, ob etwaige gefundene auffällige Zusammenhänge über den Einzelfall hinaus-gehend verallgemeinerbar sind. In diesem Punkte muß sich auch der einzelfallanalytische Ansatz dem empirisch-nomothetischen For-schungsparadigma unterordnen.

Die Einigkeit unter den Methodikern läuft darauf hinaus, daß Ergebnisse *einer* Einzelfalluntersuchung eine universelle Hypothese nicht bestätigen können, aber ausreichen, um eine derartige Hypothese zu widerlegen, was allerdings als "naiver Falsifikationismus" bezeichnet wird (WESTMEYER 1979). Eher sollte von "Entkräftigung" als von "Falsifikation" gesprochen werden.

Die Problematik von wissenschaftlich exakt gewonnenen Ergeb-nissen am Einzelfall verdeutlicht sich speziell am Verallgemeine-rungsproblem, denn um die Entdeckung *gesetzmäßiger bzw. allge-meingültiger Regelhaftigkeiten* ausschließlich kann es sinnvollerweise nur gehen. Wie kompliziert sich die Situation bei einzelfallanalytisch gewonnenen Ergebnissen darstellt, geht aus dem folgenden hervor:

"Die Annahme, eine Einzelfallanalyse könnte (bei negativer Beweisführung) eine allgemeine Hypothese widerlegen, trifft jedenfalls nicht zu. Aber natürlich können sich, wie schon im deduktiven Bestätigungsbegriff ausgedrückt, allgemeine Hypo-thesen relativ zum Hintergrundwissen an den Ergebnissen von Einzelfall-untersuchungen bewähren. Das ist ja gerade die charakteristische Art und Weise, wie sich universelle Hypothesen, die Aussagen direkt über Individuen (Einzelfälle) und nicht über Kollektive machen, bestätigen lassen. Eine derartige Bestätigung einer allgemeinen Hypothese ist natürlich weder ein *Beweis* für die Wahrheit dieser Hypothese, noch macht sie sie wahrscheinlicher."(WESTMEYER 1979, S. 25).

Als Gründe für diese letztlich sehr konservative Haltung werden vor allem die stets mehr oder weniger gegebenen Probleme mit der internen und externen Validität von Einzelfallexperimenten angeführt (KIRCHNER et al. 1977). Andere Autoren sehen die Aufstellung von allgemeinen Regeln aufgrund von Einzelfall-Studien als weniger problematisch an (CHASSAN 1969; DUKES 1965). CHASSAN (1969) sieht keinen Grund, warum nicht andere Personen mit ähnlichen oder gleichen Merkmalen in den erfaßten Variablen existieren sollten, für die die Annahme, daß die Behandlung - nach dem Nachweis der statistisch bedeutsamen Effektivität - sich auch bei ihnen bewähren würde, als plausibel und vernünftig bezeichnet werden könnte. Auf jeden Fall werden Replikationsstudien als unerläßlich erachtet (WESTMEYER 1979).

Selbst wenn sich einzelfallanalytisch gewonnene Erkenntnisse an weiteren Fällen kreuzvalidieren lassen sollten, stellt sich die Frage: Ab wann kann man von generalisierbaren Erkenntnissen ausgehen? Wieviele Replikationsstudien sind erforderlich, um von einem (statistisch) gesicherten, allgemeingültigen Ergebnis ausgehen zu können? Die Frage der "Agglutination" bzw. "Aggregation" (LEUZIN-GER-BOHLEBER 1989; REVENSTORF u. KEESER 1979) von gleich-artigen Ergebnissen zu einer einheitlichen Gesamtaussage ist nicht abschliessend geklärt (s.o.). Das einzelfallanalytische Design macht jedenfalls ein gewisses Umdenken - im Hinblick auf die von CAMPBELL und STANLEY (1961) aufgestellten Validitäts-Kriterien - erforderlich. Im klinischen Bereich, und speziell bei Einzelfallstudien, erscheinen diese Kriterien als ungeeignet (KIRCHNER et al. 1977; PETERMANN 1979) und sollten modifiziert werden (KIRCHNER et al. 1977); die Meßfehlerquoten der Erhebungsinstrumente müssten auf ein Mini-mum herabgedrückt werden, und es sollte die statistische Signifikanz nicht überbewertet werden, da sie durchaus eine geringe klinische Relevanz mit sich bringen könne (PETERMANN 1979). Daraus folgt im Umkehrschluß, daß gleichfalls Ergebnisse, die zwar keine *statistische* Signifikanz erreichen, dennoch im Falle eines deutlich erkennbaren Trends eine *klinische* Signifikanz aufweisen können.

7.2 Untersuchungs-Ansatz

Diese Arbeit befaßt sich mit der detaillierten Prozeß-Ergebnis-Analyse zweier stationärer analytischer Langzeitgruppenpsycho-therapien. Zentrales Anliegen ist dabei die empirische Untersuchung

68

der Beziehungen zwischen ausgewählten präsumtiven therapeutischen Wirkfaktoren der Gruppenpsychotherapie untereinander und speziell zum Therapieergebnis. Beide Therapien wurden hinsichtlich verschiedener Bedingungen (Therapeuten, therapeutisches Konzept, Gruppenzusammenstellung, integratives Behandlungskonzept der Klinik, Dauer der Therapie, Frequenz der Sitzungsfolge usw.) konstant gehalten, um gewonnene Ergebnisse aus der einen mit denen aus der anderen Gruppe vergleichen zu können.

Der Aspekt der Konstanthaltung der "Versuchsanordnung" berücksichtigt speziell die Forderung nach der Replikation von Ergebnissen, die im Rahmen von Einzelfallanalysen gewonnen wurden. Aufgrund der sehr konstant gehaltenen Rahmenbedingungen für alle Patienten und der hohen Meßgenauigkeit der eingesetzten Methoden besteht die Hoffnung, daß mögliche stringente Zusammenhänge zwischen Therapieprozeß und -ergebnis sich auch für andere, konzeptuell-technisch und/oder in der Dauer und Sitzungsfrequenz vergleichbare Gruppentherapien als gültig erweisen werden. Es wäre sehr wünschenswert, wenn andere Studien mit einem identischen oder sehr ähnlichen methodischen Ansatz und vergleichbarem Design die in dieser Studie gewonnenen Ergebnisse überprüfen würden.

7.2.1 Das stationäre Behandlungskonzept

Beide Gruppenpsychotherapien wurden in der Psychotherapeutischen Klinik-Stuttgart in Stuttgart-Sonnenberg durchgeführt (Ärztlicher Direktor: Dr.med. Günter SCHMITT). Bei dieser Klinik handelt es sich um eine der ersten psychotherapeutischen Kliniken in der Bundesrepublik Deutschland. Sie nahm am 1.10.1967 ihre Tätigkeit auf und stellt heute 102 Betten für die stationäre Behandlung zur Verfügung (SCHMITT et al., 1993). Behandelt werden schwere neurotische und Persönlichkeitsstörungen sowie Psychosomatosen. Psychotische Patienten werden in der Regel nicht behandelt. Die Therapien orientieren sich hauptsächlich an einem psychoanalytischen Ansatz: Einzel- und/oder Gruppentherapien stellen das therapeutische "Hauptgerüst" der Klink dar. Ergänzend erhalten die Patienten im Rahmen eines integrierten Gesamtkonzepts noch die Möglichkeit, an Psychodrama-, Gestaltungs- und Bewegungstherapien teilzunehmen. Die Aufenthaltsdauer der Patienten richtet sich nach der aus der Diagnose ermittelten Indikation und der daraus entsprechend abgeleiteten Behandlung. Eßstörungen (Anorexien und Bulimien) werden in aller Regel in speziellen Gruppen behandelt, deren Laufzeit ca. neun Monate beträgt. Die durchschnittliche Aufenthaltsdauer in der Klinik beträgt ansonsten in etwa fünf bis sechs Monate. D.h., man kann die Einzel-

und Gruppentherapien dieser Klinik mit ihrer wöchentlichen Frequenz von vier Sitzungen als (hochfrequente) Langzeittherapien einstufen (KNOKE 1988).

7.2.2 Das gruppenpsychotherapeutische Konzept

Die untersuchten Gruppen wurden von zwei sehr erfahrenen, männlichen, analytischen Gruppentherapeuten im Co-Leiter-Stil geleitet, der sich am "Netzwerk"-Gruppenkonzept orientierte (FOULKES u. ANTHONY 1957). Hierbei stand die Wahrnehmung und Handhabung der Gesamtgruppendynamik im Vordergrund, wobei die einzelnen Protagonisten des aktuellen Gruppenprozesses als Repräsentanten des Gesamtgruppen-Geschehens - im Sinne einer progressiven oder regressiven Bewegung - aufgefaßt wurden. Beide Gruppen waren als geschlossene Gruppen konzipiert. Vorzeitige Dropouts wurden durch nachrückende Patienten dann ersetzt, wenn dies noch innerhalb des ersten Drittels der gesamten veranschlagten Laufzeit der Gruppe der Fall war (wegen möglicher Rückschläge in der Gruppenentwicklung).

Die Gesamtdauer wie auch die Sitzungsfrequenz wurden im Vorstadium experimentell variiert. Im Rahmen der Gegebenheiten des stationären Settings hat sich die hier beforschte Form von ca. sechs Monaten - nach Therapeuten-Meinung - für therapeutische Zwecke als sehr günstig erwiesen. Pro Woche fanden vier Sitzungen der analytischen Gruppen statt, jeweils zu ca. 100 Minuten Dauer. Gruppe I erreichte eine Gesamt-Sitzungszahl von 83 Sitzungen und Gruppe II eine von 94 Sitzungen. Die unterschiedlichen Laufzeiten erklären sich vor allem daraus, daß Gruppe I über die Feiertage der Weihnachtszeit die gleiche stationäre Aufenthaltsdauer erreichte, nur mit einigen Sitzungen weniger als Gruppe II. Angezielt waren für jede Gruppe ca. sechs Monate, mithin zwischen 80 und 90 Sitzungen.

Ergänzend zur analytischen Gruppe wurde einmal pro Woche eine Psychodrama-Gruppe mit den Patienten durchgeführt, an der beide Gruppen jeweils geschlossen teilnahmen (eine Therapeutin). Die gruppendynamischen Vorgänge in dieser Gruppe wurden im Rahmen einer Therapeuten-Besprechung (Stationsschwester, Psychodrama-Therapeutin) den beiden Therapeuten der analytischen Gruppe mitgeteilt. Gleichermaßen fanden Besprechungen und Austausch zwischen der Therapeutin der Gestaltungstherapie - diese Therapie wurde zusätzlich angeboten und wurde von einzelnen Gruppen-patienten genutzt, aber nicht kontinuierlich und nicht die gesamte Zeit des Aufenthaltes über - sowie der Stationsschwester und den Gruppentherapeuten statt. Zentrale Therapie war jedoch die analytische Gruppenpsychotherapie. Alle Patienten erhielten neben der Gruppentherapie *keine* Einzeltherapie. Es erfolgte eine Hauptkonzentration auf die analytische Gruppenpsychotherapie, wobei davon ausgegangen wurde, daß die Erfahrungen im "Realitätsraum" (Begegnungen mit Stationsarzt und Pflegepersonal auf der Station) Gegenstand der therapeutischen Arbeit in der Gruppe sein würden (JANSSEN 1987; QUINT 1972).

7.2.3 Die Patienten

Beide Gruppen wurden initial mit je 10 Patienten besetzt, jeweils fünf von jedem Geschlecht. Die Gruppenzusammensetzung erfolgte entsprechend dem Konzept der Klinik, Informationen aus den Aufnahme-Gesprächen, die die Patienten mit Therapeuten der Aufnahme-Abteilung geführt hatten, sowie Informationen aus den Patientenakten zu nutzen (Arzt-, Überweisungs-Unterlagen, Eingangs-Tests und -diagnostik, anamnestische Bögen, Patienten-Brief um Aufnahme-Gesuch). Die Gruppen sollten hinsichtlich der Diagnosen so *heterogen* wie möglich zusammengestellt werden, wobei sehr allgemeine Leitlinien galten: z.B. nach Möglichkeit nicht mehr als ein(e) zwangsneurotische(r) PatientIn oder nicht zuviele Persönlichkeitsstörungen pro Gruppe.

Gruppe I

Zwei männliche Patienten dieser Gruppe verließen die Gruppe vorzeitig: ein Patient mit narzißtischer Persönlichkeitsstörung wegen zu großer Ängste vor der therapeutischen Arbeit nach der 15. Sitzung, der andere Patient mit einer maniformen Psychose nach der 21. Sitzung, nachdem er in der Gruppe in eine Außenseiter-Rolle geraten war. Die Gruppe erlebte diese Verluste mit tiefer Verunsicherung und Existenz-Ängsten (auf die Auswirkungen auf die Gruppenentwicklung wird weiter unten noch eingegangen, vgl. 12.4.8). Beide Plätze wurden ersetzt durch zwei nachrückende Patienten, einem männlichen mit einem Borderline-Syndrom und einem weiblichen mit einer Zwangsneurose (diese beiden Patienten sind nicht weiter im Rahmen dieser Untersuchung betrachtet worden; siehe Begründung weiter unten).

Das Problem der Nachrücker in eine bestehende Gruppe sowie das der Frühabbrecher verdient besondere Beachtung und wird an anderer Stelle ausgiebig untersucht werden. In dieser Arbeit geht es um die Wirkung vermuteter therapeutischer Wirkfaktoren auf die individuellen Gruppenmitglieder, die möglichst die gesamte Therapie absolvierten, um ein weitestgehend unverfälschtes Bild über therapeutische Prozesse in analytischen Langzeitgruppen zu erhalten.

Im folgenden sind die Patienten von Gruppe I kurz vorgestellt mit Alter, Beruf, *DSM-III-R*-Diagnose (AMERICAN PSYCHIATRIC ASSOCIATION 1987), wichtigsten Symptomen, dem aktuellen Anlaß zur Therapie sowie einigen psychodynamischen Hintergründen vor der Aufnahme (soweit eruierbar).

Patient 1

Alter:	21 Jahre
Beruf:	Student der Rechtswissenschaften
Diagnose:	Narzißtische Persönlichkeitsstörung (*DSM-III-R*: Achse II: 301.81)
Anlaß:	Kontakt- und Beziehungsstörungen, Unfähigkeit, der Arbeit im Studium nachzukommen ("ich bin eben anders als die anderen"), ausgesprochen extreme Kränkbarkeit. Mutter als ängstlich und widersprüchlich erlebt, Vater ständig dienstlich in der Welt unterwegs und dem Patienten psychisch nicht verfügbar.

Patientin 2

Alter:	28 Jahre
Beruf:	Krankenschwester
Diagnose:	Typische (Major) Depression, rezidivierend und abhängige Persönlichkeit (*DSM-III-R*: Achse I: 296.33; Achse II: 301.60) mit Adipositas
Anlaß:	Zusammenbruch, nachdem sie von einer Kollegin aggressiv angefahren worden war. Erste schwere depressive Verstimmungen mit 16 Jahren. Typische Vorgeschichte der depressiven Persönlichkeit: Für die Mutter mußte stets "heile Welt" um sie herum bestehen, Pat. ist eine extrem abhängige Persönlichkeit, ständig in der Angst, "vergessen zu werden".

Patientin 3

Alter:	39 Jahre
Beruf:	selbständig (Geschäft)
	Diagnose: Angstsyndrom bei hysterischer Struktur (*DSM-III-R*: Achse I: 300.02; Achse II: 301.50)
Anlaß:	Erschöpfungszustände und Ehestreitigkeiten. Ängste vor "Festgehalten werden" und Einengungen, Ängste vor Kontrollverlust, drei

Kinder (22-jährige Tochter, siebenjährige behinderte Tochter und sechsjähriger Sohn).

Patient 4

Alter:	23 Jahre
Beruf:	Schulbesuch abgebrochen, ohne Berufsausbildung
Diagnose:	Narzißtische Persönlichkeitsstörung (*DSM-III-R*: Achse II: 301.81) bei spätadoleszenter Reifungs- und Entwicklungskrise
Anlaß:	Arbeits- und Beziehungsstörungen, Selbstwertprobleme, Kontrollschwächen bei triebhaftimpulsivem Charakter, in sozialen Beziehungen ausgesprochene Retentivität.

Patient 5

Alter:	26 Jahre
Beruf:	Postbeamter
Diagnose:	Angstneurose bei zwanghafter Struktur und multiplen psychosomatischen Beschwerden (*DSM-III-R*: Achse I: 300.02, Achse II: 301.40)
Anlaß:	Arbeitsprobleme, multiple Ängste und psychosomatische Beschwerden wie z.B. Herzängste, Zittern, Erschöpfung, Übelkeitsgefühle, Nacken- und Schulterschmerzen, Harn-Drang usw. Mit 18 Jahren erste herzbezogener Angstanfall, bei dem der Pat. seine Eltern weckte, damit der Notarzt geholt werden sollte, dessen Erscheinung als Erlösung empfunden wurde.

Patientin 6

Alter:	36 Jahre
Beruf:	gel. Sozialpädagogin, z. Zt. arbeitslos
Diagnose:	Schizoide Persönlichkeitsstörung (*DSM-III-R*: Achse II: 301.20)
Anlaß:	Wunsch nach Veränderung ihrer isolierten Situation (Leidensdruck). Die Pat. hatte bei ihrer Geburt relativ alte Eltern (M: 39; V: 53), zwei ältere Geschwister waren im Alter von bis zu sechs Monaten verstorben, von der Mutter wurde die Pat. als Ersatzkind betrachtet und mit dem Namen einer toten Schwester versehen.

Patientin 7

Alter:	23 Jahre
Beruf:	Studentin der Sozialpädagogik

Diagnose:	Neurotische Depression mit multipler psychosomatischer Symptomatik (*DSM-III-R*: Achse I: 300.40, früher Beginn, und 300.81)
Anlaß:	Klagen über Beziehungsstörungen zu anderen Menschen, sexuelle Probleme, suizidale Ideen, Unsicherheit in der Geschlechtsidentität (tatsächlich von der äußeren Erscheinung her eher männlich identifiziert), multiple psychosomatische Beschwerden wie z.B. Asthma (seit dem 17. Lebensjahr), Magen- und Herzbeschwerden, rheumatoide Gelenkschmerzen. Mit 16 Jahren Entwicklung eines depressiven Syndroms und starker Gehemmtheit im Reden.

Patientin 10

Alter:	30 Jahre
Beruf:	Erzieherin
Diagnose:	Neurotische Depression (*DSM-III-R*: Achse I: 300.40)
Anlaß:	Depressiver Erschöpfungszustand, latente Suizidalität, sehr große Ansprüche an sich, Helfersyndrom gegenüber anderen Menschen, extreme Kränkbarkeit. An dominante, wenig einfühlsame Mutter gebunden im Sinne eines Machtkampfes: Anlehnung und Auflehnung. Mutter forderte ständig Leistung, während Vater weich und freundlich, aber auch schwach erlebt wurde.

Die beiden männlichen Patienten 8 und 9 beendeten die Teilnahme an der Gruppe vorzeitig (s.o.).

Gruppe II

Patientin 20

Alter:	30 Jahre
Beruf:	Krankenschwester
Diagnose:	Neurotische Depression bei Borderline-Persönlichkeitsstörung (*DSM-III-R*: Achse I: 300.40; Achse II: 301.83)
Anlaß:	Depressiv-suizidale Gestimmtheit bei präpsychotischen Erlebniszuständen, Schwächegefühle, Gewichtsabnahme, multiple psychosomatische Symptome (z.B. Müdigkeit, Hitzewallungen, Gleichgewichtsstörungen, Heißhunger). Haß- und Rachegefühle der Mutter gegenüber, weil die sie im ersten Lebensjahr in ein Säuglingsheim abgeschoben hatte, um arbeiten gehen zu können.

Die Geburt des Bruders (- 1) nahm die Mutter zum Anlaß, zu Hause zu bleiben. So kam die Pat. wieder aus dem Heim nach Hause. Diese Umstände wurden als massive Kränkung erlebt und von der Pat. mit Nahrungsverweigerung quittiert.

Patientin 21

Alter:	36 Jahre
Beruf:	Kaufm. Angestellte
Diagnose:	Hysterische Neurose mit einfacher Phobie und Konversionssymptomatik (*DSM-III-R*: Achse I: 300.29; Achse II: 301.50)
Anlaß:	Soziale Ängste, Schwindelgefühle, Menstruationsbeschwerden. Von Kindheit an hat sich die Pat. von der extrem ambivalent erlebten Mutter alleingelassen gefühlt, bei zugleich starker Sehnsucht nach Harmonie und Zuwendung. Pat. beharrt auf "Wiedergutmachung" der Mutter ihr gegenüber.

Patient 22

Alter:	32 Jahre
Beruf:	Bibliothekar
Diagnose:	Schizoid-zwanghafte Charakterneurose (*DSM-III-R*: Achse II: 301.20 und 301.40)
Anlaß:	Erlebte Isolierung und Vereinsamung. Ängste, sich stets unbeliebt zu machen, nicht gemocht zu werden. Der asthenische Patient befürchtet den Durchbruch verdrängter - aus dem ödipalen Bereich stammender - Aggression, was seinen Niederschlag in Zwanghaftigkeit hat. Der Abwehrcharakter der Zwanghaftigkeit richtet sich aber wohl gleichfalls gegen Ängste vor Identitätsverlust und Verlust der Selbstautonomie.

Patient 23

Alter:	30 Jahre
Beruf:	Speditionskaufmann
Diagnose:	Narzißtische Persönlichkeitsstörung mit psychosomatischen Beschwerden und depressiver Verstimmung, Zustand nach chronischem Alkoholismus (*DSM-III-R*: Achse II: 301.81; Achse III: 303.90)
Anlaß:	Eine Schulung beim Arbeitgeber, wo der Pat. in Anwesenheit seiner Vorgesetzten einen Angstanfall erlitt. Störung des Selbstwertgefühls, Angstzustände mit Unsicherheit und Schweißaus-

brüchen. Haßgefühle der enttäuschenden und strengen Mutter gegenüber bei großer Sehnsucht nach dem starken Vater, der ihm gegen die Mutter beistehen möge.

Patientin 24

Alter:	29 Jahre
Beruf:	Umschulung zur kaufm. Angest., z.Zt. arbeitslos
Diagnose:	Neurotische Depression (*DSM-III-R*: Achse I: 300.40, früher Beginn)
Anlaß:	Versuch, sich aus einer hoch-konflikthaften Familien-Konstellation zu befreien. Pat. war Symptomträgerin, um die Eltern zu entlasten. Depressive Mutter und gehemmter Vater, dazwischen die Patientin eingeschlossen. Aufgrund von verdrängter Wut erhebliche Schuldgefühle. Geschlechts- und berufsspezifisch keine feste Rollenidentität, in der psychosozialen Entwicklung retardiert.

Patientin 25

Alter:	23 Jahre
Beruf:	keinen
Diagnose:	Borderline-Persönlichkeitsstörung mit Bulimia Nervosa (*DSM-III-R*: Achse II: 301.83 und 307.51)
Anlaß:	Mehrere Suizid-Versuche. Unbekannter Vater, Ihre Mutter hatte sie in ein Heim weggegeben; aufgewachsen schließlich bei Adoptiv-Eltern. Extreme, verdrängte, Vater-Sehnsüchte, sehr böses Mutterbild.

Patient 26

Alter:	29 Jahre
Beruf:	Industriekaufmann
Diagnose:	Angstneurose und Morbus Crohn bei narzißtischer Persönlichkeitsstruktur (*DSM-III-R*: Achse I: 300.00; Achse II: 301.81; 316.00 mit Achse III: 316.00/Morbus Crohn)
Anlaß:	Angstanfälle erstmals im Jahr der Therapieaufnahme, manifestiert in körperlichen Symptomen, z.B. innerer Unruhe, Vibrieren, Schweißausbrüchen, Hitzegefühlen, Kloß im Hals, Herzängsten. Äußerst enge Beziehung zu beiden Eltern, besonders zur Mutter; Pat. fühlt sich subjektiv aber nicht abhängig, sondern als "Oberhaupt" der Familie. Mutter hat ihn narzißtisch

"aufgebläht", während der Vater, immer mehr ins Abseits gedrängt, Alkoholiker wurde. Die ödipale Situation ist dem Pat. völlig unbewußt.

Patient 30

Alter:	29 Jahre
Beruf:	Schiffsbauer, Gärtner, z.Zt. arbeitslos
Diagnose:	Zwangsneurose bei schizoider Persönlichkeitsstruktur (*DSM-III-R*: Achse I: 300.30; Achse II: 301.20)
Anlaß:	Aggressive Impulsphobien. Pat. hat aus Angst, jemanden geschädigt zu haben, ausgeprägte Zwangsrituale entwickelt. Dominante und unterdrückend erlebte Mutter bei schwachem Vater, entwickelte der Pat. eine Sehnsucht nach einem gutem und anleitenden Vater.
	Der Pat. war erst drei Monate bei einem der beiden Therapeuten in Einzeltherapie, bevor er für den ausgeschiedenen Patienten 29 in Sitzung 24 nachrückte.

Patient 30 wird in diese Untersuchung - auch als Nachrücker - miteinbezogen, da sich an ihm und in seiner Gruppe (Gruppe II) exemplarisch gut rekonstruieren läßt, wieviel Profit er als Nachrücker und Seiteneinsteiger von der Gruppe erfährt und welche Wirkmechanismen bei ihm zum Tragen kommen, wieweit er von der Gruppe akzeptiert und integriert wurde usw. Dagegen werden die beiden Patienten 11 und 12, die für die ausgeschiedenen Patienten 8 und 9 in die Gruppe I nachgerückt sind, nicht ausführlich betrachtet. Die psychologische Situation *eines* Nachrückers in eine laufende Gruppe kann in Gruppe I aufgrund zweier neuer Patienten nicht überprüft werden.

Die Therapeuten entließen Patientin 27 (Anorexia Nervosa; Gruppe II) mit Sitzung 65 (aufgrund extremer Widerstände, u.a. weiterer bedrohlicher Gewichtsverlust und Rückzug in der Gruppe) und den Patienten 29 (Borderline-Persönlichkeitsstörung) nach Sitzung 21 wegen mangelnder Integrationsfähigkeit und Arbeitsbereitschaft. Patient 29 wurde durch Patient 30 ersetzt; für Patientin 27 rückte wegen des fortgeschrittenen Stadiums der Laufzeit der Gruppe kein neuer Patient nach.

Patient 28 (Anorexia Nervosa mit schizoider Persönlichkeitsstruktur; Gruppe II) kann nicht in die Analyse der Prozeß-Ergebnis-Zusammenhänge dieser Arbeit aufgenommen werden, da er sich vorzeitig (vor der letzten Therapie-Sitzung) aus der Klinik fortstahl - aus dem Gefühl heraus, unverstanden zu sein von den Therapeuten -

und sich jeder Bitte (zweifach) um Teilnahme an den POST-Messungen widersetzte, so daß keinerlei objektive Ergebnis-Bewertungen für diesen Patienten vorliegen. Auch wenn nach Auskunft der Therapeuten die Therapie ohne Erfolg verlaufen ist, so kann dieser Patient mangels objektiver Messungen nicht in die Auswertungen dieser Studie aufgenommen werden.

Im Nachhinein stellt sich die Frage, ob die Indikation für die beiden Patienten 27 und 28 nicht falsch gestellt war und die Indikation für eine reine Eßstörungsgruppe - wie sie ja auch in der Klinik angeboten wurde - nicht besser gewesen wäre.

Die wahrscheinlichen Auswirkungen der vorzeitigen Entlassung von Patientin 27 auf das Gruppenklima wird weiter unten diskutiert werden (siehe Kap. 12.4.8).

8. Erfolgsmessung in der Psychotherapie - Probleme und Erfordernisse

Erfolgsbeurteilungen in der Psychotherapie bringen stets besondere Probleme mit sich (FISKE et al. 1970; KORDY u. SCHEIBLER 1984a; 1984b; MINTZ 1972; ORLINSKY u. HOWARD 1986; WALLERSTEIN 1986). Zum einen stellt sich die Frage, was eigentlich als "Erfolg" in der Psychotherapie angesehen werden kann (MINTZ 1972), zum anderen sollte man sich fragen, "zu welchem Zweck" die Untersuchung durchgeführt wird und "an welchen Adressaten" (KORDY u. SCHEIBLER 1984a) sich die Ergebnisse richten?

Die in diesem Buch vorzustellenden und eingehend zu diskutierenden Ergebnisse von Therapieprozessen der einzelnen Gruppenpatienten sollen - in Verbindung mit den längerfristigen Ergebnisbewertungen - als der Versuch gewertet werden, eindeutige Verbindungen zwischen als Wirkfaktoren definierten Prozeßmerkmalen und -charakteristika der interpersonellen Prozesse in den untersuchten Gruppen sowie den Therapieergebnissen auf seiten der einzelnen Patienten herauszuarbeiten (Prozeß-Ergebnis-Forschung). Im Theorie-Teil dieser Arbeit ist ausführlich erörtert worden, daß die bisherigen Forschungsparadigmata nicht ausreichend für ein erweitertes und erschöpfenderes Verständnis von psychotherapeutischen Veränderungsvorgängen sind. Stattdessen sind detailliertere Prozeß-Ergebnis-Studien (sogenannte "Mikroanalysen") erforderlich, möglichst auf mehreren Ebenen zugleich:

"...a study of process must necessarily be committed to microsize units of interaction and observation and cannot be done with a larger "macro" perspective from the three widely separated points in time (Initial, Termination, and FOLLOW-UP)..." (WALLERSTEIN 1986, S. 48).

Mit dieser Perspektive versucht die vorliegende Untersuchung Hinweise auf die Wirkweise von (stationärer) analytischer Gruppenpsychotherapie bei schwergestörten neurotischen und Persönlichkeitsstörungen zu finden. Somit wendet sie sich an Gruppenpsychotherapeuten und die wissenschaftliche Öffentlichkeit in der Psychotherapie. Damit sind im weiteren auch die relevanten Interessensbereiche festgelegt. Es ist dies einmal die therapeutische Praxis von Gruppenpsychotherapeuten, d.h. die Ergebnisse dieser Untersuchung sollten Aufschluß liefern über spezifische Prozeßereignisse und deren Auswirkungen auf die untersuchten Patienten und Gruppen, damit sind Indikationsfragen, Technikaspekte und prognostische Gesichtspunkte berührt. Zum anderen liegt ein weiteres Ziel in der "Legitimierung" (KORDY u. SCHEIBLER 1984a) und Forschung nach *spezifischen* Wirkfaktoren (stationärer) analytischer Gruppenpsychotherapie.

Die Meßstrategie des "Therapieerfolges" hat sich einerseits nach den Adressaten der Ergebnisse dieser Untersuchung zu richten, andererseits können auch verschiedene "Evaluationsstrategien" gewählt werden (KORDY u. SCHEIBLER 1984a). Es empfiehlt sich, aus nachfolgend genannten Gründen, möglichst mehrere Maße zu verwenden, die zudem auf verschiedenen Bewertungsebenen (Therapeut, unabhängiger Kliniker, Patient) arbeiten (MINTZ 1972). Mehrere "Outcome"-Maße werden schon deshalb empfohlen, weil die einzelnen Maße bzw. Instrumente untereinander üblicherweise eine niedrige Korrelation aufweisen und darüber hinaus jede abhängige Variable (das einzelne Maß zur Ergebniseinschätzung) mit einem der theoretischen Konzepte, die der Behandlung zugrundeliegen, verbunden werden sollte (FISKE et al. 1970). Da der therapeutische Prozeß sehr komplex ist, macht es wenig Sinn, einzelne isolierte Variablen ausschließlich zu betrachten und sie alleine für das Therapieergebnis verantwortlich zu machen, vielmehr sollten verschiedene Perspektiven bzw. Ebenen des Veränderungsprozesses betrachtet werden (ORLINSKY u. HOWARD 1986). Prozeßebenen aber sollten darüber hinaus sinnvollerweise mit korrespondierenden Ergebnis-Ebenen verbunden werden, d.h. in den Ergebnis-Maßen sollten Bezüge zum untersuchten Prozeß erkennbar werden.

Um zu wissenschaftlich vertretbaren Erfolgsbewertungen zu gelangen, müssen die Standard-Kriterien beachtet werden: Objektivität (d.h. Nachvollziehbarkeit bzw. Wiederholbarkeit der gemessenen Resultate), Reliabilität und Validität. Standardisierte und etablierte Meßverfahren bieten in der Regel die Gewähr für Zuverlässigkeit (Reliabilität) und Validität, diese "allgemeine Bewertungsstrategie" vernachlässigt allerdings individuelle Beurteilungsmöglichkeiten. Auf das Individuum zugeschnittene Messungen bergen möglicherweise das Problem der Nicht-Vergleichbarkeit in sich, außerdem stellt sich die Frage nach der objektiven Einschätzung bei dieser Vorgehensweise.

Bewertungen von Therapieergebnissen müssen in vorderster Linie *nach streng a priori festgelegten Regeln* erfolgen (KORDY u. SCHEIBLER 1984a). Der Prozeß der Einstufung erreichter Ergebnisse in verschiedenen Instrumenten und Maßen muß von anderen Beurteilern nachvollziehbar sein, so daß ähnliche Ergebnisse erzielt würden. Allerdings sollte beachtet werden:

"Eine mathematisch-theoretisch "richtige" Skalierung von Therapieergebnissen...gibt es nicht" (KORDY u. SCHEIBLER 1984b, S. 314).

Ein vorher bestimmtes System der Festlegung auf abgestufte Erfolgsskalierung in verschiedenen Instrumenten bzw. Maßen könne "pragmatisch vertretbar" sein.

Obwohl verschiedentlich die unterschiedlichen Perspektiven der am Therapieprozeß unmittelbar Beteiligten betont worden sind (FISKE et al. 1970), die zu unterschiedlichen Einstufungen führten, wird andererseits die im allgemeinen überraschend hohe Übereinstimmung zwischen Therapeuten und Patienten hervorgehoben und die Einschätzung des Therapeuten besonders unterstrichen (MINTZ 1977):

"As someone to describe the events of treatment and the changes in the patient which occured, the therapist is uniquely qualified." (MINTZ 1977, S. 601).

Verschiedene Untersuchungen berichten über deutlich lineare Beziehungen zwischen Patienten- und Therapeuten-Urteilen bezüglich einer "globalen Einschätzung" des Therapieerfolges (BELLAK et al. 1965; HASKELL et al. 1969; MINTZ 1977; YALOM 1966). Zu beachten sind allerdings charakteristische Beurteilungsfehler, die gleichermaßen Kliniker, Patienten und unabhängige Beobachter betreffen (MINTZ 1972).

Das *initiale Funktionsniveau* des Patienten beeinflußt die Erfolgsbewertung. Ein bei Therapiebeginn bereits relativ gut angepaßter Patient wird wahrscheinlich mit guten Werten die Therapie beenden, was dennoch zu hohen Ratings führt, gleichgültig, welche Veränderung durch die Therapie wirklich erzielt wurde (LUBORSKY et al. 1971).

Schwerer gestörte Patienten mit initial ausgeprägteren Meßwerten tendieren zu größeren Veränderungen (zumindest in psychometrischer Hinsicht), während weniger gestörte Patienten eher - wie gerade erwähnt - Behandlungen mit besseren Anpassungswerten beenden ("ceiling"-Effekt). Beobachter - trainiert oder untrainiert - neigen dazu, die letztgenannten höher einzustufen.

"...contrived cases with good prognostic signs were seen as more successfully treated than those with poor prognoses, even though the objective test data as to pre- and posttreatment status given judges were exactly the same for both groups. It is difficult to escape the conclusion, then, that global outcome ratings are, to some degree, self-fulfilling prophecies." (MINTZ 1972, S. 18).

Ein weiteres Problem ist, das nicht jedes eingesetzte Maß von gleicher Validität für jeden Patienten ist, d.h. seinen Status bzw. die Veränderung (Verbesserung) adäquat abbildet. Der Gebrauch von multiplen, breite Bereiche abdeckenden Erfolgskriterien stellt sicher, daß das, was eine erfolgreiche Therapie für und bei einem Patienten bewirken kann, durch das eine oder andere Meßinstrument repräsentiert wird (MINTZ 1972). Die Meinungen gehen allerdings auseinander, ob die unterschiedlichen Perspektiven (z.B. Therapeut und Patient) zusammengefaßt, quasi als "conjoint measure" (LUBORS-KY et al. 1988, S. 24) oder besser separiert voneinander betrachtet werden sollten (ORLINSKY u. HOWARD 1986, S. 370). Bei einer globalen Auswertung über verschiedene eingesetzte Maße hinweg sollte zumindest sichergestellt sein, daß die Ergebnisse der einzelnen Maße eine ziemlich hohe gleichgerichtete Tendenz aufweisen.

9. Das Untersuchungs-Design

Ergebnismessungen

Unmittelbar nach Aufnahme in die Klinik, nach Aufklärung der Patienten über das Untersuchungsvorhaben und *vor* Beginn der Gruppentherapien wurden die PRÄ-Messungen anhand der Erfolgsbatterie vorgenommen (vgl. 10.1). Die POST-Messungen wurden unmittelbar vor der Entlassung und *nach* allen Therapie-Maßnahmen durchgeführt. Die Patienten waren informiert, daß sie zu FOLLOW-UP-Untersuchungen frühestens nach einem Jahr aufgefordert werden würden und erklärten sich - mit sehr wenigen Ausnahmen - damit einverstanden (s.u.). FOLLOW-UP 1 fand nach 12 Monaten statt. Dazu wurden die Patienten angeschrieben und die Katamnesen schriftlich durchgeführt (mit Ausnahme der *GAS*, die durch die Therapeuten durchgeführt werden müßte, wurden alle Methoden eingesetzt; das *Goal Attainment Scaling* wurde schriftlich zur Selbsteinschätzung vorgegeben, siehe 10.1).

FOLLOW-UP 2 wurde für die Patienten jeder Gruppe 18 Monate nach Therapie-Ende durchgeführt. Hierzu wurde jede(r) PatientIn individuell in die Forschungsstelle für Psychotherapie nach Stuttgart eingeladen. Als Ausgleich für die Aufwendungen wurde je Patient die gleiche finanzielle Entschädigung geleistet. Bis auf eine Patientin aus Gruppe I (Pat. 6, für sie liegen Unterlagen aus FOLLOW-UP 1 vor) und eine Pat. von Gruppe II (Pat. 24 verweigerte die Teilnahme an beiden FOLLOW-UPs, POST-Messungen liegen vor) nahmen alle restlichen 14 Patienten an diesem Termin teil.

Zum zweiten FOLLOW-UP, 18 Monate nach Beendigung der Gruppentherapien, konnten alle Methoden der Erfolgsbatterie zum Einsatz kommen, auch die *GAS*, da die Therapeuten mit jedem Patienten ein individuelles Katamnese-Gespräch führen konnten. Ein unabhängiger Psychoanalytiker führte die Interviews zum *Goal-Attainment Scaling* mit jedem Patienten separat durch. Alle Interviews liegen - ebenfalls mit Einverständnis der Patienten - videoaufgezeichnet vor; die Skalierungen des unabhängigen Klinikers können somit überprüft werden.

Beide Therapiegruppen wurden mit individuell eingeholtem Einverständnis videoaufgezeichnet. Die Patienten waren ausführlich darüber aufgeklärt worden, daß die Teilnahme an den wissenschaftlichen Untersuchungen freiwillig war und ihnen im Falle eines Nicht-Einverständnisses in derselben Klinik ein anderer Therapie-Platz zur Verfügung stehen würde. Über die Datenschutz-Bestim-mungen (Überwachung durch den Datenschutzbeauftragten der Universität Ulm), denen die Untersuchungen unterlagen (Anonymität, chiffrierte Sitzungsunterlagen, Stahlschrank-Verschluß der Videos, Bewertung der Sitzungen durch wenige ausgewählte wissenschaftliche Mitarbeiter, keine Weitergabe an Dritte etc.), wurden die Patienten gleichfalls aufgeklärt. Kein(e) Patient(in) verweigerte die Teilnahme. Im Gegenteil haben wir die Erfahrung gemacht, daß die Patienten noch lange nach dem stationären Aufenthalt immer wieder anfragten, wie ihnen zuvor ausdrücklich zugesagt, nach allen Auswertungen ihnen Forschungsergebnisse im Rahmen eines Besuches in der Forschungsstelle zugänglich zu machen. Übrigens: Je besser die Therapieerfahrung war, desto interessierter und engagierter waren die Patienten bei den katamnestischen Untersuchungen.

Aufgrund der extrem aufwendigen Rating-Arbeiten - die Sitzungen wurden "act-by-act" interaktionssigniert, alle *verbalen* und deutlich erkennbare *nonverbalen* Interakte (sich verändernde Körperhaltungen, z.B. ein Sich-Zusammenkauern oder gelangweiltes Abwenden, deutliche mimische oder gestische Aspekte, motorische Unruhe) - wurde nur *jede zweite aufgezeichnete Sitzung* in die Untersuchung einbezogen. Damit dürfte eine ausreichende Kontinuität in der Abbildung des Therapie-Verlaufs gewährleistet sein. Somit wurden 42 Sitzungen (der komplett 83) von Gruppe I und 47 Sitzungen (der komplett 93 Sitzungen) von Gruppe II in die Auswertungen einbezogen. Die 89 Gruppensitzungen beider Gruppen wurden *vollständig* interaktionssigniert (vgl. 10.2.1). Nach jeder dieser Sitzungen wurden Sitzungsbögen gegeben *(Stuttgarter Bogen, Group Climate Questionnaire (GCQ-S)* , vgl. 10.2.3-4 und *Einschätzung des therapeutischen Nutzens der Sitzung)*. Nach jeder sechsten Gruppensitzung wurde ein sogenanntes *Gruppenmitglieder-Grid (GMG)* (KELLY 1955) gegeben, in dem die Gruppenmitglieder die Therapeuten und die anderen Teilnehmer anhand von neun gemeinsamen Konstrukten hinsichtlich des eigenen Erlebens einschätzten. Dieser Auswertungsaspekt ist nicht Gegenstand dieser Arbeit, es wird auf die entsprechende Studie verwiesen (TSCHUSCHKE et al. 1992).

Nach jeder 12. Gruppensitzung wurde ein sogenanntes *Personal Others Grid (POG)* vorgegeben, in dem die Gruppenmitglieder das

Erleben bedeutsamer Personen (Objekte) ihres originären sozialen Umfeldes außerhalb der Therapie einschätzten (vgl. 10.2.2).

10. Eingesetzte Methoden

Im folgenden sind die einzelnen eingesetzten Ergebnis- und Prozeß-methoden in der Darstellung bewußt kurz dargestellt. Weiterführende Literatur zu den einzelnen Methoden ist jeweils angegeben.

10.1 Erfolgs-Batterie

Zu allen Meßzeitpunkten (PRÄ-, POST-, FOLLOW-UP 1-Messungen nach 12 Monaten und FOLLOW-UP 2-Messungen nach 18 Monaten) wurden alle Methoden eingesetzt (Ausnahmen: *GAS* konnte zum FOLLOW-UP 1 nicht eingesetzt werden und *Goal Attainment Scaling* konnte aufgrund der Natur dieser Messung nicht zum PRÄ-Zeitpunkt eingesetzt werden). Der Therapieerfolg der in dieser Arbeit unter-suchten Patienten basiert auf der *Gesamteinschätzung über alle zum jeweiligen Meßpunkt eingesetzten Erfolgsinstrumente hinweg*, so daß eine globale Therapieerfolgs-Beurteilung den Überlegungen zugrun-deliegt. Die in Tendenz und Ausprägung gleichgerichteten Ergebnisse der unterschiedlichen Meßebenen erlaubten die über alle Meßinstru-mente *globale Erfolgsbewertung* (vgl. hierzu auch Kapitel 8).

10.1.1 Therapeuten-Perspektive

Global Assessment Scale (GAS)

Diese Skala wurde vom Verfasser ins Deutsche übersetzt. Sie stellt einen Vorläufer der gegenwärtig gebräuchlichen Achse V-Version des *DSM-III-R* dar (AMERICAN PSYCHIATRIC ASSOCIATION 1987; SPITZER et al. 1978) und basiert auf einem von LUBORSKY entwickelten 100-Punkte-Kontinuum, das in Zehner-Klassen klinisch-psychiatrischer Persönlichkeitsbeschreibungen aufgeteilt ist (LUBORS-KY 1975). Der Therapeut braucht lediglich eine der zehn Klassen zu wählen und kann noch eine Abstufung (in 10 Schritten) in jeder Klasse vornehmen (vgl. Anhang Abb. 12). Wegen ihrer Einfachheit kann diese Skala nach geringfügiger Eingewöhnung innerhalb von einer Minute ausgefüllt werden (MacKENZIE u. DIES 1982). Es handelt sich um ein psychiatrisches Rating hinsichtlich der psychischen "Angepaßtheit" (Adäquatheit, psychische Funktionalität) des einzuschätzenden Patienten.

10.1.2 Perspektive des unabhängigen Klinikers

Goal Attainment Scaling

Um individuelle, klinisch-relevante Ziele für den Patienten aufstellen und überprüfen zu können, wurde die Methode des *Goal Attainment Scaling* nach KIRESUK u. SHERMAN (1968) gewählt (vgl. auch KORDY u. SCHEIBLER 1984a; 1984b). Diese Methode stellt einen direkten Bezug her zwischen spezifisch analytischem Therapieprozeß und dem auf der gleichen psychodynamischen Ebene operierenden Erfolgsinstrument. Die Therapeuten formulierten - nach guter Kenntnis der Patienten und deren intrapsychischen und interpersonellen Konfliktfelder, d.h. nach ca. 20 Gruppensitzungen - für jeden einzelnen Patienten klinisch relevante, möglichst operational gehaltene Ziele, die jeder Patient als seine eigenen wünschbaren Ziele vermutlich hätte akzeptieren können. Diese klinischen Ziele wurden von einem unabhängigen Kliniker (Psychoanalytiker) zu einem späteren Zeitpunkt aufgrund eines Interviews hinsichtlich einer fünffach gestuften Skala eingeschätzt (vgl. ein Beispiel im Anhang, Abb. 13).

Entsprechend dem Vorgehen beim *Heidelberger Katamneseprojekt* (BRÄUTIGAM et al. 1980; KORDY u. SCHEIBLER 1984a; 1984b; KORDY et al. 1983) wurde anhand der Abstufungen "verschlechtert (-1) / unverändert (0) / leicht gebessert (+1) / gut gebessert (+2) / optimal gebessert (+3)" eingeschätzt, in welche Kategorie das einzelne formulierte Ziel zum jeweiligen Nachuntersuchungszeitpunkt eingestuft werden konnte. Um die Einschätzungen nachvollziehbar und überprüfbar zu machen, wurden alle katamnestischen Interviews mit jedem Patienten videoaufgezeichnet (FOLLOW-UP 2). Pro Patient wurden so vier bis sieben Ziele gewonnen, die aufgrund des geführten Interviews zum FU 2 entsprechend der o.a. Skala eingeschätzt wurden.

10.1.3 Patienten-Perspektive

Hier wurden sowohl gruppenspezifische wie auch individuelle Meßstrategien verfolgt.

Gießen-Test-S (GT-S)

Die neustandardisierte Version zur Selbsteinschätzung der Persönlichkeit wurde verwendet, also wie der/die Patient(in) sich selber sieht. Der Test ist in besonderer Weise geeignet, weil er psychosoziale (interpersonell relevante) Merkmale auf psychodynamischer Basis miteinbezieht (BECKMANN et al. 1983).

Sechs Skalen sind in entgegengesetzter Polung über 40 Items konzipiert, wobei die Items mit siebenfach gestufter Antwortform vorgegeben werden. Die Items lassen sich folgenden Skalen zuordnen: "Soziale Resonanz" (ob die Person annimmt, daß andere sie negativ oder positiv resonant im Sozialbereich erleben), "Dominanz" (dominant - gefügig), "Kontrolle" (zwanghaft - unterkontrolliert), "Grundstimmung" (hypomanisch - depressiv), "Durchlässigkeit" (durchlässig - retentiv) und "Soziale Potenz" (sozial potent - sozial impotent).

Symptom Check List-90-R (SCL-90-R)

Diese Skala mit 90 Items dient zur Selbstbeurteilung von Patienten hinsichtlich verschiedener psychisch und somatisch belastender Symptome (DEROGATIS 1977; COLLEGIUM INTERNATIONALE PSYCHIATRIAE SCALARUM 1986). Die Skala ist das im angloamerikanischen Bereich meistbenutzte Verfahren in Psychiatrie und Psychotherapie sowie in der diesbezüglichen Forschung zur Einschätzung des Therapieerfolges. Die Items sind in einfachster Umgangssprache gehalten. Sie werden in der Regel nach kurzer Instruktion dem Patienten zum Ausfüllen übergeben, was i.a. zwischen 10 und 15 Minuten in Anspruch nimmt.

Die Items sind fünffach gestuft von "überhaupt nicht" bis "sehr stark". Neun Subskalen zu jeweils 6 bis 14 Items stehen zur Verfügung: "Somatisierung", "Zwanghaftigkeit", "Unsicherheit im Sozialkontakt", "Depressivität", "Ängstlichkeit", "Aggressivität und Feindseligkeit", "Phobische Angst", "Paranoides Denken" und "Psychotizismus". Über alle Items hinweg lassen sich außerdem drei Gesamtwerte-Indizes berechnen: *General Symptomatic-Index (GSI)*, *Positive Symptom total (PST)* und *Positive Symptom Distress Index (PSDI)*. Für diese Arbeit wurde der *PSDI*-Index gewählt, der eine generelle Einschätzung über alle Symptome hinweg ermöglicht. Die Skalen eignen sich aufgrund mittlerer Retest-Reliabilitäten zur wiederholten Anwendung während Behandlungen.

Target Goals (Patient)

Die Patienten wurden gebeten, die drei wichtigsten (bzw. falls gegeben, weitere sehr wichtige) Ziele, die sie mit der Therapie erreichen wollten, selber zu beschreiben (COCHÉ 1983; MacKENZIE u. DIES 1982). Die Ziele sollten in ziemlich behavioraler Orientierung abgefaßt werden. Die Bewertung erfolgte aufgrund der zum jeweiligen Meßzeitpunkt gegebenen Beeinträchtigung, wie sehr der/die Patient(in) darunter litt, daß dieses Ziel noch *nicht* erreicht war (ein Beispiel ist im Anhang in Abb. 14 aufgeführt). Pro Ziel konnte auf einer sechsstufigen Skala das Ausmaß der Beeinträchtigung von "überhaupt nicht (0)" bis "äußerst stark (5)" gewählt werden.

10.2 Prozeß-Methoden

10.2.1 Das SYMLOG-Signierverfahren

Als zentrale Methode zur Untersuchung aller interaktiven Gruppenprozesse wurde die *SYMLOG-Signiermethode* verwendet (BALES u. COHEN 1979; 1982). Die Abkürzung *SYMLOG* steht für *Systematic and Multiple Level Observation of Groups,* ein System zur mehrstufigen Beobachtung und Einschätzung von interaktiven Gruppenprozessen. Dieses System stellt die Weiterentwicklung der bekannten *Interaktions-Prozeß-Analyse (IPA)* dar (BALES 1950; 1970), mit der bereits häufiger Untersuchungen von Gruppentherapie-Prozessen vorgenommen worden sind (BALZER et al. 1980; DENEKE 1982). *SYMLOG* stellt allerdings eine erhebliche Weiterentwicklung der *IPA* dar. Neben dem sogenannten *Adjektiv-Ratingbogen* zur Selbsteinschätzung stellt es die *Interaktionssignier-Methode* zur Verfügung, die von systematisch eintrainierten Ratern verwendet werden kann.

SYMLOG wurde intentionell für die Beurteilung gruppendynamischer Prozesse entwickelt, die in Arbeitsteams ablaufen (POLLEY et al. 1988). Es wird gleichfalls mit Gewinn in der Familienforschung und -behandlung eingesetzt (KRÖGER et al. 1987). Ob es in der Gruppenpsychotherapieforschung fruchtbar eingesetzt werden kann, ist in einer anderer Studie anhand von Ergebnissen einer Pilotstudie erörtert worden (TSCHUSCHKE 1988) und wird unter 16.4 noch einmal abschließend bewertet.

In der genannten Studie waren Gruppentherapeuten gebeten worden, Einschätzungen bez. der zu erwartenden Interaktionsqualitäten von Borderline- und hysterischen Patienten zu Beginn und zum Ende (hier: einer erfolgreichen Gruppentherapie) abzugeben.

Interaktionssignier-Methode

Eine "Signierung" bezieht sich auf eine Kommunikation zwischen zwei Gruppenmitgliedern, die verbal oder nonverbal ablaufen und von einem geschulten Beobachter beobachtet und bewertet werden kann. Eine solche Kommunikation wird in der *SYMLOG*-Sprache auch als "Botschaft" (message) bezeichnet. Sie besteht aus folgenden Kennzeichnungen:

WER zu WEM, VERBAL oder NONVERBAL, RICHTUNGS-KODIERUNG (d.h., welche interpersonell-psychologische Qualität), inhaltliche Angabe des GEÄUßERTEN VORSTELLUNGSBILDES, Einschätzung der Wertigkeit durch den Bewerter (äußert sich die Person PRO oder CONTRA oder UNKLAR?), RICHTUNGSKODIERUNG, bezogen auf den Kommunikationsinhalt (wiederum interpersonell-psychologische Qualität) sowie die VORSTELLUNGSBILDSTUFE, d.h. spricht der Sprechende über sich selbst (Stufe SEL für "Selbst"); über ein spezifisches anderes Gruppenmitglied (Stufe AND für "Andere", z.B. "Peter" oder "Karin"); über die Gesellschaft oder soziale Aspekte des normalen Lebens (Stufe GES); über die Gruppe-als-Ganzes (Stufe GRP); über die augenblickliche Situation, in der die Gruppe sich gerade befindet (Stufe SIT) oder über Wünsche, Fantasien, Träume, frühere Lebenserlebnisse etc. (Stufe FAN für "Fantasie").

Große Teile der Signierungen erfolgten für diese Arbeit online in einen MS-DOS-PC. Für die zur Verfügung gestellten Programme sei den Herren Prof.Dr. Rudolf FISCH vom Psychologischen Institut der Universität Konstanz und Herrn Dipl.-Psych. Mario M. ERNST sehr herzlich gedankt. Herr Ernst leitete auch das sehr zeitaufwendige systematische Trainingsprogramm für die Rater. Ohne ihn wäre die Einarbeitung in die komplexe und sehr aufwendige *SYMLOG*-Methode kaum möglich gewesen.

Die ersten Auswertungen der Signierungen erfolgten noch über Großrechner-Programme, die am Psychologischen Institut der Universität Saarbrücken entwickelt und uns zur Verfügung gestellt worden waren. Dafür sei den Herren Dipl.-Psych. PD Dr. Johann SCHNEIDER und Herrn Dipl.-Math. Dr. Andre KOHLER ebenfalls sehr herzlicher Dank ausgesprochen. Robert F. BALES selber gebührt großer Dank, weil er unsere *Therapie*forschungsbemühungen mit großem Engagement unterstützte.

Die "Richtungskodierung" auf der *ACT/NON*-Ebene erfolgt anhand von 26 möglichen Items auf der verbalen *(ACT-)* und nonverbalen *(NON-)* Ebene. Bei diesem Rating wird berücksichtigt, wer zu wem in der Gruppe offen in welcher Bedeutung und Qualität kommuniziert. Widersprüchliche Kommunikation wird doppelt signiert, indem ein *ACT*- und ein *NON*-Rating vorgenommen werden (also zwei entgegengesetzte Kommunikations-Elemente berücksichtigt werden, z.B. bei Ironie).

Die inhaltliche Beschreibung des "geäußerten Vorstellungsbildes" kann stichwortartig oder ausführlicher erfolgen, dies ist letztlich eine Frage der Zeitökonomie.

Die "Vorstellungsbild-Ebene" meint die inhaltliche Komponente der Interaktion, also unterschieden vom intentionalen Verhalten, das unter der *ACT/NON*-Richtungskodierung bereits berücksichtigt worden war. Für die sogenannte "Vorstellungsbildstufe" stehen wiederum 26 Items zur Verfügung, und zwar für jede "Stufe" (s.o.). Für jede dieser sechs Stufen wurden 26 Items des dreifaktoriellen *SYMLOG*-Raumes konzipiert, die sich aus den 26 möglichen Kombinationen der einzelnen Dimensionen der drei Faktoren ergeben (U = Upward/Dominance/Dominanz; D = Downward/Submissiveness/Unterordnung; N = Negative/unfriendly/unfreundlich; P = Positive/friendly/freundlich; F = Forward/Task oriented/rational und/oder sachlich; B = Backward/Emotionality/emotional)

Als Beispiel ist im Anhang eine von uns überarbeitete und im Rahmen der Signierarbeiten verwendete Fassung der Definitionen der SEL/AND/GRP-"Vorstellungsbildstufen" abgebildet (Abb. 17).

Z. B. bedeutet die Kombination "DNB" (unterordnend/negativ/emotional) auf der Stufe SEL (also eine *Selbst*äußerung im Hier und Jetzt der Gruppe), daß sich das äußernde Gruppenmitglied als "entfremdet, entmutigt, verzweifelt, depressiv, beziehungslos, alleingelassen oder gar selbstmordgefährdet" empfindet. "DNB" auf der Stufe FAN meint solche Gefühle und Empfindungen des Sprechers in einer früheren, vergangenen Situation, außerhalb der Gruppe bzw. entsprechende Trauminhalte oder Befürchtungen über bestimmte Situationen außerhalb der Gruppe.

"UNB" dagegen würde die entgegengesetzte Richtung von "D" in Richtung "U" (Dominanz) meinen und mit der Kombination "dominant/negativ/emotional" ein "respektloses, kraß individualistisches, narzißtisches, rücksichtsloses, unberechenbares, extravagantes usw." Erleben beschreiben.

Messung von "interpersonal learning - output"

Die ACT/NON-"Richtungskodierungen" (Verhalten) wurden über alle Sitzungen für jedes Gruppenmitglied beider Gruppen als Variable der interpersonellen Auseinandersetzungsstrategien (*Verhalten* bzw. *Verhaltensänderung,* also *interpersonal learning - output*) verwendet.

Messung von "Selbstöffnung (S-D)"

Wie leicht nachzuvollziehen ist, können die Äußerungen auf der *Vorstellungsbildstufe* "SEL" als Variable der *Selbstöffnung (S-D)* verwendet werden (JANKE 1990). Zusätzlich sind alle Äußerungen der Stufe "FAN" hinzugenommen worden, da die Gruppenmitglieder hier private Einzelheiten oder Wünsche und Befürchtungen äußern, die dem Bereich "verstecktes, geheimes Selbst" angehören, aus dem Aspekte in den Bereich "öffentlich Bekanntes" transportiert wird (MacKENZIE 1990b), d.h. also eine "Öffnung über das Selbst" erfolgt.

Messung von "Feedback (FB)"

Eine Beurteilung über *Feedback*-Prozesse mit der *SYMLOG*-Methode ist auf verschiedenen Wegen möglich. Es können die Wertungen (PRO/CON) verwendet werden, die Inhalte der "Vorstellungsbildstufe" gewählt werden, die andere Gruppenmitglieder über spezifische Einzelne in der Gruppe äußern (HAASER 1990). Für diese Arbeit wurden alle vier der von ORLIK (1986) entwickelten Kategorien ("Rückzug", "Streit", "Sympathie" und "Leistung") verwendet, die die Wertigkeit des ACT-Verhaltens zusammenfassen.

Die "Rückzug"-Kategorie beinhaltet alle "unterordnenden, nachgiebigen, depressiv-abhängig" getönten Items; zur "Leistungs"-Kategorie zählen "aufgabenorientierte, managerhaft, rational-sachlich und dynamisch vorgetragene" Kommunikationen/Interaktionen.

Die "Streit"-Kategorie beinhaltet Items, die solche Merkmale wie "rücksichtslos, durchsetzend, unberechenbar, ablehnend, zurückweisend, regelgeleitet" kodiert. In die Kategorie "Sympathie" fallen dagegen Kommunikationsqualitäten wie "stimmungsgeladen, beflügelt, hochgestimmt, zutraulich, friedfertig, freundlich, herzlich und gewinnend". Zu den Itemzuordnungen der 26 Items - die faktorenanalytisch erfolgte - der ACT/NON-"Richtungskodierungs- Stufe" zu diesen vier Kategorien sei im einzelnen auf die Literatur verwiesen (HAASER 1990; ORLIK 1986).

Alle Sitzungen wurden je Gruppe randomisiert, d.h. für die Rating-Prozesse in eine zufällige Reihenfolge gebracht, bei der die Rater weitgehend blind blieben für die Nummer der jeweiligen Sitzung in der Gesamtabfolge aller Sitzungen der jeweiligen Gruppe. Damit ist auch klar, daß die Ratingprozesse erst nach Beendigung der jeweiligen Gruppentherapie begannen, wobei die Rater blind waren für die Erhebung der Erfolgsinstrumente zum POST-Zeitpunkt (selbstverständlich auch für die PRÄ-Messungen vor der Therapie).

Auf diese Weise sollten - soweit dies möglich war - Aspekte einer möglichen Rater-Bias kontrolliert werden.

10.2.2 Die KELLY-Repertory Grid-Technik

Aus der Position der kognitiven Psychologie stammt die *Repertory-Grid*-Technik (KELLY 1955), die davon ausgeht, daß das menschliche "Wissen", gespeist aus fundamentalen Bedürfnissen unserer Spezies, kognitive Schemata entwickelt, um die Reize unserer physischen und sozialen Umwelt in bedeutungsvolle Muster zu organisieren, die wiederum Verbindungen zu unserem Verhalten aufweisen (NEIMEYER 1985).

"The various representations or schemata of our past experiences form knowledge structures that organize and interpret new information." (HAYDEN 1982, S. 173).

Das operationale Mittel, um zu den kognitiven Schemata Zugang zu erhalten, ist das *Konstrukt*. Zentral ist gleichfalls der Aspekt der *Antizipation*.

"Like the prototype of the scientist that he is, man seeks prediction. His structured network of pathways leads toward the future so that he may anticipate it. This is the function that it serves. Anticipation is both the push and the pull of the psychology of personal constructs." (KELLY 1955, S. 49).

Das angenommene Set an Konstrukten, mit denen jeder Mensch sein Verständnis von sich und der Welt "konstruiert", dient demnach der Antizipation von Ereignissen und wie er diesen begegnen könne. Es findet schließlich eine Begegnung mit jenen statt und nachfolgend erfolgt eine Konfirmierung oder Diskonfirmierung der Antizipation und eine entsprechende Modifikation - falls erforderlich - des Konstruktsystems. Es gibt verschiedene Möglichkeiten, wie eine Veränderung in diesen kognitiven psychologischen Funktionen erfolgen kann: die Art und Weise, wie ein Konstrukt bei bestimmten Ereignissen angewendet wird, eine differenziertere Form der Verwendung (ein Konstrukt wird z.B. komplexer, elaborierter usw.), ganze Cluster von zusammengehörenden Konstrukten variieren oder ändern sich, die Beziehungen zwischen verschiedenen Konstrukten verändern sich in der Qualität, d.h. sie erhalten andere Bedeutungen bzw. ihre Gesamtbedeutung nimmt zu oder ab (HAYDEN 1982).

Die Beziehung des kognitionspsychologischen Ansatzes zur Objektbeziehungstheorie der Psychoanalyse ist verschiedentlich angeführt worden (RYLE 1975; SCOTT et al. 1979). Das psychologische Erleben von bestimmten bedeutsamen Objekten ist über die

Methode des *Rep-Tests* oder *Rep-Grids* (im folgenden einfach *Grid* für "Gitter" benannt) anhand eines Satzes von Konstrukten einschätzbar. Verschiedene Objekte - eigentlich Objektrepräsentanzen - sind relativ zueinander im "psychologischen Raum" lokalisierbar (NEIMEYER 1985).

Für diese Untersuchung sind im Rahmen des benutzten sogenannten *Personal Others Grid (POG)* für jedes Gruppenmitglied beider Therapiegruppen - konzeptuell - die gleichen 13 Objekte (Objekt- und Selbstrepräsentanzen) des privaten sozialen Umfeldes außerhalb der Therapie vorgegeben worden:

- Mutter
- Vater
- Geschwister
- eine autoritäre Person
- mein Chef
- eine Ex-Liebe
- mein Partner
- jemand, den/die ich nicht leiden kann
- ein(e) Freund(in)
- ich, wie die anderen mich sehen (Sozial-Selbst)
- ich, wie ich war (Vergangenheits-Selbst)
- ich, wie ich bin (Real-Selbst)
- ich, wie ich sein möchte (Ideal-Selbst)

Diese Objekte waren anhand von 13 *individuell* von jedem Patienten ermittelten Konstrukten, die gegenpolig verwendet wurden (z.B. "gut - böse", "angenehm - unangenehm", "vertrauenswürdig - nicht vertrauenswürdig" u.ä.), auf einer Skala von 1 ("trifft zu") - 6 ("trifft nicht zu") je nach subjektiver Ausprägung während der Therapie zu den vorgesehenen Meßzeitpunkten (nach jeder 12. Sitzung) einzustufen.

Computerisierte Auswertungsprogramme erlauben unterschiedliche Auswertungen, je nach Fragestellung (SLATER 1977). Das *INGRID*-Programm faktoranalysiert das gesamte Gitter-System einer einzelnen Person und berechnet die Positionen der eingeschätzten einzelnen Objekte im n-faktoriellen Raum in Beziehung zu den durch den n-dimensionalen Raum gelegten gegenpoligen Konstrukten. Das Programm *DELTA* wurde zur *Überprüfung der Unterschiede bzw. Ähnlichkeiten zwischen zwei verschiedenen Grids* benutzt.

"Included in the output are details of the correlation between the use of the individual constructs in each grid as well as the general degree of correlation between the grids as a whole. A grid of differences is formed by subtracting the entries in one grid from those in the other, allowing for any general tendencies of mean change, and this grid is then subjected to a principal component analysis similar to that obtained with the *INGRID* program. The difference between the outputs of the two programs lies in the interpretation. The measures now refer to the differences between the two grids rather than the original constructs and elements ("objects", Hinzuf. durch d. Verf.) themselves." (SLATER 1977, S. 19).

Die erhaltenen Korrelationskoeffizienten erlauben die Beurteilung des Grades der Übereinstimmung zweier *Grid*-Systeme. In der vorliegenden Untersuchung wurde jedes im Laufe der Gruppentherapien bei jedem Gruppenpatienten erhobene *perönliche Grid (POG) mit dem ersten (initial bei Therapieeintritt) erhobenen Grid entsprechend dem beschriebenen Vorgehen korreliert* (über das *DELTA*-Programm, s.o.), da davon ausgegangen werden konnte, daß die Patienten problematische bzw. inadäquate Objekt- und Selbstrepräsentanzen bei Therapieeintritt aufwiesen (z.B. übermäßig idealisierte Eltern-Imagines bzw. ein unrealistisches Selbstbild usw.).

Die Methode des *POG* wurde zur Überprüfung der Mechanismen des Wirkfaktors *Rekapitulation der Primärfamilie* eingesetzt. Da eine Messung einer Übertragung bzw. einer Reinszenierung von primären Familienimagines im Rahmen von Therapieprozessen direkt nicht möglich ist, wurde dieser *indirekte Weg* gewählt: Von einer Änderung von initial ungünstigen, inadäquaten Repräsentanzen wichtiger persönlicher Objekte bzw. Selbstaspekte wird rückgeschlossen auf stattgefundene therapeutische Prozesse, die mit einer Bearbeitung und Veränderung dieser Objekt- bzw. Selbstrepräsentanzen direkt (per Re-Inszenierung) oder indirekt (per unbewußter Übertragung) durch Interaktionsprozesse innerhalb der Gruppentherapie zusammenhängen.

Die erhaltenen Korrelationskoeffizienten drücken den Zusammenhang bzw. den Grad der Ähnlichkeit eines *Grid*-Systems zu einem gegebenen Zeitpunkt mit dem initialen Therapie-Eintritts-*Grid* aus. Da es sich stets bei zwei zu korrelierenden *Grids* um 13 Objekte handelte - wegen des neu entstandenen Subtraktionsgrids, das dann faktorenanalysiert wird, war von 13-1 Freiheitsgraden auszugehen (= 12). D.h., ein Pearson-Korrelationskoeffizient von +/-.53 ist als noch auf dem 5%-Niveau signifikant anzusehen. Wir haben uns entschlossen, ab Korrelationen < .50 von einem nicht mehr ausreichenden Zusammenhang auszugehen. Dies bedeutet, daß alle Korrelationen < +/> -.50 als nicht mehr bedeutsame Zusammenhänge mit dem Initial-*Grid* verstanden werden, bei denen also - objektpsychologisch gesprochen - Umstrukturierungen im Objekt-Konstruktsystem in einem Umfang stattgefunden haben, daß wir von einer *anderen Qualität* ausgehen können.

Tatsächlich ergab sich, daß - in beiden Gruppen - korrelative Zusammenhänge > -/< + .50 weniger als 25% aller Werte ausmachten, also deutlich eine Minderheit der angetroffenen Korrelationswerte repräsentieren.

10.2.3 Der Group Climate Questionnaire (GCQ-S)

Dieser Gruppenbogen ist eine Einschätzungsmethode des subjektiv empfundenen "Gruppenklimas" von Teilnehmern (MacKENZIE 1981; 1983; TSCHUSCHKE et al. 1991). Eingeschätzt werden soll die ganze Gruppe, weniger einzelne Gruppenmitglieder. Als "Klima" werden drei interaktionelle Dimensionen aufgefaßt, die der kurzen Version des Bogens (12 Items, vgl. TSCHUSCHKE et al. 1991) zugrundeliegen ("Engagement", "Konflikt", "Vermeidung/Abhängigkeit"). Das Gruppenklima reflektiert nach MacKENZIE Aspekte der gruppentherapeutischen Atmosphäre, die wiederum entsprechende Arten interpersoneller Ereignisse ermöglicht. Es gibt verschiedene Hinweise, daß die von den Teilnehmern einer Gruppe erlebte Atmosphäre positive Beziehungen mit der Bezogenheit zur Gruppe (*Kohäsion*) und dem Therapieergebnis aufweist (LIEBERMAN et al. 1973).

Besonders wichtig wird das Gruppenklima vor dem Hintergrund von Gruppenentwicklungs-Phänomenen. Verschiedene Stufen oder Phasen der Gruppenentwicklung liefern einem Gruppentherapeuten wichtige Hinweise für spezifisch erforderliche interventionelle Aufgaben therapeutischer Arbeit (vgl. auch Kap. 5). Der Nachweis von Gruppenentwicklungsphasen wurde bereits verschiedentlich über den Einsatz des *GCQ-S* versucht (MacKENZIE 1983; TSCHUSCHKE et al. 1991). Da das Instrument gerade im Hinblick auf die Identifizierung von Phasen oder Abschnitten der Gruppenentwicklung konzipiert worden ist (MacKENZIE 1983; MacKENZIE u. LIVESLEY 1983), eignet es sich besonders zum Einsatz in diesem Kontext.

Der *GCQ-S* wurde in dieser Arbeit zur Identifizierung von Abschnitten der Verläufe der beiden untersuchten Gruppen eingesetzt, um binnenklimatisch subjektiv unterschiedlich erlebte Phasen des jeweiligen Gruppenprozesses für jede Gruppe identifizieren zu können, die mit entwicklungstheoretischen Modellen in Verbindung gebracht werden können. Hierzu wurden die Skalenwerte aller Gruppenmitglieder - für jede Gruppe getrennt - gemittelt, um einen durchschnittlichen Skalenwert je Sitzung zu erhalten.

10.2.4 Der Stuttgarter Bogen (SB)

Dieser Sitzungsbogen für Gruppen wurde mit der Intention entwickelt, die unmittelbare subjektive Gruppenerfahrung retrospektiv direkt nach der Sitzung zu erfassen (CZOGALIK u. KÖLTZOW 1987; LERMER u. ERMANN 1976; TEUFEL u. KÖLTZOW 1983). Anhand von 15 Items, jeweils zweipolig im Sinne eines semantischen Differentials angeordnet, wird über eine sechsstufige Ankreuzungsmöglichkeit die Vorgabe: "Ich fühle mich heute in der Gruppe..." eingeschätzt (HERMES 1983). Man erhält auf diese Weise eine Einschätzung über die Teilnehmer aus ihrer eigener Perspektive.

Neuere Untersuchungen legen im Gegensatz zu früheren Berechnungen eher eine zweidimensionale Faktorenstruktur des Bogens nahe (TEUFEL u. KÖLTZOW 1983): Faktor/Skala 1 *Emotionale Bezogenheit* ("angenehme" vs. "unangenehme Bezogenheit") und Faktor/Skala 2 *Aktive Kompetenz* ("offensive" vs. "defensive Aktivität").

Für diese Arbeit interessierte ausschließlich die Skala 1 *Emotionale Bezogenheit*, da sie sich als valides Maß für den Wirkfaktor *Kohäsion* - ermittelt über die individuelle Perspektive des einzelnen Gruppenmitgliedes - erwiesen hat (TSCHUSCHKE 1987). Die acht Item-Paare "resigniert - hoffnungsvoll" (Item 3), "geschützt - ausgeliefert" (Item 6), "behaglich - unbehaglich" (Item 8), "fremd - vertraut" (Item 9), "pudelwohl - elend" (Item 10), "verwirrt - duchblickend" (Item 11), "unverstanden - verstanden" (Item 12) und "verunsichert - selbstsicher" (Item 14) repräsentieren recht gut operational geforderte Aspekte der *Kohäsion* (BEDNAR u. KAUL 1978). Mit dem SB-Faktor (Skala) 1 *Emotionale Bezogenheit* steht somit ein Maß zur Verfügung, das die *Kohäsion* aus der Perspektive des einzelnen Gruppenmitglieds und damit wesentliche Aspekte der unter dem Konstrukt *Kohäsion* diskutierten Phänomene erfaßt, nämlich den der *Akzeptanz* und den der *Unterstützung* (BLOCH u. CROUCH 1985, vgl. auch Kap. 3.1.2).

10.3 Statistische Methoden, Interrater-Reliabilitäten

Im Rahmen dieser Arbeit kamen verschiedene statistische Methoden zum Einsatz, deren Rational im Hinblick auf die Fragestellungen der Untersuchungen hier allerdings nur kurz erläutert werden soll (auf weiterführende Literatur wird verwiesen).

10.3.1 Zeitreihenanalyse

Dieses statistische Verfahren stammt aus der mathematischen und ökonomischen Forschung und wurde in verschiedenen Studien zur Untersuchung psychotherapeutischer Verläufe eingesetzt (DAHME

1977; REVENSTORF u. KEESER 1979). Es handelt sich um ein sehr aufwendiges mathematisch-statistisches Verfahren, das häufige, wiederholte Messungen von Verlaufsmerkmalen erfordert, z.B. des Erlebens des Patienten oder der therapeutischen Interaktion über längere Zeitabschnitte bzw. zahlreiche Meßwiederholungen von sequentiellen Mikro-Prozessen z.B. einer einzelnen Therapiestunde (wünschenswert sind umfangreiche Meßwertereihen; als mindestens erforderlich werden ca. 40 Meßpunkte diskutiert).

Neben der statistischen Deskription therapeutischer Verläufe wird diese Methode auch zur inferenzstatistischen Überprüfung der seriellen Abhängigkeit von Daten- bzw. sogenannten *Zeitreihen* verwendet. Nachdem diese Methode eine Zeitlang als die einzig sinnvolle für die Analyse sequentieller Prozesse im Rahmen von Psychotherapieforschung aufgefaßt worden war, ist es in letzter Zeit ruhiger geworden um das Verfahren. Als Grund hierfür dürfte wohl der erhebliche zeitliche und mathematische Aufwand, der erforderlich ist, eine Rolle gespielt haben, aber wahrscheinlich auch das Problem, daß bereits früh von CATTELL (1963/1977) erkannt worden war:

"...bedeutet es, die ganze Absicht der Analyse zunichte zu machen, wenn man einen "Zeittrend" aus den Korrelationen zwischen anderen Variablen in der Matrix vor der Faktorisierung auspartialisiert..." (CATTELL 1977, S. 224).

Eine unreflektierte Übernahme von mathematischen Forderungen anderer Anwendungsbereiche auf psychologische Fragestellungen hält CATTELL für unangebracht. Gerade die "Herausfilterung" von bestimmten seriellen Gegebenheiten könne eine Eliminierung relevanter psychologisch-psychotherapeutischer Merkmale sein und somit den zu untersuchenden Prozeß verfälschen.

Dennoch ist dieses statistische Verfahren bei der Analyse der in dieser Untersuchung angefallenen Zeitreihen - zur Kontrolle - verwendet worden *(SPSS-PC-Programm-Version 2.0)* (NORUSIS 1990). Ausschließlicher Zweck dieses Unternehmens war es, für die nachfolgenden statistischen Analysen mit inferenzstatistischen Prozeduren sicherzustellen, daß die zahlreichen anfallenden Datenreihen keine signifikanten seriellen Abhängigkeiten aufwiesen, da nur so die Voraussetzungen für die Anwendung der konventionellen Prüfstatistik gegeben waren.

10.3.2 P-Technik

Diese faktorenanalytische Technik bezieht sich auf die Analyse einer einzelnen Person über die Zeit ("P" für "Person"). Sie wurde von CATTELL (1963) entwickelt und ist bisher für die Verlaufsforschung in der Psychotherapie - trotz vielversprechender Anfänge (MINTZ 1972; MINTZ et al. 1971) - relativ selten eingesetzt worden (CZOGALIK u. HETTINGER 1988; TSCHUSCHKE u. MacKENZIE 1989).

"Die *P-Technik* bezieht sich auf eine Datenebene (facet) der BDR-Matrix, die an die Datenebene der R-Technik angrenzt. Man kann sich bildlich vorstellen, daß beide Ebenen an derselben Achse hängen, nur werden bei der *P-Technik* die Messungen nicht an einer Reihe von Personen, sondern in mehreren Situationen erhoben, d.h. man nimmt eine Anzahl psychologisch relevanter Variablen und führt an ein und derselben Person wiederholt Messungen durch, beispielsweise 100 Tage lang. Diese Meßreihen werden korreliert und faktorisiert." (CATTELL 1977, S. 214).

Die *P-Technik* gestattet nach CATTELL "eineindeutige Beziehungen" zwischen Persönlichkeitsfaktoren ("traits") und sogenannten "trait-states" (Eigenschaftszuständen) (also Faktoren der Veränderungen im täglichen trait-Ausprägungsgrad, sogenannte "daily-trait-level change factors") aufzuzeigen (CATTELL 1963).

Es handelt sich bei den durch die *P-Technik* gewonnenen Faktoren um sogenannte "trait-state"-Faktoren, die für die Untersuchungen in der Psychotherapieforschung sehr geeignet sind, da sich relativ stabile Persönlichkeitszüge und -merkmale (traits) in ihrer - unter der therapeutischen Einwirkung - Fluktuation (state) über einen relativ längeren Zeitraum beobachtet werden können und sich möglicherweise in eine günstigere Richtung (Zunahme/Abnahme) verändern.

Die Kritik an der *P-Technik* läßt sich teilweise widerlegen. Die Faktorisierung des systematischen Meßfehlers (ANDERSON 1961) ist nicht spezifisch für die *P-Technik*. Der wichtigste Einwand bezieht sich auf die Abhängigkeit der Daten bei wiederholter Messung (CZOGALIK u. HETTINGER 1988). Diese kann allerdings über zeitreihen-analytische Berechnungen überprüft und ggf. auspartialisiert werden.

In dieser Arbeit sind die *SYMLOG*-Ratings des interpersonellen Verhaltens in den untersuchten Gruppen mit der *P-Technik* faktorisiert worden. Die seriellen Abhängigkeiten der gewonnenen Zeitreihen waren überprüft worden mit Hilfe des Zeitreihenanalyse-Programms der PC-Version des *SPSS, Version 2*. Von den erhaltenen Zeitreihen (über das *Verhalten, Feedback* und *Selbstöffnung* insgesamt 137 Zeitreihen) erfüllten fast alle (tatsächlich wiesen nur 6 Zeitreihen eine serielle Abhängigkeit auf) bei den Berechnungen der Autokorrelationen das Kriterium der seriellen Unabhängigkeit, d.h. auf einem Irrtumsniveau < 5% kann von der Unabhängigkeit der Datenreihen ausgegangen werden, so daß für die weiteren statistischen Analysen der gewonnenen P-Faktoren die Voraussetzungen für die Anwendungen der konventionellen inferenzstatistischen Methoden gegeben war (vgl. auch HAASER 1990 und JANKE 1990). Für jeden Patienten wurden diejenigen Items der ACT/NON-"Richtungskodierungen" für die *P-Technik* ausgewählt, die über die 42 (Gruppe I) bzw. 47 Sitzungen (Gruppe II) häufig genug auftraten, damit etwaige Häufungen von Null-Werten keine artifiziellen Faktorenlösungen kreieren konnten.

10.3.3 Trend-, Niveau-, Korrelationsberechnungen

Die erhaltenen Zeitreihen wurden - nach Berechnungen der Auto-korrelationsfunktionen und der Bestätigung serieller Unabhängigkeit - weiteren statistischen Entscheidungskriterien zugeführt. Hierzu wurden *Trends* der P-Faktoren berechnet, die ja - das liegt in der Natur der *P-Technik*, was im übrigen Gegenstand der Kritik an dieser Prozeß-Methode war (ÜBERLA 1968) - nicht mehr sehr ausgeprägt sein können, da sie ansonsten auch kaum mehr das Kriterium der seriellen Unabhängigkeit erfüllen würden. Mit Hilfe des *Runs-Test* (Test über Gleichverteilung um den Median) wurden *Trends* berechnet. Diese Berechnungen bezogen sich entweder auf mögliche

- Trends über den gesamten Therapie-Verlauf
- Trends in der ersten Hälfte der Therapie*
- Trends in der zweiten Hälfte der Therapie*
- Trends vor signifikanten intrapsychischen Veränderungen**
- Trends nach signifikanten intrapsychischen Veränderungen**

* Für die Patienten, für die mangels Interventionspunkt (sprich: intrapsychischen Veränderungen, ermittelt über das *POG*) keine "natürlichen" Therapie-Abschnitte aufweisen
** Ermittelt über sogenannte "Brüche" bei den korrelativen Zusammenhängen zwischen Initial- und Folge-*Grids* (vgl. Kap.10.2.2)

Tests auf *Niveau*-Unterschiede (*t-Test* für abhängige Stichproben) wurden gleichfalls berechnet, um mögliche Niveau-Unterschiede zwischen der ersten und zweiten Therapie-Hälfte*, dem Therapie-Abschnitt vor und dem nach intrapsy-chischen Veränderungen** berechnen zu können.
    Korrelative Zusammenhänge zwischen einzelnen Wirkfaktoren und Therapie-ergebnis wurden mit dem Pearson-Koeffizienten berechnet, da alle Daten mindestens Intervallskalen-Niveau aufweisen.

10.3.4 Interrater-Reliabilitäten

Die Berechnungen der Kodierer-Übereinstimmungen beziehen sich auf die zur Beurteilung der interpersonellen Prozesse benutzte Rating-Methode, das *SYMLOG*-Signierverfahren (vgl. Kap. 10.2.1). Insgesamt standen zwei Psychologen und zwei Psychologie-Studentinnen für die Ratings zur Verfügung. Eine Raterin (Psychologin) nahm am gesamten Training teil, nicht aber am späteren routinemäßigen Rating. Das Eintrainieren in die Methode war extrem zeitaufwendig, ehe von einer zufriedenstellenden Übereinstimmung die Rede sein konnte. Es nahm insgesamt ca. ein Jahr voller intensiver Arbeit in Anspruch. Von anfänglichen drei Stunden Rating-Zeit für drei Minuten Real-Zeit auf dem Video-Band bis zur routinemäßigen ca. sechsstündigen Rating-Dauer für eine etwa 95 bis 100-minütige Sitzung reichte die Spannweite.

Die schließlich erreichten Beobachter-Übereinstimmungen erfüllen angesichts der Schwierigkeit der inhaltlich sehr komplexen Interaktionen von gruppen*psychotherapeutischen* Prozessen eine respektable Norm von einem *Kappa*-Koeffizienten durchschnittlich knapp über +.70. POLLEY (1982) berichtet von hohen Varianzanteilen bei der *SYMLOG*-Interaktionssignierung, die auf Meßfehler (Fehler durch die Rater) bereits bei nicht-therapeutischen Gruppen zurückzuführen sind.

Tabelle 2: Beobachter-Übereinstimmungen zwischen drei Beobachtern nach COHEN´s *Kappa* (COHEN 1960)

Bereich der Übereinstimmung	Beobachter 1 und 2	Beobachter 1 und 3	Beobachter 2 und 3
ACT-Verhalten U-D-Dimension	.78 / .65	.65 / .78	.67 / .64
ACT-Verhalten P-N-Dimension	.78 / .73	.68 / .61	.76 / .72
ACT-Verhalten F-B-Dimension	.72 / .72	.64 / .70	.77 / .67
Vorstellungs-bild-Stufe	.74 / .72	.68 / .73	.72 / .78
Werturteils-Stufe PRO/CON	-	-	.82/.67/.80/.70
FAN-Kategorie	-	-	.94/.90/.71/.72

11. Hypothesen

Entsprechend dem Anliegen der Studie beziehen sich die meisten Hypothesen auf die Zusammenhänge zwischen den einzelnen untersuchten Wirkfaktoren und dem Therapieergebnis. Darüber hinaus interessieren auch die Zusammenhänge zwischen den einzelnen Wirkfaktoren und besonders auch der Zeitpunkt des Wirksamwerdens einzelner Faktoren. Alle formulierten Hypothesen stützen sich auf Untersuchungen in anderen Studien oder substantielle Annahmen gruppenpsychotherapeutischer Praxis und sind sinngemäß aus der Literatur (vgl. Kap. 3) abgeleitet.

Außerdem soll der systemische Aspekt der Gruppenentwicklung in Bezug zum Wirksamwerden der einzelnen Wirkfaktoren und dem Therapieergebnis für die ganze Gruppe überprüft werden. Dieser letztere Aspekt betrifft eher zusätzliche Fragestellungen, die hypothesengenerierend anhand der Daten dieser Studie angegangen werden sollen, und die weniger der Überprüfung konkreter Hypothesen dienen, da es in diesem Bereich bisher überhaupt keine kontrollierten Untersuchungen gibt und mithin kaum substantielle Vorannahmen.

Hypothese 1: *Verhaltensänderungen* (Faktor *interpersonal learning - output*) tendieren bzw. verändern sich bei erfolgreichen Patienten eher bedeutsam in eine klinisch als günstig zu beurteilende Richtung.

Hypothese 2: Erfolgreiche Patienten verändern mehr *Verhaltensweisen* als nicht oder nur mäßig erfolgreiche Patienten.

Hypothese 3: Erfolgreiche Patienten erhalten im Gesamtverlauf der Therapie mehr *Feedback* als nicht oder nur mäßig erfolgreiche.

Hypothese 4: Die Ausmaße von *Feedback* und Therapieerfolg hängen linear-positiv miteinander für alle Patienten jeder Gruppe zusammen.

Hypothese 5: Erfolgreiche Gruppenpatienten haben ein deutlich höheres Niveau an emotionaler Bezogenheit (*Kohäsion*) zur Gruppe als nicht oder nur mäßig erfolgreiche Patienten.

Hypothese 6: Die Ausmaße an *Kohäsion* und Therapieerfolg hängen linear-positiv miteinander für alle Patienten jeder Gruppe zusammen.

Hypothese 7: Erfolgreiche Gruppenpatienten zeigen erst im späteren Verlauf der Therapie mehr *Selbstöffnung*, verglichen mit nicht oder nur mäßig erfolgreichen.

Hypothese 8: Nicht erfolgreiche Patienten zeigen ein insgesamt deutlich niedrigeres Niveau an *Selbstöffnung* als erfolgreiche Patienten.

Hypothese 9: Nicht-erfolgreiche Patienten zeigen bereits zu einem frühen Zeitpunkt ein inadäquat hohes Ausmaß an *Selbstöffnung,* verglichen mit erfolgreichen und mäßig erfolgreichen Gruppenpatienten.

Hypothese 10: Die Ausmaße an *Selbstöffnung* und Therapieerfolg hängen linear-positiv miteinander für alle Patienten jeder Gruppe zusammen.

Hypothese 11: Erfolgreiche Patienten sind in der Lage, im Verlaufe der Therapie bedeutsame persönliche Objekt- und/oder Selbstrepräsentanzen dauerhaft in eine - klinisch gesehen - günstige Richtung zu verändern (Faktor *Rekapitulation der Primärfamilie*).

Hypothese 12: Patienten, die intrapsychisch signifikante Veränderungen erfahren (siehe Hypothese 11), zeigen in Abhängigkeit davon *Verhaltensänderungen vor* oder *nach* den Umstrukturierungen.

Hypothese 13: Zwischen *Selbstöffnung* und *Kohäsion* besteht ein linear-positiver Zusammenhang.

Hypothese 14: Zwischen *Feedback* und *Selbstöffnung* besteht ein linear-poitiver Zusammenhang.

Hypothese 15: Zwischen *Feedback* und *Kohäsion* besteht ein linear-positiver Zusammenhang.

Als Fragestellung interessieren die Zusammenhänge zwischen dem Auftreten von *Wirkfaktoren* in Verbindung mit solchen Merkmalen und Phänomenen der Gruppenprozesse, die mit der *Theorie über Phasen der Gruppenentwicklung* erklärt werden.

12. Ergebnisse

12.1 Erfolgsmessungen

In diesem Teil der Studie sollen der generelle Therapieerfolg und -mißerfolg der in beiden Gruppen untersuchten Patienten betrachtet werden. Hierzu interessieren das Ausmaß an günstigen Veränderungen, die Bereiche dieser Verbesserungen, ausgebliebene Veränderungen sowie die Flexibilität bzw. Stabilität der erzielten Therapieergebnisse über unterschiedliche Zeiträume.

12.2 Allgemeine Ergebnisse

Bei der Bewertung zum jeweiligen Zeitpunkt in jedem der fünf spezifischen Erfolgsmaße wurde stets die nachfolgend aufgeführte Bewertungs-Einteilung (Erfolgs-Klassen) eingesetzt. Die Kriterien für jedes der eingesetzten Meßinstrumente wurden a priori festgelegt, indem die Methode der "bereinigten" Erfolgsbewertung *(residual gain score)* angewendet wurde (LUBORSKY et al. 1988). D.h., der "bereinigte (Rest-)Erfolgs-Wert" bedeutet, daß er den für jeden Patienten pro Meßinstrument durch die Therapie bedingten Zuwachs relativ zum erwartbaren Zuwachs *(predicted gain)* für die jeweils untersuchte Gruppe darstellt. Scheinbare Verbesserungen entpuppen sich durch diese Filterung als Scheinerfolge und echte Verbesserungen werden als solche erkennbar *(residual gain*, im Falle echter Verbesserung als Plus-Werte über dem für die untersuchte Gruppe erwartbaren Score erkennbar). Die Methodik kann als konservative Messung angesehen werden, da der resultierende Ergebnis-Wert *(outcome-score)* bezogen ist auf den ursprünglichen Leidens-Score des einzelnen Patienten zu Beginn der Therapie, die relative Änderung dieses Ausgangs-Niveaus sowie auf die durchschnittlichen Veränderungen innerhalb der gesamten Gruppe (in diesem Fall der anderen sieben Patienten seiner/ihrer Gruppe).

Mögliche verfälschende Effekte wie z.B. Regression zum Mittelwert, *ceiling*-Effekte bei hohen Ausgangsniveaus in den einzelnen Maßen, Korrelation mit dem Ausgangsniveau können durch die Methode des *residual gain score* ausgeschlossen werden. Für jede der untersuchten Gruppen wurde gesondert pro Meßinstrument der Veränderungs-Bereich ermittelt und in acht gleiche Bereiche eingeteilt (Erfolgsklassen 8.5 - 0, s.u.). Die Klassen 8.5 bis 4.6 markieren den therapeutischen Zugewinn. Erfolgsklassen sind "optimaler Erfolg" (bzw. "+++") bis "leichter Erfolg" (bzw. "0 +"). Die Erfolgsklasse 4.5 - 3.6 steht für "keine Veränderung" (bzw. "0"), während die nachfolgenden Klassen 3.5 - 0 für "leichte Verschlechterungen" (bzw. "0 -"), "deutliche Verschlechterungen" (bzw. "-") und "sehr starke Verschlechterungen" (bzw. "- -") stehen.

Klasse 8,5 - 7,6	optimaler Erfolg (+++)
Klasse 7,5 - 6,6	sehr guter Erfolg (++)
Klasse 6,5 - 5,6	guter Erfolg (+)
Klasse 5,5 - 4,6	leichter Erfolg (0 +)
Klasse 4,5 - 3,6	keine Veränderung (0)
Klasse 3,5 - 2,6	leichte Verschlechterung (0 -)
Klasse 2,5 - 1,6	deutliche Verschlechterung (-)
Klasse 1,5 - 0	sehr starke Verschlechterung (- -)

Aufgrund der meßspezifischen Eigenart des *Gießen-Test-S (GT-S)* - sogenannter Normal-Range der T-Werte und Extremwerte bei Zweipoligkeit der Skalen und über sechs Skalen, wobei nicht jeder Patient in jeder Skala auffällige Werte zeigte - konnte dieser Test nicht dem Verfahren des *residual gain scores* unterzogen werden.

In die Gesamtbewertung des Therapieergebnisses geht der *GT-S* also zunächst nicht ein (vgl. Tab. 3 u. 4 und Abb. 1 u. 2). Tatsächlich ergibt sich aber bei genauer Analyse, daß die Veränderungen in diesem Meßinstrument so hoch gleichgerichtet mit den anderen vier Erfolgsinstrumenten kovariieren, daß keine qualitativ anderen Einstufungen zu den verschiedenen Meßzeitpunkten in die einzelnen Erfolgsklassen festgestellt werden konnten (vgl. auch Tab. 13 u. 14 im Anhang).

Von besonderer Wichtigkeit ist natürlich für die hier verfolgten Fragestellungen auch die Frage, inwieweit Patienten nach der stationären psychotherapeutischen Erfahrung, die sie gemacht haben, *weitere*, zumeist ambulante, psychotherapeutische Hilfe in Anspruch genommen haben, was die notwendigen katamnestischen Untersuchungen zwangsläufig tangiert, da die Frage gestellt werden muß: *Wieviele der erzielten Veränderungen der systematisch untersuchten stationären Therapien gehen tatsächlich auf die untersuchten Prozesse zurück und nicht auf die anschließend erfolgten Behandlungen?*

Gruppe I

Für die Patienten von Gruppe I ergibt sich folgendes Bild:

Weitere Behandlungen nach der untersuchten stationären Therapie	Keine weiteren Behandlungen nach der untersuchten stationären Therapie (beide bis inklusive FOLLOW-UP 2)
Patient 1 (1/Woche niederfrequente amb. analytische Einzeltherapie)	Patientin 3
Patientin 2 (ambul. analytische Gruppen-	Patientin 6

therapie/fünf Jahre nach
der stat. Therapie wiederum
stationäre Behandlung in
derselben Klinik)
Patient 4 (niederfrequente ambulante
Verhaltenstherapie, alle
2-3 Wochen eine Sitzung)
Patient 5 (amb. anal. Einzeltherapie
direkt nach der Entlassung)
Patientin 7 (im Anschluß an die
Entlassung ein Jahr ambul. analyt.
Einzeltherapie, dann zwei
Monate Gestalt-Gruppe, dann
Körpertherapie)
Patientin 10 (ein halbes Jahr nach
Entlassung 2/Woche amb. anal.
Einzeltherapie)

Für die Zusammenhangsbewertungen zwischen Therapie-Prozessen (Wirkfaktoren) und Therapieergebnis (vgl. Kap. 15) lassen sich aber dennoch klare Kriterien aufstellen, die den konkreten Beitrag der untersuchten stationären Maßnahmen allein widerspiegeln, ohne Verfälschungen durch nachfolgend erfolgte Therapien.

Der Therapieergebnis-Status eines Patienten - mit ambulanter Anschlußtherapie - zum Zeitpunkt FOLLOW-UP 2, 18 Monate nach Beendigung der stationären Therapie, ist interpretierbar im Lichte der Therapieerfahrungen in der Klinik, wenn diese(r) Patient(in) zum FOLLOW-UP 2 im Vergleich zum POST-Zeitpunkt nicht in eine höhere Erfolgskategorie eingestuft wird. D.h., der erreichte Erfolgs-Status zum FU 2 kann als im wesentlichen durch die stationäre Therapie erreicht interpretiert werden. Patienten, die zu den FOLLOW-UPs bessere Erfolgs-Plazierungen aufweisen *und* in der Zwischenzeit weitere psychotherapeutische Erfahrungen gemacht haben, müssen hinsichtlich der *Verbesserungen* zu den FOLLOW-UPs mit Zurückhaltung betrachtet werden, da diese Verbesserungen auf die mittlerweile erfolgten therapeutischen Erfahrungen zurückgeführt werden könnten. Eine Erfolgs-Einordnung zum FOLLOW-UP 2 kann dann als "wahr" angenommen werden, wenn die Einstufung zum POST-Zeitpunkt bereits in die gleiche Kategorie oder Erfolgs-Klasse erfolgte, oder - bei in der Zwischenzeit erfolgter weiterer Psychotherapie - , nicht zu einem "up-grading", zu einer Höher-Einstufung, geführt hat.

Verschlechterungen zu den FOLLOW-UPs - im Vergleich zur POST-Messung - können als solche interpretiert werden, gleichgültig, ob in der Zwischenzeit weitere Behandlungen erfolgt sind oder nicht. D.h., in jedem Falle wäre der POST-Erfolgsbeurteilung "nicht zu trauen".

Die FU 2-Messung läßt sich durch den Status des Patienten zum POST-Zeitpunkt quasi validieren, d.h. letzterer kann dann als "wahr" angenommen werden, wenn er durch die Position in der Erfolgskategorie zum FU 2 bestätigt wird bzw. sogar eine Verbesserung zum FU 2 aufweist, auch wenn keine weitere Therapie stattgefunden hat.

Gruppe II

Von Gruppe II läßt sich ebenfalls eine Aufstellung über Anschluß-Therapien machen.

Weitere Behandlungen nach der stationären Therapie	Keine weiteren Behandlungen nach der stationären Therapie (inklusive FOLLOW-UP 2)
Patientin 21 (drei Monate nach Entlassung ambulante analytische Einzeltherapie)	Patientin 20
Patient 23 (direkt nach Entlassung ambulante analytische Einzeltherapie)	Patient 22
Patient 26 (drei Monate nach Entlassung ambulante analytische Gruppenther.)	Patientin 24
Patient 30 (direkt nach Entlassung 2/Woche ambulante analytische Gruppentherapie)	Patientin 25

Fazit

Für beide Gruppen läßt sich das überraschende Ergebnis feststellen, daß insbesondere leicht oder nur mäßig erfolgreiche Patienten im Anschluß an die stationären Maßnahmen eine ambulante Therapie aufsuchen und durchführen (Pat. 5 und 10 von Gruppe I und die zum FU 2 als "gut erfolgreich" eingestuften Patienten 21 und 23 von Gruppe II). Deutlich erfolgreiche Patienten (Pat. 3 und 25) bzw. klar nicht erfolgreiche Patienten (Pat. 6, 20, 22 und 24) fragen keine weitere Therapie im ambulanten Bereich nach (dies kann eingeschränkt natürlich nur für den nachuntersuchten Zeitraum von 1 1/2 Jahren festgestellt werden). Die geringen Stichprobenumfänge gestatten selbstverständlich keine generelle Aussage, dennoch läßt sich die Vermutung anstellen, daß eine klar erfolgreiche Therapie möglicherweise vom Leidens- und Veränderungsdruck befreit und somit Therapie-Motive entfallen, und daß im stationären Bereich nicht erfolgreiche Patienten möglicherweise in eine resignative Haltung geraten, die zumindest eine direkt anschließende Therapie unwahrscheinlich werden lassen. Hier eröffnet sich sicherlich eine Lücke im psychotherapeutischen Versorgungssystem, wo Kooperationen zwischen niedergelassenen Psychotherapeuten und stationären Einrichtungen gefördert werden müssen. Andererseits ergibt sich aus den Ergebnissen dieser Studie die Frage, ob die Resignation der nicht erfolgreichen Patienten nicht durch die Therapeuten im stationären Bereich insofern aufgefangen werden könnte, als eine Motivation für weitere psychotherapeutische Maßnahmen im ambulanten Bereich gefördert werden könnte, falls dies für erforderlich angesehen wird?

Die hier untersuchten Gruppen boten offenbar eine Basis für die Möglichkeit klarer therapeutischer Arbeit und ermöglichten einzelnen Patienten eine deutlich erkennbare Verbesserung (vgl. auch Kap. 12.3).

Gruppe I

Tendentiell zeigt sich für die Patienten 1 und 3 der größte Erfolg relativ zu den für die untersuchten acht Patienten erwartbaren Verbesserungen. Der engste Zusammenhang zwischen der Gesamtbewertung (Tabelle 3 zeigt die Erfolgskategorien für jede(n) Gruppenpatienten(in) für den Vergleich PRÄ/FOLLOW-UP 2 über alle Instrumente) und einem einzelnen Instrument ergab sich bei der Gruppe I zwischen der *SCL-90-R* und der Gesamtbeurteilung. Die Rangfolge der erreichten Verbesserungen in der *SCL-90-R* - mithin im Symptombereich - (vgl. Anhang, Tab. 17) gibt die Erfolgs-Rangfolge der acht Patienten von Gruppe I insgesamt recht gut wieder (die Werte beider Gruppen in den übrigen Erfolgs-Instrumenten können ebenfalls dem Anhang, Tabellen 15 - 22 entnommen werden).

Tabelle 3: Übersicht über die Erfolgsklassen in vier Meßinstrumenten (Gruppe I) (Vergleich PRÄ/FU 2)

Patienten	1	2	3	4	5	6	7	10
Erfolgs-Instrumente	EK*	EK	EK	EK	EK	EK	EK	EK
Target Goals	8	4	5	6	5	1	3	6
SCL-90-R	8	2	7	4	6	2	1	7
GAS	8	1	5	6	7	2	4	8
Goal Att.Scaling	7	3	8	1	1	3	1	5
Symbol	+++	-	+	0	0 +	-	0 -	+
Erfolgs-Score [1]	7.8	2.5	6.3	4.3	4.8	2.0	3.0	6.5

* EK = Erfolgs-Kategorie
[1] Score in Abb. 1 (ohne *Gießen-Test-S*)

108

Insgesamt können Patient 5 unter "leichtem Erfolg" und Patientin 10 zum FU 2 als "gut erfolgreich" betrachtet werden, während für die Patienten 2, 4, 6 und 7 über fast alle Ebenen hinweg keine systematischen Zugewinne durch die erfolgte Gruppentherapie meßbar ist ("keine Veränderung" bzw. "Verschlechterung").

Tabelle 13 im Anhang gibt die Übersicht für die durchschnittlichen Rangplätze aller Patienten von Gruppe I je Meßinstrument im Detail an (inklusive *GT-S*).

Tabelle 3 zeigt die in der Studie verwendete Gesamtbewertung (*Erfolgs-Score*) für jeden Patienten von Gruppe I (Vergleich PRÄ - FU 2).

Anhand der Tabelle werden auch die Abstände zwischen den einzelnen Erfolgsstufen erkennbar: Zwischen den gut erfolgreichen Patienten 1, 3, der leicht erfolgreichen Patientin 10 (zum FU 2 "gut" erfolgreich) und den anderen Patienten klafft eine erhebliche Lücke, diese wiederum fällt zwischen dem leicht erfolgreichen Patienten 5 und den nicht erfolgreichen Patienten etwas geringer aus.

Als Fazit läßt sich aus den Ergebnissen der einzelnen Methoden die nachfolgend abgebildete Erfolgsbeurteilung für die Patienten von Gruppe I vornehmen (Mittelung über die erreichten Erfolgsklassen in den einzelnen Meßinstrumenten, ausgedrückt im *Erfolgs-Score*), wobei die abschließende Erfolgsbewertung über den Vergleich PRÄ/ FOLLOW-UP 2 erfolgt.

Was Gruppe I angeht, läßt sich für Patientin 2 feststellen, daß der zum POST-Zeitpunkt ermittelte Erfolgs-Status nicht von Dauer war. Der drastische Abfall nach einem Jahr (FU 1) und die Position zum FU 2 ("Verschlechterung") läßt die Position bei der POST-Messung als wahrscheinlich nicht valide erscheinen. Im Gegensatz dazu bestätigten sich die Erfolgsmessungen für die Patienten 1 und 3.

Patientin 3 hatte keine weitere Therapie. Patient 1 dagegen erfährt eine noch bessere Erfolgsbeurteilung zum Zeitpunkt FU 2, im Vergleich zur POST-Messung. Er hatte aber eine analytische Einzelbehandlung im Anschluß an die Klinik-Entlassung, so daß bei der Erfolgsbewertung die POST-Einstufung (Klasse 6: "guter Erfolg") interpretiert wird. Ähnlich stabil bleibt die Bewertung "Verschlechterung" ("-" bzw. Kategorie 2,5 - 1,6) für die Patientinnen 6 (sie verweigerte die Teilnahme an der FU 2-Untersuchung, hier wurde FU 1 zugrundegelegt) und 7 ("0 -" bzw. Kategorie 3,5 - 2,6). Zu den mäßig oder leicht erfolgreichen Patienten ("0 +" bzw. Kategorie 4,6 - 5,5) zählen die Patienten 5 und 10. Patient 5 behält diese Position trotz nachfolgender ambulanter Einzelbehandlung zu den FOLLOW-UPs bei, während Patientin 10 eine deutliche Verbesserung erfährt,

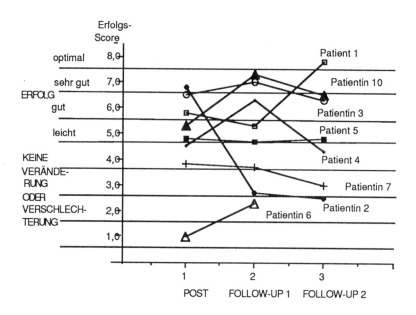

Abbildung 1: Therapie-Ergebnis für Patienten 1 - 10 von Gruppe I (über vier Maße)

die allerdings durch ihre Therapieerfahrung in der ambulanten Einzelbehandlung begründet sein könnte.

Überblickend läßt sich feststellen, daß von vier der acht Patienten, die die Gruppe beendeten, ein mehr oder weniger guter Therapieerfolg erreicht werden konnte (zur Qualität der Therapieergebnisse vgl. 12.3), für zwei der acht Patienten ein guter bis sehr guter. Andersherum läßt sich feststellen, daß vier der acht Patienten nicht von der Therapie profitiert zu haben scheinen.

Gruppe II

Die Einstufung der Patienten 25 und 26 als erfolgreich bzw. sehr erfolgreich bestätigt sich bei der klinischen Einschätzung durch den unabhängigen Kliniker (*Goal Attainment Scaling*) und im Symptombereich (*SCL-90-R*) vollauf. Etwas differierend ist dagegen das Bild bei den selbstgewählten Zielen (*Target Goals*). Beide Patienten erfahren hier nur einen geringen Zuwachs, während die beiden "unveränderten" Patienten 21 und 23 hier günstige Ergebnisse aufweisen. D.h. die Therapie-Zufriedenheit der beiden letztgenannten wird durch das weitgehende Erreichen ihrer Ziele und durch Symptomreduktion erklärt (besonders Patientin 21).

110

Tabelle 4 verdeutlicht die Gesamtbewertung des Therapieergebnisses für jeden Patienten von Gruppe II (Vergleich PRÄ - FU 2).

Tabelle 4: Übersicht über die Erfolgsklassen in vier Meßinstrumenten (Gruppe II) (Vergleich PRÄ/FU 2)

Patienten	20	21	22	23	24	25	26	30
Erfolgs-Instrumente	EK*	EK	EK	EK	EK	EK	EK	EK
Target Goals	2	8	1	6	3	5	6	3
SCL-90-R	1	6	1	3	1	6	8	3
GAS	4	6	2	8	1	8	1	2
Goal Att.Scaling	3	5	1	6	3	8	7	3
Symbol	-	+	- -	+	-	+ +	+	0 -
Erfolgs-Score [1]	2.5	6.3	1.3	5.8	2.0	6.8	5.6	2.8

* EK = Erfolgs-Kategorie   [1] Score in Abb. 2 (ohne *Gießen-Test-S*)

Abbildung 2 zeigt die Erfolgs-Einstufung für jede(n) Patienten/in von Gruppe II über alle Meßpunkte hinweg.

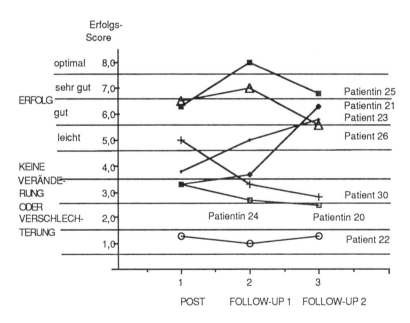

Abbildung 2: Therapie-Ergebnis für Patienten 20 - 30 von Gruppe II (über 4 Maße)

Der zum FOLLOW-UP 2 gemessene "gute" Therapieerfolg der beiden Patienten 21 und 23 läßt sich allerdings nicht mit Sicherheit ausschließlich auf die stationäre Therapie zurückführen. Die POST-Messungen dieser beiden Patienten zeigen in praktisch allen Meßbereichen erheblich ungünstigere Erfolgsausprägungen als zum FU 2 (vgl. Abb. 2 und im Anhang Tab. 14). Dies könnte an dem Einfluß der in der Zwischenzeit erfolgten ambulanten Anschlußtherapien beider Patienten gelegen haben.

Die sehr erfolgreiche Patientin 25 wird auch in ihrem Therapieerfolg durch die Einschätzung der Therapeuten (*GAS*) bestätigt: sie erfährt den größten Skalen-Sprung in dieser Einschätzung. Patient 26 dagegen wird von den Therapeuten sehr zurückhaltend beurteilt in seinem Therapie-Fortschritt, bei ihm handelt es sich um den Patienten mit dem initial günstigsten *GAS*-Wert. Fast durchgängig erreichen die nicht erfolgreichen Patienten (Pat. 20, 22, 24 und 30) auf allen Meßebenen Minus-Werte, d.h. einen *residual gain score* unterhalb der für die untersuchte Gruppe erwartbaren Werte *(Goal Attainment Scaling, Target Goals, SCL-90-R* und - bis auf Patientin 20 - auch in der *GAS).*

Als "gut" erfolgreich bzw. "sehr gut" erfolgreich sind der Abbildung 2 die Patienten 25 und 26 zu entnehmen. Ihre POST-Messungen bestätigten sich über FU 1 bis zum FU 2. Patientin 25 stabilisierte ihren Erfolg (POST) sogar noch weitergehend ("++" bzw. Kategorie 6,6 - 7,5 zum FU 2), ohne daß sie eine Anschluß-Therapie erfahren hätte. Patient 26 verblieb in der gleichen Erfolgsklasse ("+" bzw. Kategorie 5,6 - 6,5) zum FU 2 wie zur POST-Messung, trotz weiterer Therapie.

Die günstigen Einstufungen der Patienten 21 und 23 zum FU 2 müssen unter dem Eindruck weiterer Therapien nach der Entlassung interpretiert werden, zumal ihr Therapieergebnis zur Beendigung der stationären Behandlung (POST) nicht so gut eingestuft ist. Es könnte sich jeweils um eine Stabilisierung bzw. Verbesserung durch die Erfahrungen in den Anschluß-Therapien handeln. Aus diesem Grunde werden die Therapie-Prozesse dieser beiden Patienten unter der Erfolgskategorie "leichte Verschlechterung" ("0 -" bzw. Kategorie 3,5 - 2,6 bei Patientin 21) bzw. unter "keine Veränderung" ("0", entspricht Kategorie 4,5 - 3,6 bei Patient 23) betrachtet, mit dem sie die stationäre Therapie beendeten (POST-Messung).

Die anderen *nicht erfolgreichen Patienten* von Gruppe II zeigten zum Zeitpunkt POST tendentiell ähnliche Eingruppierungen wie zum FU 2. Die Patienten 20, 22, 24 und 30 (Pat. 24 verweigerte jegliche Teilnahme an einem FOLLOW-UP, es sind nur POST-Werte verfügbar) stellen die Subgruppe derjenigen Patienten dar, die keinen Therapierfolg bzw. "keine Veränderung" oder gar "Verschlechterungen" aufweisen (letzteres gilt für die Pat. 20, 22, 24 klar und für 30 tendentiell) - entsprechend den angesetzten Kriterien.

Zwei der acht Patienten, die die Gruppe beendeten, profitierten deutlich von der stationären Therapie (Pat. 25 und 26), zwei weitere Patienten möglicherweise auch (wie oben bereits erwähnt), indem sie in der Klinik "antherapiert" wurden, was die relativ raschen und sehr deutlichen Verbesserungen im FOLLOW-UP 1- und 2-Zeitraum erklären würde (Pat. 21 und 23). Keine erkennbaren Profite bezogen dagegen vier Patienten (Pat. 20, 22, 24 und 30) aus der stationären Gruppentherapie.

Patientin 27 wurde vorzeitig entlassen wegen Symptom-Verschärfungen (weiterer Gewichtsverlust bei Anorexia Nervosa) sowie ungenügender therapeutischer Kooperation und Patient 28 entzog sich allen Nachuntersuchungen, indem er die Therapie unmittelbar vor Beendigung wegen eines Zerwürfnisses mit den Therapeuten abbrach. Er muß nach Auskunft der Therapeuten insgesamt zwar als nicht erfolgreich gelten, ein Einschluß in die Prozeß-Ergebnis-Untersuchungen und in die Schlußfolgerungen dieser Untersuchungen ist allerdings nicht möglich, weil keine systematischen Erfolgsbewertungen vorliegen.

Fazit Gruppe II

Berücksichtigt man die zu relativierenden Rangplätze der Patienten 21 und 23 zum FU 2, so läßt sich festhalten: eindeutig *erfolgreich* sind die Patienten 25 und 26. Sie haben sowohl in der Einschätzung des unabhängigen Klinikers (Pat. 26 interessanterweise nicht in der Einschätzung der Therapeuten, siehe *GAS*) wie auch im Symptombereich klare Verbesserungen erreicht. Wichtig ist es, anzumerken, daß beide Patienten mit extrem hohen Symptom-Beschwerden sowie mit starken Beeinträchtigungen im Hinblick auf ihre gewünschten Ziele *(Target Goals)*, also mit sehr hohem Leidensdruck, die Therapie begannen (PRÄ).

Gesamt-Fazit über beide Gruppen

Wenn man berücksichtigt, daß es sich bei den untersuchten Patienten um schwergestörte neurotische und/oder Persönlichkeitsstörungen handelt, bei denen eine stationäre Behandlung erforderlich war, da eine ambulante Therapie entweder nicht indiziert oder nicht möglich gewesen wäre aufgrund des Schweregrades der Erkrankung, so können die Ergebnisse unter dem Aspekt befriedigen, daß nämlich die stationäre psychotherapeutische Behandlung sich zunehmend als sinnvoller "Einstieg" und als geeignete Form der Vor- oder "Anbehandlung" (ENKE 1988; KÖNIG u. LINDNER 1991) versteht. In einem ersten, wichtigen, Schritt ist wesentliches erreicht worden.

Die Erfolgsquoten für beide Gruppen scheinen in etwa gleich zu sein: jeweils zwei klar erfolgreiche Patienten in beiden Gruppen (Pat. 1, 3, 25 und 26) sowie eine Patientin in Gruppe I (Pat. 10) und zwei Patienten in Gruppe II (Pat. 21 und 23), die sich sehr schnell mit Anschlußtherapien zu den FOLLOW-UPs im Bereich "guter Erfolg" etablieren.

Eindeutig nicht profitiert haben in beiden Gruppen jeweils vier Patienten; von diesen acht Patienten fragen fünf innerhalb des untersuchten Zeitraums nicht nach weiterer Therapie nach, was als resignatives Moment gewertet werden muß (s.o.).

Die angestellten Betrachtungen bezüglich der Therapieergebnisse der untersuchten Patienten beider Gruppen fallen dem Kriterium *residual gain score* entsprechend sehr zurückhaltend aus. Ein wesentlicher Aspekt der eingesetzten Methode ist die *Normierung auf den Gruppendurchschnitt*. D.h., alles, was unter den erwartbaren Durchschnitt (an Verbesserung auf der einzelnen Meßebene) fällt, gilt als fehlende Verbesserung, auch wenn objektiv ein Zugewinn zum FU 2 relativ zum konkreten Ausgangswert (PRÄ-Messung zu Beginn der Therapie) festgestellt werden kann (vgl. hierzu die Tab. 13-14 im Anhang). Zum Beispiel zeigt die Tab. 13 (Anhang) für die Messungen von Patientin 2 in der Therapeuten-Einschätzung *(GAS)* zum FU 2 eine objektive Verbesserung von acht Punkten gegenüber der PRÄ-Einschätzung (51 gegenüber 43). Gemessen an dem durch die Therapie für die Gruppe erreichten Verbesserungs-Niveau auf dieser Einschätzungs-Ebene jedoch sind die acht Punkte, relativ gesehen, ein Minus (vgl. Tab. 3), da mehr hätte erreicht werden müssen (und können).

Alle 16 Patienten weisen somit überwiegend mehr oder minder große *therapeutische Zugewinne* durch die untersuchten Therapien auf. Die durch die Methode des *residual gain scores* so bezeichneten "Verschlechterungen" stellen "keine echten Verschlechterungen" dar, sondern sind unter den o.g. Anmerkungen als Werte "unter dem erwartbaren Verbesserungsdurchschnitt" anzusehen.

Die Tabellen 13 und 14 im Anhang veranschaulichen jeden Ergebnis-Wert auf jeder Meßebene zu jedem Meßzeitpunkt für jede(n) Patienten/in im Detail. Danach hat es "echte Verschlechterungen" von PRÄ zum FU 2 in nur sehr wenigen Fällen und nur auf einigen - nicht allen - Meßebenen gegeben. Z.B. weisen die Pat. 4, 7 und 22 speziell im *GT-S* zum FU 2 Verschlechterungen auf. Auch im Symptombereich *(SCL-90-R)* gab es vereinzelt Verschlechterungen: Pat. 2, 7, 20, 22 und 6 zum FU 1 sowie 24 zum POST-Zeitpunkt.

12.3 Spezifische Therapieergebnisse

Die Tabellen 13 und 14 im Anhang veranschaulichen die Ergebnisse für jeden einzelnen Patienten beider Gruppen zu jedem Meßzeitpunkt und für jede eingesetzte Methode im Detail. Eine ausführlichere Diskussion der Bereiche, in denen der/die einzelne Patient(in) Fortschritte erzielte oder nicht, würde im Rahmen dieser Arbeit zu weit führen. Es ist den Tabellen jedoch das Ausmaß an Veränderung in jedem Meßbereich und von Meßzeitpunkt zu Meßzeitpunkt zu entnehmen, so daß die Einstufung der einzelnen Patienten bei der Gesamt-Erfolgsbeurteilung über vier der eingesetzten Meßinstrumente hinweg nachvollziehbar wird (zum *GT-S* siehe Kommentar S. 105; zur Kategorisierung des jeweiligen Therapieergebnisses siehe gleichfalls S. 105).

An dieser Stelle sollen dagegen für die Subgruppen der *erfolgreichen, mäßig* oder *leicht erfolgreichen* und die der *nicht erfolgreichen Patienten* aus beiden Therapiegruppen Ähnlichkeiten und Charakteristika der Veränderung oder Nicht-Veränderung diskutiert werden.

Tabelle 5 gibt einen Überblick über die drei unterschiedlich erfolgreichen Patienten-Subgruppen (zusammengefaßt je Erfolgscluster - "guter Erfolg", "leichter Erfolg" und "keine Veränderung" über beide Gruppen hinweg).

Die Technik des *GT-S* erlaubt es nicht, die Ergebnisse im Sinne der gezeigten Tabelle darzustellen (es sei auf die Ausprägungen in den Skalen des *GT-S* in den Tabellen 13 und 14 im Anhang verwiesen). Die Messungen des *Goal Attainment Scaling* konnten naturgemäß erstmals zum POST-Zeitpunkt vorgenommen werden. Die *GAS* konnte zum FU 1 nicht durchgeführt werden.

Die Patienten sind hier lediglich für deskriptive Zwecke zu unterschiedlich erfolgreichen Subgruppen zusammengefaßt, nicht für prüfstatistische Zwecke.

Tabelle 5: Differentielle Erfolgscluster in vier Meßinstrumenten zu allen Meßzeitpunkten

		PRÄ		POST		FOLLOW-UP 1		FOLLOW-UP 2	
		X̄	s	X̄	s	X̄	s	X̄	s
GUTER ERFOLG (n = 4)	Goal Attainment Scal.[1]	-	-	1.87	0.25	1.60	0.69	2.36	0.44
	Target Goals[2]	4.34	0.34	2.13	0.89	1.58	0.83	1.42	0.64
	SCL-90-R[3]	2.11	0.47	1.12	0.18	1.32	0.19	1.32	0.21
	GAS	43.3	5.1	61.3	10.1	-	-	67.5	7.5
LEICHTER ERFOLG (n = 2)	Goal Attainment Scaling	-	-	1.33	0.08	0.98	0.23	0.84	0.59
	Target Goals	4.45	0.12	2.30	0.03	2.34	0.34	2.42	0.09
	SCL-90 R	1.63	0.15	1.18	0.04	1.39	0.39	1.35	0.24
	GAS	40.0	5.0	62.5	7.5	-	-	68.0	7.0
KEINE VERÄNDER. (n = 10) *	Goal Attainment Scaling	-	-	0.98	0.49	(n = 7**) 0.72	0.59	(n = 6***) 0.68	0.30
	Target Goals	3.87	0.49	2.77	0.61	3.09	0.46	2.83	0.56
	SCL-90 R	1.60	0.35	1.41	0.25	1.78	0.28	1.91	0.34
	GAS	40.5	4.7	55.6	13.0	-	-	55.7	4.3

1 -1 (verschlechtert) - +3 (optimal gebessert)
2 6 (sehr starke Beeinträchtigung) - 0 (keine Beeinträchtigung)
3 0 (überhaupt nicht) - 4 (sehr stark)
4 0 (vollständige Pflegebedürftigkeit) - 100 (vollst. psychische Gesundheit und Angepaßtheit)

Follow-Up 1 u. 2 ohne Patienten 21 und 23, da die Verbesserungen auf die ambulanten Anschlußtherapien zurückgeführt werden könnten
** Patientin 24 verweigerte Teilnahmen an FU-1 und FU-2
*** Patientin 6 verweigerte Teilnahme an FU-2

PRÄ-Messungen

Es ist höchst aufschlußreich, daß die später erfolgreichen Patienten vor der Therapie (PRÄ) von den Therapeuten (*GAS*) als vergleichsweise "gesünder" eingeschätzt wurden als z.B. die später nicht erfolgreichen Patienten. Die Patienten selber stuften gleichzeitig ihren Leidensdruck *(SCL-90-R* und *Target Goals)* deutlich höher ein als vergleichsweise die später nicht erfolgreichen Patienten. Die nur leicht erfolgreichen Patienten liegen in den Messungen in etwa zwischen den beiden genannten Extrem-Gruppen.

POST-Messungen

Die Subgruppe der erfolgreichen Patienten erreichte ganz erhebliche Verbesserungen in allen verwendeten Meßinstrumenten. Am augenfälligsten ist die drastische Reduzierung (für praktisch alle vier gut erfolgreichen Patienten, wie die geringe Streuung zeigt) im Symptombereich (*SCL-90-R*) und in der klinischen Einschätzung der Therapeuten (*GAS*). Aber tendenziell erreichen diese Patienten auch eher ihre Ziele bzw. fühlen sich nicht mehr so beeinträchtigt dadurch, daß sie sie noch nicht gänzlich erreicht haben (*Target Goals*). Recht klare Verbesserungen weist auch die Skala *Goal Attainment Scaling* für die klinisch formulierten Ziele nach (unabhängiger Kliniker).

Ziemlich genau zeigt sich auch für die nur mäßig erfolgreichen Patienten das gleiche Bild bei den Therapeuten-Einschätzungen (*GAS*) und für die Symptomreduzierung (*SCL-90-R*), während die Selbsteinschätzung bei der Beurteilung der zu erreichenden Ziele (*Target Goals*) etwas schlechter als bei den erfolgreichen Patienten ausfällt.

Die nicht erfolgreichen Patienten weisen auf allen Ebenen erhebliche Unterschiede zu den beiden unterschiedlich erfolgreichen Patienten-Gruppierungen auf: sie liegen bei allen Einschätzungen (Therapeuten, unabhängiger Kliniker und Selbsteinschätzungen) deutlich ungünstiger. Der Symptomdruck ist kaum reduziert (verglichen mit den PRÄ-Messungen), ihre selbstgewählten Ziele haben sie nur wenig erreicht (*Target Goals*). Die Therapeuten-Einschätzungen (*GAS*) liegen vergleichsweise noch am günstigsten. Auch die klinisch beurteilte Zielerreichungsskalierung (*Goal Attainment Scaling*) zeigt für diese Patienten-Gruppe relativ ungünstige Werte an.

Die zum POST-Meßzeitpunkt erreichten Werte stabilisierten sich quasi für jede Patienten-Gruppierung über die katamnestischen Nachuntersuchungen hinweg. Die erfolgreichen Patienten konnten das erreichte Niveau halten oder weiter festigen, indem z.B. der Symptomdruck auf einem ähnlich niedrigen Niveau verharrt (*SCL-90-R*), die eigenen Ziele eher erreicht wurden bzw. der Druck, daß sie nicht erreicht wurden, deutlich gemildert wurde (*Target Goals*) sowie die globale klinische Einschätzung der Therapeuten fast drei Kategorien höher ausfällt als zu Beginn der Therapie (*GAS*). Auch die klinisch formulierten Ziele konnten generell gut erreicht werden (Einschätzung über "2" = "guter Erfolg" im *Goal Attainment Scaling* bei maximal erreichbarer "3").

Demgegenüber verfestigten sich für die nicht erfolgreichen Patienten die Ergebnisse vom POST-Zeitpunkt bzw. teilweise fielen sie sogar noch drastisch ab (verglichen mit der PRÄ-Messung beim Symptomdruck in der *SCL-90-R* oder mit der POST-Messung bei den klinischen Zielen im *Goal Attainment Scaling*).

Auch die eigenen Ziele konnten praktisch nicht erreicht werden und der Leidensdruck darüber hielt im großen und ganzen an. Einzig die Therapeuten-Einschätzung *(GAS)* vermochte eine vergleichsweise - wenn auch nur geringfügig - günstige Veränderung feststellen. Wobei sich die Frage auftut, ob Therapeuten generell rückblickend dazu tendieren, auch über Mißerfolge hinwegzusehen (Vergleich 18 Monate nach Beendigung der Therapien und POST-Messungen); daß es sich also um eine typische Bias aufgrund der eigenen, persönlichen Einbezogenheit in den therapeutischen Prozeß handelt?

12.4 Prozeßmessungen

12.4.1 Interpersonelle Aktivität

Beide Gruppen sollten im Gesamt-Verlauf der Therapie untersucht werden, um zu einer adäquaten Beurteilung der veränderungs-relevanten Prozesse zu gelangen. Eine Komplett-Bewertung jeder stattgefundenen Therapiesitzung wäre aufgrund des dann erforderlichen Arbeitsaufwandes bei den gegebenen Zeit- und Personal-Ressourcen nicht bewältigbar gewesen. Aus diesem Grunde wurde von jeder der beiden Gruppen jede zweite Gruppensitzung vollständig mit der *SYMLOG-Signiermethode* bewertet, d.h. alle verbalen und nonverbalen Interakte, die als soche erkennbar waren. Somit kann davon ausgegangen werden, daß wohl ein hinreichend präzises Bild des kontinuierlichen Therapie-Verlaufs gewährleistet ist. Insgesamt ergab das über alle Kodierungs-Ebenen (ACT/NON, PRO/CON, "Vorstellungsbild-Stufe") für die 89 ausgewerteten Sitzungen beider Gruppen ein Gesamt von ungefähr 71.000 Interakten. Von anderen sehr aufwendigen Interaktionsstudien - allerdings mit der früheren IPA-Methode - werden vergleichbare Zahlen berichtet (BALZER et al. 1985; 1980).

Zwischen beiden Gruppen ergab sich ein markanter Unterschied in der Anzahl der Botschaften (sogen. "messages"). Gruppe I (42 von 83 Sitzungen ausgewertet, 13.943 Botschaften) zeigte ein interaktiv hochsignifikant höheres Niveau als Gruppe II (47 von 93 Sitzungen ausgewertet, 9.940 Botschaften) (vgl. Tabelle 6).

Tabelle 6: Interpersonelle Aktivität (Botschaften) in beiden Gruppen
t = 7.22/df = 87/p < 0.001

	Gruppe I	Gruppe II
Total-Interakte	13.943	9.940
MW/Sitzung	349	221
Streuung	(s = 86)	(s = 77)
MW/Minute	3,67	2,32

Gruppe I wies also eine wesentlich größere Interaktionsdichte auf als Gruppe II. Die möglichen Gründe hierfür werden noch in Kapitel 13 zu diskutieren sein.

Festzuhalten bleibt hier zunächst, daß sich trotz derselben Therapeuten mit dem gleichen Therapiekonzept, gleicher Sitzungsfolge, im gleichen stationären therapeutischen Gesamtkonzept, bei der gleichen Sitzungsfrequenz, bei vergleichbarer Gruppenzusammensetzung - sogar im selben Raum zu vergleichbarer Zeit - in zwei unterschiedlichen Gruppen anscheinend sehr unterschiedliche Binnenklimata entwickelten, was für den individuellen Charakter einer jeden Gruppe spricht.

Interpersonelle Aktivität und Therapieerfolg

Tabelle 7 zeigt den Zusammenhang zwischen individueller interpersoneller Aktivität im Gruppenprozeß und dem Therapieergebnis.

Tabelle 7: Mittlere interpersonelle Aktivität (in Interakten/Sitzung) und Therapieergebnis

	Gruppe I	Gruppe II
1. Ther.-Hälfte		
Erfolgr. Pat. MW	44.2	23.7
s	23.7	13.2
Nicht erfolgr. Pat.		
MW	20.7	19.7
s	8.5	10.2
2. Ther.-Hälfte		
Erfolgr. Pat. MW	39.2	13.5
s	12.2	6.3
Nicht erfolgr. Pat.		
MW	16.6	18.1
s	6.4	9.0

Die Werte der Tabelle sind aufgrund der sehr geringen Gruppierungsstärken ausschließlich deskriptiv zu verstehen.

Zum einen sind die erfolgreichen Patienten der Gruppe I wesentlich aktiver als die nicht erfolgreichen Patienten ihrer Gruppe, zum anderen sind sie aber auch deutlich aktiver als die erfolgreichen Patienten der Gruppe II, die in der ersten Therapie-Hälfte von Gruppe II (Sitzungen 1- 44) nur tendentiell aktiver als die nicht erfolgreichen anderen Gruppenmitglieder ihrer Gruppe sind. Hier zeigt sich eindrucksvoll, daß selbst erfolgreiche therapeutische Prozesse in therapeutischen Gruppen stets relativ zum jeweiligen Gruppenprozeß gesehen werden müssen. Jede Gruppe gestaltet ihr eigenes therapeutisches Binnenklima, und nur in Verbindung und Abhängigkeit von den entstehenden Normen und Werten der Gruppe kann ein individuelles Gruppenmitglied offenbar therapeutischen Nutzen aus der Erfahrung ziehen. Interessant ist, daß die erfolgreichen Patienten von Gruppe II in der zweiten Therapie-Hälfte (Sitzungen 45 - 93) ein deutlich niedrigeres Aktivitäts-Niveau haben als die nicht erfolgreichen Gruppenmitglieder. Dies steht ganz im Gegensatz zur anderen Gruppe, wo das Aktivitäts-Niveau der erfolgreichen Patienten über die gesamte Therapie-Dauer über dem der nicht erfolgreichen Gruppenmitglieder liegt (diese Ergebnisse werden weiter unten im Zusammenhang mit den anderen Ergebnissen diskutiert, vgl. Kap. 15 und 16).

12.4.2 Verhalten und Verhaltensänderungen ("interpersonal learning - output")

Die Identifizierung der individuellen *Verhaltensweisen* der einzelnen Patienten in ihren Gruppen erfolgte über die *P-Technik* (vgl. Kap. 10.3.2). Die Verwendung der Dimensionen und Pole der *SYMLOG*-Methode erwies sich als zu global und klinisch nicht spezifisch genug, um für die einzelnen Patienten charakteristische Merkmale ihrer sozialen Auseinandersetzungsstrategien zu identifizieren. Die Faktorisierung der häufiger auftretenden Items der *SYMLOG*-ACT/NON-Richtungskodierungen mit Hilfe der *P-Technik* dagegen erlaubte sehr exakt die Bestimmung klinisch relevanter Muster einzelner Personen, die typisch für die jeweilige Störung und ihre psychodynamischen Hintergründe waren, auch im Sinne der Diagnose.

Für die untersuchten 16 Patienten beider Gruppen ließen sich zwischen zwei und vier Faktoren entsprechend dem *Scree-Test* extrahieren (Varimax-Rotation). Diese Faktoren können als relevante Muster im interaktionellen Gruppenprozeß aufgefaßt werden, bei denen a) die Qualität und b) die Veränderungsfähigkeit bzw. -möglichkeit interessierte. Bei letzterem war es das Ziel, das Verändern von sozial inadäquatem Verhalten u.a. *auch in Verbindung mit intrapsychischen Veränderungen* zu betrachten, d.h. gehen *Verhaltensänderungen* intrapsychischen Veränderungen voraus oder sind sie abhängig von diesen? Eine Frage, die die Psychologie und Psychotherapie immer schon beschäftigte.

Verhaltensmuster

Nachfolgend sollen die Qualität und die Veränderungsmöglichkeiten inadäquater (neurotischer) Verhaltensmerkmale unter gruppentherapeutischem Einfluß überprüft werden.

Eine graphische Darstellung der einzelnen P-Faktoren der Patienten beider Gruppen im Verlauf über die Therapie hinweg würde zuviel Raum beanspruchen. Bedeutsame statistische Verlaufsänderungen (Niveau, Trend) sind in der Tabelle 8 angegeben. Die im Anhang aufgeführte Tabelle 23 enthält alle Faktoren - inklusive Varianzaufklärung, Eigenwerten, Ladungen der Items auf den Faktoren sowie die Bezeichnung derselben - der einzelnen Patienten im Überblick. Von den insgesamt 185 Item-Ladungen sind nur zwei unter .50 (1,1%), 28 zwischen .50 und .59 (15,1%), 45 zwischen .60 und .69 (24,3%), 55 zwischen .70 und .79 (29,7%), 47 zwischen .80 und .89 (25,4%) und acht über .90 (4,3%). D.h., die einzelnen Items laden zufriedenstellend hoch, außerdem sind die Faktoren durch eindeutige Zuordnungen einzelner Items charakterisiert, was letztlich auch die überwiegend zufriedenstellende Varianzaufklärung miterklärt.

Die Varianzaufklärungen durch die ermittelten Faktoren können in jedem Fall als sehr befriedigend bezeichnet werden; mit den erhaltenen Faktoren werden zwischen 42.4% (Patientin 10) und 80.3% (Patient 22) des Verhaltens der Patienten - bezogen auf die zugrundegelegten Items - erklärt. In den Faktoren bilden sich klinisch gesehen problematische und sozial schwer verträgliche Verhaltensweisen ab, d.h. die Patienten beginnen früher oder später ihre interpersonellen Probleme in der Gruppe zu reinszenieren (YALOM 1985). Weiter unten wird analysiert, welche Patienten in der Lage waren, diese inadäquaten Strategien der Auseinandersetzung und der interpersonellen Wahrnehmung zu korrigieren. Zum Teil zeigen sich aber auch günstige und hilfreiche Formen der Interaktion, die entweder von vornherein auch zum Verhaltens-Repertoire der Patienten gehörten oder im Verlaufe der Therapie erst neu aufgebaut worden sind.

Tabelle 8 gibt Auskunft über die stattgefundenen *Verhaltensänderungen*. Die Beurteilungen bezüglich "klinisch wünschbaren" und "klinisch unwünschbaren" Verhaltensänderungen wurden von den Therapeuten - naturgemäß - nach den Auswertungen und Berechnungen der Signierungen, ohne Kenntnis der Trends, vorgenommen. Beide Therapien waren zu diesem Zeitpunkt bereits abgeschlossen.

Gruppe I

Patient 1 (schwere narzißtische Persönlichkeitsstörung) verändert ein ungünstiges Verhalten (P-Faktor 1, vgl. Tab. 8 und Anhang Tab. 23) *vor* intrapsychischen Umstrukturierungen (*POG*-Veränderungen) (vgl. hierzu Kap. 12.4.6).

Er reduziert seine "Negativ-positiv getönte, überhebliche intellektuelle Dominanz" drastisch, bevor klinisch günstige intrapsychische Veränderungen von Objekt- und Selbstrepräsentanzen erfolgen. Weiterhin ist er in der Lage, im letzten Drittel der Therapie Empathie gegenüber der Gruppe zu entwickeln (P-Faktor 2). Diese Möglichkeit eröffnet sich ihm *nach* den intrapsychischen Veränderungen, bei denen er sein *Ideal-Selbst* erheblich revidiert hat (vgl. auch die klinische Diskussion des Therapieverlaufs, Kap. 14). Die Patientinnen 3 und 10 sind ebenfalls erst *nach* intrapsychisch relevanten Änderungen in der Lage, klinisch gesehen günstiges Verhalten aufzubauen bzw. zu intensivieren ("freundliche Emotionalität" bei Pat. 3 und "Bestimmtheit und freundliche Emotionalität" bei Pat. 10). Bei allen drei Patienten handelt es sich um "gut" (Pat. 1 und 3) bzw. "leicht" erfolgreiche Patienten (Pat. 10).

Tabelle 8: Verhaltensweisen und Verhaltensänderungen
(alle Patienten beider Gruppen)

Patient	P-Faktor	+[1]	-[1]	0[1]	Trend[2]	Level[3]
1	1	+			-.54***	9.20***
	2	+			.51***	
	3			0		
2	1	+			-.34*	
	2			0		
	3			0		
3	1			0		
	2			0		
	3	+			.39**	
4	1			0		
	2			0		
	3		-		.38**	
5	1			0		
	2			0		
6	1			0		
	2			0		
	3			0		
7	1			0		
	2		-		-.55***	
	3			0		
	4			0		
10	1	+			.58***	
	2			0		
	3			0		
20	1			0		
	2			0		
	3		-		.26*	-1.76**
21	1			0		
	2			0		
	3	+			.26*	
22	1			0		
	2	+			-.28*	1.67*
	3		-		-.27*	1.98**
23	1			0		
	2	+			-.31**	
24	1			0		
	2		-		-.31**	2.01**
	3			0		
25	1			0		
	2	+				1.96**
	3			0		
26	1	+				2.18**
	2		-			2.07**
	3			0		
30	1			0		
	2			0		
	3			0		

1 + = klinisch ungünstiges Verhalten signifikant reduziert oder klinisch
günstiges Verhalten signifikant zugenommen (Pearson-Korrelation)
- = klinisch ungünstiges Verhalten signifikant zugenommen (Pearson-Korr.)
0 = keine Veränderung

2 Runs-Test
3 T-Test für abhängige Stichproben
* p < 0.10 (zweiseitig)
** p < 0.05 (einseitig)
*** p < 0.001 (zweiseitig)

Lediglich Patientin 2 aus Gruppe I zeigt noch günstige *Verhaltens-änderungen* über den Gesamt-Verlauf der Therapie (Reduzierung von "rational-kontrollierendem Einfluß", P-Faktor 1, vgl. Tab. 8 und Tab. 23 im Anhang), die anderen Patienten verändern entweder ihr Verhalten nicht oder in klinisch ungünstige Richtung: Patienten 4 (Zunahme an "moralisierender, rechthaberischer Mitarbeit") und Patientin 7 (Abnahme an "aktiv-freundlicher Unterstützungsbereitschaft"). Beide sind nicht erfolgreich und bei der Erfolgsbewertung unter "keine Veränderung" eingestuft.

Gruppe II

Das Bild bei den *Verhaltensänderungen* dieser Gruppe ist uneinheitlicher als bei der Gruppe I. Es gibt leichte Tendenzen, daß erfolgreiche und durch eine nachfolgende ambulante Anschlußtherapie erfolgreiche Patienten eher *Verhaltensänderungen,* und dann in eine klinisch als günstig bezeichnete Richtung vornehmen (Patienten 21, 23, 25 und 26). Allerdings verringert der erfolgreiche Patient 26 auch sein "emotionales, empathisches, freundliches Verhalten" (P-Faktor 2, vgl. Tab. 8 und Tab. 23 im Anhang) im zweiten Therapie-Abschnitt (negative Veränderung). Nicht erfolgreiche Patienten verfestigen bzw. intensivieren ihre ungünstigen Verhaltensmuster sogar tendentiell noch (Patienten 20: P-Faktor 3 starke Zunahme von "impulsiven Durchbrüchen, ängstlich und nervös"; Patient 22: Abnahme von "empathischem Interesse"; Patientin 24: Abnahme von "empathischer, emotionaler Beteiligtheit"). Patient 22 reduziert aber auch sein "prinzipielles, kritisches, sich verschließendes Verhalten" (P-Faktor 2, vgl. Tab. 8 und Tab. 23 im Anhang), was als günstig gewertet wurde. Da er allerdings gleichzeitig seine Empathie reduziert (P-Faktor 3), ist anzunehmen, daß er sich insgesamt zusehends mehr aus dem Gruppenprozeß verabschiedet hat. Tatsächlich ist er der unerfolgreichste Patient dieser Gruppe.

Fazit

Hypothese 1 kann "weitgehend" als bestätigt angesehen werden. Erfolgreiche (Pat. 1 und 3) und leicht erfolgreiche Patienten (Pat. 10) - besonders in Gruppe I - verändern eindeutig mehr Verhaltensweisen als die weniger oder nicht erfolgreichen Gruppenmitglieder in eine klinisch wünschenswerte Richtung. Vor allem stehen ihre *Verhaltens-änderungen* in offenbar enger Beziehung zu intrapsychisch günstigen Veränderungen. Dies gilt nicht in diesem Umfang für die erfolgreichen Patienten von Gruppe II. Ihre *Verhaltensänderungen* tendieren zwar gleichfalls eher in klinisch günstige Richtung, auch ändern sie eher unangepaßtes Verhalten als nicht erfolgreiche Gruppenmitglieder. Die *Verhaltensänderungen* finden jedenfalls nicht in direktem - erkennbarem - Zusammenhang mit intrapsychischen Veränderungen statt. Festzuhalten bleibt - was Hypothese 1 auch bestätigen würde - daß von zehn klinisch wünschbaren *Verhaltensänderungen* acht von zum FU 2 erfolgreichen Patienten vorgenommen werden und fünf der sechs klinisch ungünstigen *Verhaltensänderungen* von später klar nicht erfolgreichen Patienten.

Hypothese 2 kann nicht als bestätigt angesehen werden. Auch weniger erfolgreiche Patienten reduzieren signifikant ungünstige Verhaltensweisen bzw. bauen günstigere auf, allerdings in deutlich geringerem Maße als erfolgreiche Patienten. Vor allem aber tendieren nicht erfolgreiche Patienten dazu, - klinisch und sozial gesehen - ungünstiges Verhalten zu verfestigen bzw. beizubehalten (Pat. 4, 7, 20, 22, 24).

Es fällt darüber hinaus auf, daß die *Verhaltensänderungen* in der Gruppe II nicht in der ausgeprägten Weise stattfanden wie in der Gruppe I.

12.4.3 Ergebnisse zum Wirkfaktor Feedback

Die Verläufe der *Feedback (FB)*-Interakte, die jedes einzelne Gruppenmitglied durch die anderen Patienten sowie durch die Therapeuten erhielt, können hier nicht für jeden Patienten und in allen Details über Abbildungen veranschaulicht werden. Aus diesem Grunde werden die *FB*-Verläufe für die erfolgreichen Patienten denen der nicht erfolgreichen ("keine Veränderung" bzw. "Verschlechterung", ohne Pat. 30 wegen späten Therapieeintritts) grafisch gegenübergestellt (Abb. 3; Trendanpassung mit Polynomial-Kurven 3. Ordnung). Dieses Vorgehen bezieht seine Berechtigung aus der Tatsache, daß für die beiden genannten - bezogen auf den Therapieerfolg - Subgruppen unterschiedlich erfolgreicher Patienten vom Niveau und Verlauf her gesehen sehr homogene Muster festgestellt werden konnten (geringe Streuung zwischen den Mitgliedern jeder Subgruppe über den Verlauf hinweg). Es fällt auf, daß gerade die vier erfolgreichen Patienten beider Gruppen bereits früh vermehrt *FB* erhalten; d.h. die erfolgreichen Patienten von Gruppe I (Pat. 1 und 3) und die erfolgreichen Patienten von Gruppe II (Pat. 25 und 26) erhalten in der ersten Therapie-Hälfte intensiver und häufiger positives, negatives oder sachliches *FB*.

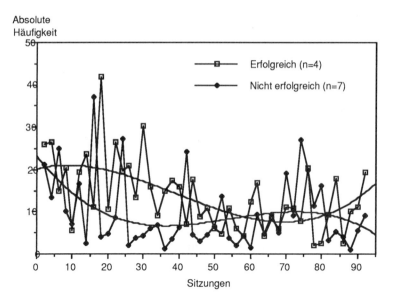

Abbildung 3: Erhaltenes *Feedback* und differentieller Therapieerfolg

Nicht erfolgreiche Patienten in beiden Gruppen erhalten eher in der zweiten Therapie-Hälfte vermehrt entsprechendes *FB* (Patienten 2, 4, 6, 7, 20, 22 und 24) (dieser Zusammenhang ist besonders deutlich der Tabelle 12, S.155 zu entnehmen). Korrelative Berechnungen bezüglich der Zusammenhänge über die Patienten jeweils beider Gruppen zwischen *FB* und Therapieerfolg lassen sich der Tabelle 9 entnehmen.

Tabelle 9: Zusammenhänge zwischen untersuchten Wirkfaktoren und Therapieerfolg (Pearson-Korrelationen, df jeweils = 6)
* $p < 0.10$ (zweis.) ** $p < 0.05$ (zweis.) *** $p < 0.01$ (zweis.)

	GRUPPE 1 Therapie-Ergebnis		GRUPPE 2 Therapie-Ergebnis	
Wirk-faktoren	Frühe Gruppe	Späte Gruppe	Frühe Gruppe	Späte Gruppe
FB	.58	-.16	.68*	.33
S-D	.77**	.70*	.59	-.01
Kohäsion	.65*	.74**	.54	.94***

126

Unter "früher" und "später Gruppe" sind jeweils die erste und zweite Therapie-Hälfte zu verstehen, eine Einteilung, die sinnvoll erscheint im Hinblick auf Phasen- und Entwicklungsmodelle und auch bereits Hinweise auf unterschiedliche Bedeutsamkeit der Therapie-Hälften erbracht hat (BUDMAN et al. 1989). Die Koeffizienten der Tabelle 9 geben die korrelativen Zusammenhänge *jeweils über alle Patienten einer Gruppe* an (je Gruppe acht Patienten). Korreliert wurde mit dem Erfolgs-Score jedes Patienten über die globale Erfolgsbewertung über vier Erfolgsinstrumente (vgl. oben 12.2). Es zeigen sich nur geringe Zusammenhänge mit dem Ausmaß an *FB* in beiden Gruppen, allenfalls für Gruppe II in der ersten Therapie-Hälfte. Wenn man aber erfolgreiche und nicht erfolgreiche Gruppenmitglieder gesondert betrachtet, ergibt sich das weiter oben erwähnte Ergebnis (sehr gut ersichtlich aus Tab. 12, S. 155):

- *erfolgreiche* Patienten erhalten in beiden Gruppen *frühzeitig* mehr *Feedback* als nicht erfolgreiche Patienten

und

- *nicht erfolgreiche* Patienten erhalten zunehmend *Feedback* in der zweiten Therapie-Hälfte.

Fazit

Hypothese 3 kann nur bedingt angenommen werden, da die erfolgreichen Patienten zwar mehr *FB* erhalten, aber nur in der ersten Therapie-Hälfte. Hypothese 4 wird verworfen, da jeweils über alle Patienten einer Gruppe kein eindeutiger Zusammenhang zwischen *FB* und Therapieerfolg besteht.

12.4.4 Ergebnisse zum Wirkfaktor Kohäsion

Aus Tabelle 9 ist auch der korrelative Zusammenhang zwischen *Kohäsion* und Therapieergebnis in beiden Gruppen erkennbar. Besonders für die sogenannte "späte Gruppe" (2. Therapie-Hälfte) trifft für beide Gruppen zu, daß ein sehr enger, statistisch gesicherter, Zusammenhang besteht, und zwar über alle vier Erfolgsebenen hinweg. D.h., *über alle Patienten jeder Gruppe* läßt sich zumindest für die zweite Therapie-Häfte feststellen, daß ein ganz enger Zusammenhang mit dem Therapieergebnis besteht: Erfolgreiche Patienten weisen ein erhöhtes Ausmaß an emotional positiver Bezogenheit zu ihrer Gruppe auf und weniger erfolgreiche Patienten ein geringeres. Dies läßt auch den Schluß zu, daß später erfolgreiche Patienten den emotionalen Bezug zur Gruppe beibehalten oder sogar noch erhöhen, wie dies Abbildung 4 auch veranschaulicht. Nicht erfolgreiche Patienten dagegen bewegen sich durchweg auf einem deutlich niedrigeren Niveau und erreichen erst gegen Ende der Therapie eine bessere emotionale Bezogenheit (individuelle *Kohäsion*), allerdings erreichen sie auch jetzt nicht das Niveau der erfolgreichen Patienten.

Es läßt sich weiterhin darüber spekulieren, ob der *Zeitpunkt* nicht auch einen großen Stellenwert einnimmt, zu dem die gute Beziehung zur Gruppe besteht?

Die Beziehung des Wirkfaktors *Kohäsion* zum Therapieerfolg wird noch deutlicher, wenn man deskriptiv die beiden Extremgruppen der klar erfolgreichen und klar nicht erfolgreichen Patienten aus beiden Gruppen einander gegenüberstellt (Abbildung 4; Polynomial-Kurven 3. Ordnung).

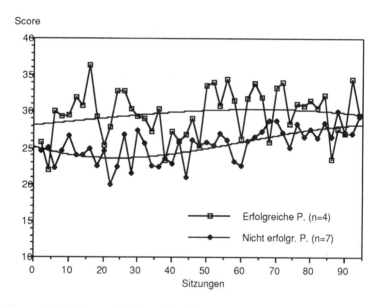

Abbildung 4: Kohäsion und differentieller Therapieerfolg

Es ist sehr deutlich zu sehen, daß sich die erfolgreichen Patienten fast ständig auf einem eindeutig höheren, positiven Bezogenheitsniveau bewegen als die nicht erfolgreichen Patienten. Tatsächlich erreichen nicht erfolgreiche Patienten nur einmal die "magische" Grenze des 30-Punkte-Scores, während diese von den erfolgreichen Patienten in 20 Sitzungen zum Teil klar überschritten wird. Sehr eindrucksvoll auch die Konstanz des *Kohäsions*-Niveaus in der zweiten Therapie-Hälfte bei den erfolgreichen Patienten.

Fazit

Hypothese 5 kann als bestätigt angenommen werden. Erfolgreiche Patienten beider Gruppen zeigen ein deutlich höheres Bezogenheits-niveau zur Gruppe - und damit zur Therapie - als die nicht erfolg-reichen Patienten. Auch Hypothese 6 muß angenommen werden, da sich *über alle Patienten* (inklusive der nicht erfolgreichen) ein signifikanter Zusammenhang je Gruppe zeigt zwischen *Kohäsion* und Therapieergebnis, zumindest für die zweite Therapie-Hälfte, ergibt.

12.4.5 Ergebnisse zum Wirkfaktor Selbstöffnung (S-D)

Abbildung 5 können die Verläufe von *S-D* für die unterschiedlich erfolgreichen Patienten entnommen werden.

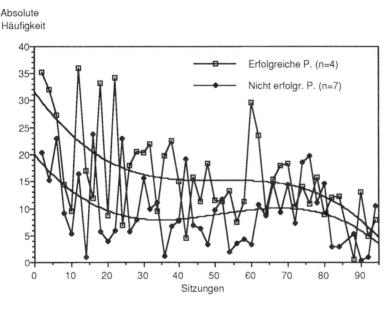

Abbildung 5: Selbstöffnung (S-D) und differentieller Therapieerfolg

Es zeigt sich auch hier - wie beim Wirkfaktor *FB* - , daß der ersten Therapie-Hälfte offenbar eine besondere Bedeutung zukommt. Später erfolgreiche Patienten operieren vom Beginn der Gruppen an auf einem deutlich - und gleichfalls durchgängig - höheren Niveau an Öffnungsbereitschaft (*S-D*) als später nicht erfolgreiche Patienten. Für praktisch alle Patienten läßt sich ein Abfall des *S-D*-Niveaus im Verlaufe der Gruppentherapien erkennen. Allerdings scheint es eine kurzfristige und leichte Tendenz der später nicht erfolgreichen Patienten zu geben, gegen das letzte Therapiedrittel eine größere Bereitschaft (und Fähigkeit?) an problematischer, auf das Selbst bezogener Äußerungen zu zeigen.

Einzelne nicht erfolgreiche Patienten zeigen bei detaillierter Betrachtung der Sitzungen, besonders in der ersten Therapie-Hälfte bzw. in recht frühen Sitzungen, eine sehr stark erhöhte Öffnungs-bereitschaft, in denen sie extreme "Ausreißer" aufweisen, d.h. die jeweilige Gruppe förmlich "überfluten" oder "erschlagen" mit ihrem Mitteilungsdrang (teilweise über 100 selbstbezogene Äußerungen in einer Sitzung). Der scharfe Kontrast zur sonstigen Zurückhaltung fällt besonders für diese später nicht erfolgreichen Patienten auf. Sie öffnen sich ziemlich früh - häufig während der ersten 10 - 15 Sitzungen - in überwältigendem Ausmaße (Patienten 2, 6, 7, 20, 22 und 24). Keine(r) der erfolgreichen PatientInnen in beiden Gruppen verfährt in dieser Weise.

Die Bedeutung der "frühen" und "späten Gruppe" für die Öffnungsbereitschaft läßt sich gleichfalls der Tabelle 9 entnehmen. Während es in Gruppe I über alle Patienten eine klar linear-positive Beziehung zwischen späterem Therapieerfolg bzw. -mißerfolg und Ausmaß und Intensität an *S-D* gibt, ist dies für die Gruppe II nur tendentiell *in der ersten Therapie-Hälfte* feststellbar. Es läßt sich das Fazit ziehen, daß es deutliche Hinweise auf die spezifische Bedeutung von *S-D* in den früheren Therapie-Abschnitten gibt. Die offenbar unterschiedliche *S-D*-"Mentalität" in beiden Gruppen wird später im Zusammenhang mit den unterschiedlichen Entwicklungsstrukturen beider Gruppen diskutiert (vgl. Kap. 12.4.8).

Es läßt sich festhalten, daß das Ausmaß von Mitteilungen über private Einzelheiten in der Gruppe I über beide Therapie-Hälften eine signifikante Beziehung zum Therapieergebnis aufweist. D.h., daß erfolgreiche Patienten sich mehr öffnen über belastende oder schamhafte Aspekte des privaten Selbst als weniger oder nicht erfolgreiche Patienten. Für die Gruppe II gilt, daß es tendentielle Zusammenhänge eher für die "frühe Gruppe", also die erste Thera-pie-Hälfte gibt. Die Inspektion der Abbildungen der individuellen Gesamtverläufe (über aktuelles Selbst in der Gruppe/SEL sowie über private Einzelheiten der eigenen Person von außerhalb der Gruppe/

FAN) ergibt, daß nicht erfolgreiche Patienten und mäßig erfolgreiche Patienten sich spät mehr öffnen, während dies für die erfolgreichen Patienten genau umgekehrt ist, was die über alle Gruppenmitglieder nicht signifikanten Zusammenhänge erklärt (vgl. auch Tab. 12, S. 165).

Fazit

Hypothese 7 muß zurückgewiesen werden. Im Gegenteil scheinen sich erfolgreiche Patienten eher in der ersten Therapie-Hälfte zu öffnen, besonders in Gruppe II (aber auch in Gruppe I).

Hypothese 8 kann nicht voll bestätigt werden. Zwar gibt es Tendenzen, daß sich erfolgreiche Gruppenpatienten häufiger (vgl. Tabelle 12) öffnen als nicht erfolgreiche (besonders in Gruppe I: Patienten 1 und 3), für Gruppe II trifft dies insgesamt nicht zu. Wohl trifft die Hypothese für die sogenannte "frühe Gruppe", die erste Therapie-Hälfte, weitgehend zu (Patienten 1, 3, 10 und 25).

Dagegen trifft Hypothese 9 zu. Es sind gerade die nicht erfolgreichen Patienten, die bereits im Anfangsstadium der Gruppentherapie den Rest der Gruppe mit einem offenbar inadäquaten Ausmaß und einer zu großen Intensität "überfallen".

12.4.6 Ergebnisse zum Wirkfaktor Rekapitulation der Primärfamilie

Dieser schwierig zu messende *Wirkfaktor* wurde über das *Personal Others Grid (POG)* operationalisiert, in dem wichtige private Objekte des eigenen sozialen Umfeldes - sowie einige Selbst-Aspekte - von außerhalb der Gruppe nach individuell ermittelten sogenannten "Problem-Konstrukten" eingeschätzt wurden (vgl. auch Kap. 10.2.2). Eine Veränderung in der Wahrnehmung bzw. im Erleben dieser Objekte und Selbst-Aspekte (eigentlich der Objekt- und Selbstrepräsentanzen) wurde definiert über einen nicht mehr ausreichenden korrelativen Zusammenhang zwischen den einzelnen während der Therapie wiederholt erhobenen *POGs* (alle 12 Sitzungen) und dem initial erhobenen ersten *POG*, mit dem die Patienten in die Gruppentherapien eintraten.

Gruppe I

Tabelle 10 zeigt die Zusammenhänge für die Gruppe I. Korrelative Zusammenhänge < +.50 bzw. > -.50 werden als nicht mehr ausreichend interpretierbare Zusammenhänge angesehen.

Tabelle 10: Objekt-/Selbstrepräsentanzen und Therapieerfolg - Pearson-Korrelationen zwischen POGs n+1 und erstem POG (Gruppe I)

Meßpunkte	t2	t3	t4	t5	t6	t7		FU 1
Pat. 1	.77	.18	.15	.14	.06	.05		.06
Pat. 2	.69	.70	.73	.70	.64	.58		.62
Pat. 3	.52	.48	.11	.42	.40	.51		.45
Pat. 4	.66	.82	.83	.80	.76	.76		.75
Pat. 5	.74	.75	.77	.79	.81	.84		.81
Pat. 6	.77	-	.75	.25	.31	-		.70
Pat. 7	.76	.75	.06	.71	.72	.69		.68
Pat10	.57	-	-	.10	.07	.13		.08

* Schwarz umrandete Felder kennzeichnen nicht mehr interpretierbare Zusammenhänge

Für Patient 1 ergibt sich sehr früh in der Therapie ein offensichtlicher "Bruch" in der Zusammenhangskette. Zwischen der 12. und 23. Gruppensitzung (ermittelt über den fehlenden Zusammenhang ab POG 3 (Meßzeitpunkt t 3), erhoben nach der 23. Gruppensitzung) haben sich im Gefüge der Objekt- und Selbstrepräsentanzen (relativ zum Konstruktsystem) dauerhafte Veränderungen eingestellt. Dieser mangelnde Zusammenhang mit dem Initial-POG wird über den Rest der Therapie aufrechterhalten und hat auch noch ein Jahr nach der Therapie Bestand (FU 1).

Eine detaillierte Analyse der Wahrnehmung bzw des Erlebens dieses Patienten (der einzelnen Objekt- und Selbstrepräsentanzen) verdeutlicht, daß vor allem eine Annäherung zwischen dem Ideal-Selbst und dem Real-Selbst stattgefunden hat, nach einer zu Beginn der Therapie auffallend großen Diskrepanz zwischen beiden. Es sei an dieser Stelle daran erinnert, daß es sich um einen erfolgreichen Patienten von Gruppe I handelt, mit der Eingangs-Diagnose einer schweren narzißtischen Persönlichkeitsstörung.

Patientin 3 erfährt gleichfalls eine Veränderung ihres Objekt-Selbstsystems, wenngleich die Veränderungen "nicht so dramatisch" verlaufen wie bei Patient 1. Es bestanden vergleichsweise lockere - wenn auch fast signifikante - Zusammenhänge zwischen dem zweiten und dem ersten (Eintritts-)POG. Das gesamte System bleibt ab dem 3. POG verändert - Ausnahme die Messung zum Zeitpunkt t 7 - bis zum Nachuntersuchungs-Termin FU 1 nach einem Jahr. Die Hauptänderungen im Gridsystem dieser Patientin ereignen sich in der Akzeptanz von Eltern-Imagines nach initialer Entwertung (Reduzierung der großen Distanz zwischen Ideal-Selbst und Mutter in einen normalen Bereich hinein).

Patientin 10 - als leicht erfolgreiche Patientin zum POST-Zeitpunkt und gut erfolgreich zu den Follow-Ups - erfährt eine bedeutsame Änderung in ihrem Objekt-/Selbstsystem etwa nach der Hälfte der Therapie (zwei *POGs* konnten wegen Unvollständikeit nicht ausgewertet werden, Meßpunkte t3 und t4). Auch bei ihr war eine Reduzierung der inadäquaten Distanz zwischen *Real-* und *Ideal-Selbst* maßgeblich für die Änderung des Gesamtsystems. Es besteht ab dem 5. *POG* praktisch überhaupt kein Zusammenhang mehr mit dem Ausgangsgrid.

Es ist auffallend, daß es sich bei allen drei Patienten um sehr erfolgreiche (Pat. 1 und 3) bzw. leicht erfolgreiche Patienten (Pat. 10) von Gruppe I handelt.

Genauso augenfällig sind die konstant hohen Zusammenhänge zwischen dem Initial-*POG*, mit dem die nicht erfolgreichen Gruppenpatienten die Therapie beginnen und den nachfolgenden, einschließlich zum FU 1 ein Jahr nach Beendigung der Therapie. Die Invarianz bzw. die Starrheit der Wahrnehmung bzw. des Erlebens der privat bedeutsamen Objekt- und Selbstrepräsentanzen selbst unter Einwirkung der stationären Therapiemaßnahmen ist eindrucksvoll (besonders Patienten 4, 5 und 6). Es handelt sich bei diesen Patienten um nicht (Pat. 4 und 6) bzw. um einen mäßig erfolgreichen Patienten (Pat. 5).

Gruppe II

Tabelle 11 zeigt die Verhältnisse bezüglich dieses *Wirkfaktor*s bei Gruppe II.

Tabelle 11: Objekt-/Selbstrepräsentanzen und Therapieerfolg - Pearson-Korrelationen zwischen POGs n+1 und erstem *POG* (Gruppe II)

Meßpunkte

	t2	t3	t4	t5	t6	t7	t8	t9	FU 1
Pat20	.69	.73	.79	.75	.70	.74	.74	.63	.58
Pat21	.68	.62	.60	.64	.65	.65	.67	58	.51
Pat22	.92	.90	.88	.91	.88	.87	.87	-	.86
Pat23	.73	.65	.62	.70	.64	.65	.63	.63	.80
Pat24	.80	.79	.77	.76	.77	.75	.76	.74	-
Pat25	.78	.72	.11	.59	.64	.52	.46	.38	.51
Pat26	.73	.61	.61	.54	.57	.49	.58	.38	.46
Pat30	-	.72	.48	.45	.50	.38	.29	.16	.35

* Schwarz umrandete Felder kennzeichnen nicht mehr interpretierbare Zusammenhänge

Die Zusammenhänge zwischen den initialen *POGs* und den Folge-*Grids* gestalten sich für die Gruppe II anders als für die Gruppe I. Für die Patienten 20 - 24 bleiben die Zusammenhänge zwischen den Ausgangs- und den Folge-*Grids* erhalten, zum Teil auf einem sehr hohen korrelativen Niveau. Dies bedeutet, daß sich im Objekt-Selbst-Konstrukt-Gefüge bei diesen Patienten nichts ändert. Das Erleben bzw. die Wahrnehmung wichtiger Objekte des realen außertherapeutischen Lebensraums sowie eigener Selbstrepräsentanzen wird bei diesen Patienten nicht durch die Therapie verändert. Unter diesen Patienten befindet sich *kein* deutlich erfolgreicher Patient (Patienten 21 und 23 erst zum FU 2, nach zusätzlichen ambulanten Anschlußtherapien, "gut" erfolgreich).

Ein anderes Bild ergibt sich bei den Patienten 25 - 30. Die Patienten 25 und 30 erfahren zwischen der 25. und 38. Sitzung eine erste deutliche Änderung ihres *Grid*-Systems, bei der sehr erfolgreichen Patientin 25 allerdings nur kurzfristig. Erst gegen Ende der Therapie stellen sich in ihrem System wieder Veränderungen ein, die in der Zeit nach der Entlassung aus der Klinik teilweise wieder reversibel sind. Bei ihr hatten sich zwischen der 73. und 83. Sitzung eine deutliche Annäherung zwischen ihrem *Ideal-Selbst* und ihrem *Real-Selbst* sowie eine zunehmende Normalisierung ihres Mutterbildes ergeben. Diese Patientin mit einer Borderline- und Bulimie-Diagnose litt unter der von der Mutter erlebten "Abschiebung" im frühen Kleinkindalter in ein Kinderheim. Gegen Ende der Therapie scheint eine Bearbeitung und Veränderung des schlechten Mutterbildes möglich geworden zu sein. Der ihr unbekannt gebliebene Vater wurde über die Therapie zunehmend entidealisiert, gleichzeitig entwickelte sich eine extreme Nähe zwischen *Real-* und *Ideal-Selbst*, wahrscheinlich eine für diese Patientin erforderliche Akzeptierung und Stabilisierung ihres brüchigen Selbst.

Der erfolgreiche Patient 26 erfährt auch zwischen der 61. und 73. Sitzung eine erste deutliche Änderung in seinem *POG*-System. Eine kurzfristige Rücknahme zum nächsten Meßpunkt wird wieder revidiert und das gesamte System bleibt bis zum Ende der Therapie und bis zum FU 1 ein Jahr nach Beendigung der Therapie verändert. Er normalisiert sein Selbstbild, indem es in realistischere Nähe zu seinem *Ideal-Selbst* verändert wird. Gleichzeitig entfernt sich das Mutterbild mehr vom *Ideal-Selbst* als zu Beginn der Therapie (klinisch sehr günstig, vgl. Kap. 7.2.3).

Patient 30 - mit leichter Verschlechterung zum FU 2 - nimmt sicher im Rahmen der angestellten Betrachtungen eine Sonderrolle ein. Er kam erst später für einen ausgeschiedenen Patienten in die Gruppe (Quereinsteiger), ab Sitzung 23. Relativ dazu verändert er sehr früh sein *POG*-System (zwischen der 25. und 38. Sitzung), d.h.

erst nach kurzer Zeit in der Gruppe. Es ist anzumerken, daß dieser Patient vorausgehend seit seinem Eintritt in die Klinik drei Monate zuvor eine analytische Einzelbehandlung bei einem der beiden Gruppentherapeuten hatte. Die wesentlichen Änderungen im Objekt-Selbstsystem zum t 4-Zeitpunkt ereignen sich in der Beziehung zu den Elternrepräsentanzen: Beide, *Vater* und *Mutter* sowie das *Real-Ich*, geraten in eine große Nähe zueinander, die für die Vater-Repräsentanz bis zum FU 1 anhält, während dies für die Mutter-Imago zum Ende der Gruppe (t 9 und FU 1) wieder normalisiert wird. Sehr wichtig für die Änderung des gesamten Systems ist die große Distanz, die sich zwischen *Mutter* und *Ideal-Selbst* ab t 8 einstellt und anhält. Zum FU 1 zeigt sich weiterhin, daß dies auch für *Vater* gilt (Lösung der idealisierten Übertragungs-Beziehung zu dem einen der beiden Gruppentherapeuten?).

Fazit

Hypothese 11 kann weitestgehend als bestätigt angesehen werden. Es sind vor allem die erfolgreichen Patienten 1, 3, 10, 26 und tendentiell Patientin 25, die wesentliche Umstrukturierungen im Bereich der vorgegebenen wichtigen Objekt- und Selbstrepräsentanzen vornehmen, d.h. *in eine - klinisch und vor dem Hintergrund der psychodynmaischen Konflikte gesehen - ausnahmslos günstige Richtung.* Patient 30, mit nur mäßigem Therapieerfolg, scheint hier die Ausnahme von der Regel zu sein, auch ihm gelingen bleibende Veränderungen (zumindest bis ein Jahr nach der Therapie) im Bereich der zuvor als klinisch-psychoanalytisch problematisch einzustufenden Objekt- und Selbstrepräsentanzen.

Der Zusammenhang zwischen Therapieerfolg und klinisch günstigen intrapsychischen Umstrukturierungen ist evident. Umgekehrt ist es geradezu beeindruckend, wie wenig Veränderungen bzw. wie überhaupt keine Veränderungen sich bei den mäßig oder nicht erfolgreichen Patienten in diesem Bereich ereignen. Deren problematische und ungünstige Objekt- und Selbstrepräsentanzen persistieren über die gesamte Therapie hinweg und sind auch noch ein Jahr nach Beendigung der Therapie festzustellen.

Der Nachweis der Bearbeitung und Veränderung von familiär erworbenen und internalisierten Objekt- und Selbststrukturen bei den erfolgreichen Patienten konnte damit weitgehend - allerdings nur indirekt - erbracht werden. Demnach müssen bei diesen Gruppenpatienten Aspekte des Wirkfaktors *Rekapitulation der Primärfamilie* entweder *intrapsychisch* oder per Übertragung auf einzelne andere in der Gruppe oder die Gruppe-als-Ganzes und dann *interpersonell* zum

Tragen gekommen sein. D.h., die Gruppenprozesse haben eine intrapsychische Bearbeitung und Veränderung ungünstiger psychischer Strukturen gerade bei den erfolgreichen Patienten ermöglicht und damit den therapeutisch günstigen Verlauf maßgeblich mitbestimmt. Das Gegenteil trifft auf alle nicht erfolgreichen Patienten zu (zweifelhafte Ausnahme: Nachrücker Patient 30).

Hypothese 12 kann nur für die erfolgreichen Patienten der Gruppe I als vollauf bestätigt angesehen werden. Veränderungen der *POG*-Strukturen korrelieren eng mit vorausgehenden oder nachfolgenden - günstigen - *Verhaltensänderungen* dieser Patienten. Die Hypothese kann für die erfolgreichen Patienten der Gruppe II dagegen nicht bestätigt werden. Die *Verhaltensänderungen* dieser Patienten erfolgen recht früh, schon in der ersten Therapie-Hälfte, während eine Änderung des *POG*-Systems erst sehr spät gegen Ende der Therapie erfolgt.

12.4.7 Zusammenhänge zwischen einzelnen Wirkfaktoren

Die nachfolgenden Ergebnisse beleuchten die rein prozessualen Zusammenhänge zwischen einzelnen Wirkfaktoren, ohne auf das Therapieergebnis Bezug zu nehmen.

Selbstöffnung und Kohäsion

Die korrelativen Beziehungen (Pearson) zwischen der *Selbstöffnung (S-D)* in den verschiedenen Therapie-Abschnitten (Therapie-Hälften) und dem Ausmaß der emotionalen Bezogenheit (*Kohäsion*) für alle Patienten beider Gruppen gestalten sich unterschiedlich.

Über alle acht Patienten von Gruppe I besteht eine signifikante Beziehung ($r = +.78$, $df = 6$, $p < 0.05$) zwischen den beiden Wirkfaktoren im ersten Therapie-Abschnitt. Dies trifft für die Patienten von Gruppe II zu keiner Phase zu. Dieses Ergebnis bedeutet, daß die therapeutische "Allianz", als die die *Kohäsion* für Gruppen inzwischen weitgehend angesehen wird (GURMAN u. GUSTAFSON 1976; MacKENZIE u. TSCHUSCHKE 1993), für die Patienten von Gruppe I eine Prognose im Hinblick auf den Wirkfaktor *S-D* abgibt. In dem Sinne wohl, daß eine gute Bereitschaft zur Beziehung bzw. Mitarbeit (erhöhte *Kohäsion*) einen direkten Einfluß auf die Öffnungsbereitschaft - in der ersten Therapie-Hälfte - aufweist. Dieser Zusammenhang kann für die zweite Gruppe nicht festgestellt werden. Erhöhte Bezogenheit und Bereitschaft zur Mitarbeit bedeutet nicht automatisch eine Bereitschaft, sich in der

Gruppe zu öffnen. Und umgekehrt heißt dies, daß einer Öffnungsbereitschaft nicht zwangsläufig eine größere Bezogenheit zugrundeliegt.

Die Hypothese 13 ist damit nicht bestätigt.

Feedback und S-D

Hypothese 14 kann als bestätigt angesehen werden. *S-D* und *Feedback* hängen sehr eng zusammen. Dies trifft offenbar besonders - für die Patienten beider Gruppen - auf die erste Therapie-Hälfte zu (Gruppe I: r = +.84, df = 6, p < 0.01; Gruppe II: r = +.97, df = 6, p < 0.001). Patienten, die sich mehr öffnen, erhalten auch mehr Rückmeldungen von anderen in der Gruppe bzw. umgekehrt. Es handelt sich anscheinend um einen sich wechselseitig stimulierenden Prozeß. Interessant - und neu - ist, daß dieser Zusammenhang nicht permanent in Gruppenprozessen gegeben zu sein scheint, sondern in bestimmten Phasen mehr und in anderen Phasen weniger Bedeutung gewinnt.

Insbesondere für spätere Gruppenphasen läßt sich beobachten, daß eine erhöhte Öffnungsbereitschaft bzw. -fähigkeit - meistens von den später nicht erfolgreichen Patienten vorgenommen - dennoch nicht ein entsprechendes *Feedback* von der Gruppe nach sich zieht.

Kohäsion und Feedback

Hypothese 15 kann nicht gestützt werden. *Feedback* spielt im Zusammenhang mit *Kohäsion* keine wesentliche Rolle, lediglich bei den Patienten von Gruppe I in der ersten Therapie-Hälfte (r = +.90, df = 6, p < 0.01). D.h., daß eine gute therapeutische Allianz (*Kohäsion*) nicht generell bedeutet, viele Rückmeldungen von anderen in der Gruppe zu erhalten bzw. viele Rückmeldungen wirken nicht automatisch positiv stimulierend auf eine emotionale Bezogenheit zur Gruppe ein. Dieser Zusammenhang läßt sich allerdings zeitweise für die Patienten der Gruppe I nicht ausschließen. Es ist aber auch möglich, daß *Feedback* nicht unmittelbar, sondern eher indirekt mit *Kohäsion* zusammenhängt, z.B. über die Öffnungsbereitschaft (*S-D*), wie weiter oben gesehen.

12.4.8 Ergebnisse zur Gruppenentwicklung

Der Frage nach den Einflüssen von Gruppenentwicklung auf das Auftreten von Wirkfaktoren soll im folgenden anhand der Ergebnisse des *Group Climate Questionnaire (GCQ-S)* nachgegangen werden.

Abbildung 6 veranschaulicht den Verlauf der drei Skalen des *GCQ-S:* "Engagement", "Konflikt" und "Abhängigkeit/Vermeidung". Die Werte wurden pro Sitzung über alle Gruppenmitglieder umgerechnet und in T-Werte transformiert.

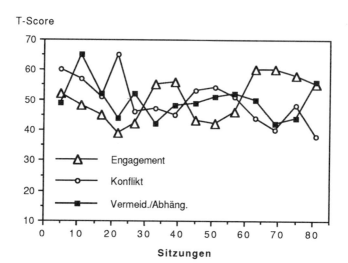

Abbildung 6: Sequentielle T-Scores der GCQ-S-Skalen
über 83 Sitzungen (Gruppe I)

Gruppe I zeigt fast klassisch die "Abfolge A-B-C-B-C" einer zyklischen Gruppenentwicklung (wobei A, B und C die ersten drei Phasen charakterisieren, vgl. TSCHUSCHKE et al. 1991; vgl. auch Kap. 5). Die initiale Phase von *Abhängigkeit* und *Vermeidungs*tendenzen (A) wird abgelöst von einem Abschnitt, in dem offenbar intragruppale *Konflikte* vorherrschend sind, bevor eine erhöhte Phase an *Engagement*, was möglicherweise mit erhöhter therapeutischer Arbeit in Verbindung gebracht werden kann, dominiert. Diese Abfolge A-B-C wiederholt sich teilweise, indem für einen größeren Abschnitt noch einmal *Konflikte* eine Rolle spielen (B), d.h. vermutlich, die Gruppe regredierte wieder auf ungelöste *Konflikt*areale, um dann endgültig einen größeren Abschnitt an *Engagement* auf einem sehr hohen Niveau zu erreichen (C). Passend zum Schluß ist das starke Ansteigen von *Abhängigkeit/Vermeidung*, das die Trennungsphase charakterisiert.

138

Gruppe I scheint weitgehend dem Entwicklungsverlauf eines "life-cycle-Pendel-Modells" entsprochen zu haben (vgl. Kap. 5).
Für Gruppe II läßt sich eine so klare Entwicklungslinie nicht feststellen (Abb. 7).

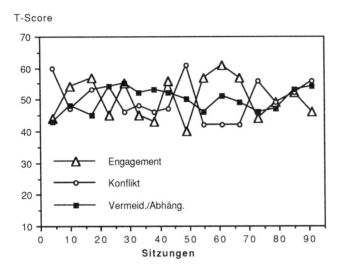

Abbildung 7: Gruppenentwicklungsmuster der GCQ-S-Skalen
über 93 Sitzungen (Gruppe II)

Bei dieser Gruppe läßt sich über weite Strecken keine klare Phasen-Abfolge erkennen. Gleich zu Beginn steigt die Gruppe in ein sehr hohes *Konflikt*-Niveau ein (B), gefolgt von einer gewissen Strecke mit vorherrschendem *Engagement* (C). Es schließt sich dann eine größere Strecke unklarer Klimata an mit tendentiell dominierenden *Vermeidungs-* und *Abhängigkeits*-Mustern. Ein kurzes Aufleben von *Konflikt* (B) läutet dann eine größere Phase von mehr *Engagement* ein (C, etwa für 15 Sitzungen) mit vermutlich erhöhter therapeutischer Arbeit, bevor wiederum *Konflikt* und *Vermeidungs-/Abhängigkeits*tendenzen vorherrschend werden für den Rest der Therapie. Gruppe II folgt keinem klaren Entwicklungsmuster. Eher sieht es nach einem mißglückten Entwicklungsverlauf - ab ca. der 70. Sitzung - von therapeutisch wünschbaren Mustern des Gruppenklimas aus. *Vermeidung und Abhängigkeit* (A) sind die auffallend prägenden Klima-Aspekte, die es weitgehend verhindern, daß *Engagement* (C) eine größere Rolle spielt und damit wohl auch therapeutische Arbeit für die Gruppe mehrheitlich erschwert worden sein könnte.

13. Diskussion

13.1 Vorbemerkungen

Die in dieser Studie berichteten Ergebnisse haben die intensive Erkundung von Prozeß-Ergebnis-Beziehungen bei Patienten stationärer analytischer Gruppenpsychotherapie zum Ziel. Hierzu sollten vornehmlich die *Verbindungen zwischen verschiedenen, als relevant angesehenen,* Wirkfaktoren *der Gruppenpsychotherapie untereinander und in Verbindung zu den Therapieergebnissen* aus unterschiedlichen Perspektiven betrachtet werden. Es gibt eine erhebliche Forschungslücke im Bereich der (analytischen) Gruppenpsychotherapie, was detaillierte Längsschnittstudien und Prozeßforschung betrifft (PALMOWSKI 1992). Fast der gesamte Forschungsstand basiert auf subjektiven Auskünften Betroffener hinsichtlich der als relevant angesehenen Faktoren von gerade abgeschlossenen Gruppenerfahrungen. Mangelnde Diskriminierungsmöglichkeiten zwischen unterschiedlich wirksamen Faktoren bei technisch unterschiedlich geführten Gruppen in unterschiedlichen Settings und bei verschiedener Gruppenklientel sind dann auch das quasi zwangsläufige Resultat (TSCHUSCHKE 1990a).

Ein weiteres, sehr wichtiges, Ziel war die Betrachtung der *Zeitpunkte, ab wann die untersuchten Wirkfaktoren besonders im Gruppenprozeß zum Tragen kamen* und welche Rolle die Entwicklung des Gruppenklimas *(GCQ-S)* über die Zeit in diesem Zusammenhang spielte.

Es konnte *nicht* das Ziel dieser Arbeit sein, die Auslöser bzw. Gründe für die mikroprozessualen gruppentherapeutischen Vorgänge im einzelnen zu identifizieren, d.h. *wie* ein spezifischer Wirkfaktor zum Tragen kam oder ein spezifischer Anstoß für einzelne Patienten erfolgte, der wiederum den eigentlichen Veränderungsprozeß einleitete. Z.B. könnte es sehr hilfreich und nützlich sein, zu untersuchen, welchen Stellenwert speziell die Therapeuten im Gruppenprozeß hatten. Ob von ihnen z.B. die entscheidenden *Feedback*-Impulse kamen, die als Markierungs- oder Wendepunkt für den einen oder anderen Patienten dienten. Oder die *Gruppenposition,* die *Rolle*, die der einzelne Patient im Gruppengesamt übernahm bzw. innehatte (SCHINDLER 1957-58). Diese Untersuchungen sind unbedingt erforderlich und können mit dem vorhandenen Material sicherlich weitestgehend durchgeführt werden. Erste Überprüfungen bestätigen den beabsichtigten therapeutischen Interventionsstil und die Operationalisierung des zugrundeliegenden therapeutischen Gruppenkonzeptes weitgehend (TSCHUSCHKE 1993a): Die Therapeuten arbeiteten überwiegend auf der deutenden, klärenden Ebene (F-Pol des *SYMLOG*-Verfahrens), sie waren dabei häufig wohlwollend-empathisch (UP-, UPF-, PF-, P-Items), von Zeit zu Zeit auch kritisch (NF-, N-, UNF-Items), seltener ironisch bzw. sarkastisch (NB-, UNB-Items). Ihre Sprech- und Interaktionsaktivität war überwiegend dem Abstinenz-Prinzip verpflichtet; ihre Interventionen richteten sich etwa gleich häufig an die Gesamtgruppe (Gruppe-als-Ganzes-Deutungen) wie auch an einzelne Patienten (insofern auch das angezielte Netzwerk-Konzept von FOULKES realisierend).

Diese Arbeit versteht sich jedoch vielmehr als der Versuch, anhand multipler Einzelfalluntersuchungen (16 Patienten aus zwei stationären Therapiegruppen) Prozeß-Ergebnis-Relationen zu identifizieren und zu aggregieren. Dabei dienen zunächst die anderen Patienten der jeweiligen Gruppe als vergleichbare Einzelfälle: Finden sich bei Ihnen - quasi gespeist aus der gleichen "Quelle" - ähnliche oder vergleichbare Prozeß-Ergebnis-Bezüge oder nicht? Falls ersteres der Fall sein sollte: Lassen sich diese gefundenen Zusammenhänge auch für die zweite untersuchte Gruppe und die Patienten jener Gruppe bestätigen und so quasi zur Kreuzvalidierung der an den Einzelfällen der ersten Gruppe gewonnenen Zusammenhänge heranziehen?

Damit stellt dieser Ansatz das einzelfallanalytische Vorgehen bei der präzisen Suche nach (psychotherapeutisch) veränderungsrelevanten Momenten und Ereignissen in (stationären) analytischen Gruppenpsychotherapien in den Dienst nomothetischen Forschungsanliegens. Nämlich in den Dienst, *möglichst allgemeingültige Phänomene* zu entdecken, die unter bestimmten gegebenen Voraussetzungen ziemlich genau umschreibbare Prozeß-Situationen konstellieren, die wiederum mit hoher Wahrscheinlichkeit prognostizierbare (klinisch-therapeutisch) günstige Veränderungen bei vergleichbaren Gruppenpatienten bewirken oder aber sie im Gegenteil gerade verhindern. Damit ist zum einen ein wissenschaftliches Interesse berührt, nämlich das der Untersuchung und Bestätigung oder Verwerfung von Annahmen über *spezifische* oder *unspezifische* Wirkfaktoren in analytischer Gruppenpsychotherapie. Zum anderen ist ein klinisch-praktisches Interesse mit den Ergebnissen verknüpft, das bei konstanten Prozeß-Ergebnis-Zusammenhängen unmittelbar nachvollziehbare klinisch-praktische Evidenz gewinnen und zur Überwindung der großen Wissenslücken im gruppentherapeutischen Veränderungsgeschehen (KAUL u. BEDNAR 1986) beitragen soll.

13.2 Therapieerfolg in beiden Gruppen

Die für beide Gruppen ermittelten Erfolgsquoten sind nicht ganz vergleichbar mit den Ergebnissen anderer Studien über stationäre Psychotherapie in der Bundesrepublik Deutschland. Die Erfolgsquoten, wie sie in dieser Studie ermittelt wurden - auf der Basis des PRÄ/FU 2-Vergleichs (also *vor der Therapie mit dem Status 1 1/2 Jahre nach der Therapie*) -, scheinen im Vergleich zu anderen Studien über stationäre Gruppenpsychotherapie in der Bundesrepublik Deutschland etwas niedriger angesiedelt zu sein. Während Besserungsraten um 46% (JANSSEN 1987) und bei 10 Patienten von 24 berichtet werden (RÜGER 1981) - was bei Extrapolierung etwa 42% ausmachen würde - , liegt die Erfolgsquote bei den in dieser Studie untersuchten Patienten etwas niedriger: vier von 16 Patienten sind klar erfolgreich zum FU 2, zwei leicht verbessert, acht nicht verbessert. Zwei weitere Patienten sind ebenfalls klar verbessert zum FU 2, sie hatten aber in der Zwischenzeit weitere Therapieerfahrungen. Das Ergebnis entspräche - bei einer zulässigen Hochrechnung, was sehr unsicher ist aufgrund des zu schmalen Stichprobenumfangs - einem Prozentsatz von 37,5% (nur bei Hinzuziehung der beiden zum FU 2 erfolgreichen Patienten - die weitere Therapie erhalten hatten - wären es 50%). Dies unter Zugrundelegung einer ähnlichen Einteilung, wie RÜGER (1981) dies getan hat: über eine Zusammenfassung von gut und leicht verbesserten Patienten vs. nicht veränderten oder verschlechterten Patienten.

Eine Erklärung für die - vergleichsweise - niedrige Erfolgsquote läßt sich allerdings an verschiedenen, benennbaren Ursachen festmachen (vgl. auch ausführlicher hierzu S. 113f.). Zum einen muß die in dieser Studie vorgenommene Erfolgsbewertung als *sehr konservativ* angesehen werden: 1) Die globale Erfolgsbewertung beruht auf den Messungen, wie sie von verschiedenen Ebenen gewonnen wurden: Patient, Therapeuten, unabhängiger Kliniker. Mögliche - einseitig - günstigen Bewertungen werden auf diese Weise nivelliert. 2) Der *Einsatz des residual gain score-Prinzips* filtert weitgehend alle möglichen Scheineffekte aus und nimmt sehr konservativ günstige Veränderungen wahr (MacKENZIE u. TSCHUSCHKE 1993). 3) Es erfolgten *zweimalige katamnestische* Untersuchungen, die den Langzeit-Effekt der stationären Therapie kontrollieren sollten. 4) Diese Studie kontrollierte das Faktum und die möglichen *Effekte zwischenzeitlich erfolgter weiterer, ambulanter Anschlußtherapien*, indem der Zugewinn durch diese ausgefiltert wurde, was die Erfolgsquote zwangsläufig drückte (zwei zum FU 2 sehr erfolgreiche Patienten wurden aufgrund weiterer Therapien entsprechend der POST-Bewertung als nicht verbessert eingestuft).

Eine Kontrolle im übrigen, wie sie bisher nach Wissen des Autors in keiner anderen Studie vorgenommen worden ist (persönliche Mitteilung von Robert R. Dies, Editor Intern. Journal of Group Psychotherapy von 1983 - 1992, University of Maryland).

Es muß nach den gemachten Ausführungen JANSSEN (1987) zuge-stimmt werden, wenn er meint:

"Je länger die Katamnesedauer war und je aufwendiger und genauer das Untersuchungsinstrumentarium, um so niedriger ist die Besserungsrate." (JANSSEN 1987, S. 116).

Dies bedeutet demnach in der logischen Folge, daß die entsprechenden Referenzuntersuchungen anderer einschlägiger Studien wahrschein-lich eine etwas "günstigere" Erfolgsbewertung vorgenommen haben könnten (JANSSEN 1987; LIEDTKE et al. 1991; RÜGER 1981) - immer im Vergleich zu den oben gemachten Ausführungen bezüglich einer konservativen und mehrebenenanalytischen Erfolgsbewertung, wie sie in dieser Studie vorgenommen wurde.

In der weiteren Schlußfolgerung bedeutet dies aber auch, daß (stationäre) analytische Gruppenpsychotherapie nicht so erfolgreich zu sein scheint, wie dies wünschenswert - und vermutlich auch möglich - wäre, wenn man mehr über die veränderungsrelevanten Details der gruppeninternen therapeutischen Prozesse wüßte!

Ein weiterer Punkt bedarf der kritischen Abwägung: Die beiden untersuchten Therapien wurden *im Rahmen eines integrierten Gesamtkonzepts* der Psychotherapeutischen Klinik in Stuttgart-Sonnenberg durchgeführt. D.h., daß verschiedene Ebenen therapeu-tischer Einflüsse grundsätzlich wirksam geworden sein können und nicht nur die untersuchten analytischen Gruppenpsychotherapien. Es ist allerdings äußerst kompliziert und kaum je geleistet worden, den genauen Beitrag der einzelnen am Gesamtkonzept beteiligten Klinik-instanzen im Wechselspiel zu identifizieren. Es läßt sich überhaupt nicht bestreiten, daß günstige therapeutische Effekte durch die einmal pro Woche stattfindende Psychodrama-Gruppe erzielt worden sein mögen; gleiches gilt für die wahlweise Teilnahme an der Gestal-tungstherapie sowie für die informellen Kontakte auf der Station und die sonstigen Schwester-, Pfleger- oder Arztkontakte. Genauso mögen außerhalb der Klinik erfolgte Änderungen im mittel- oder unmittelbaren sozialen Umfeld der Patienten von Relevanz gewesen sein im Hinblick auf mögliche günstige (oder ungünstige) Einflüsse auf die einzelnen Patienten. Diese letztgenannten Aspekte üben aber auf ambulant behandelte Patienten (die sonst wissenschaftlich untersucht werden), die in ihrem originären Lebensraum verbleiben und zu größten Teilen darüber hinaus teilweise oder ganztägig berufstätig sind, wohl noch einen umfangreicheren Einfluß aus als dies im vergleichsweise "reizreduzierten" stationären Bereich der Fall ist.

Trotz der genannten Einschränkungen bezüglich einer Rückführung der erfolgten Veränderungen vorwiegend auf die untersuchten *analytischen Gruppenpsychotherapien* als Hauptmedium psychotherapeutischer Arbeit mit den untersuchten Gruppen - wie ausgeführt, ergibt sich das Problem der Beweisführung psychotherapeutischer Effekte letztlich bei jeder wissenschaftlichen Untersuchung - , wird bei den Interpretationen der Therapieerfolge *ausschließlich der Rückbezug auf die in den analytischen Gruppen stattgefundenen prozessualen Aspekte betrachtet.* D.h., es wird der *Anteil der analytischen Gruppenpsychotherapie am Gesamterfolg* beleuchtet, ohne den Wert der anderen formellen und informellen therapeutischen Kräfte am Klinikgesamtangebot schmälern zu wollen. Wenn sich auf diese Weise signifikante Bezüge zwischen untersuchten Prozeßmerkmalen in den analytischen Gruppen und Erfolgsmessungen ergeben, so ist der Schluß auf die kausalen Beiträge der Gruppenpsychotherapie zulässig.

Die nachfolgenden Darstellungen (Abb. 8 - 11) zeigen die durchschnittlichen absoluten Zugewinne über alle Patienten der jeweiligen Gruppe auf vier Meßebenen hinweg. Diese Betrachtung stellt - im Gegensatz zur Erfolgsbewertung anhand des *residual gain score*-Prinzips (s. Kap. 12.2) - eine ungefilterte Erfolgsbewertung dar. Die bereinigte Erfolgsbewertung *(residual gain score)* (Kap. 12.2, S. 104 - 118) bezieht sich auf die Betrachtungen und Schlußfolgerungen zu den Prozeß-Ergebnis-Relationen. An dieser Stelle interessiert ausschließlich der pure therapeutische "Brutto-Gewinn" beider Gruppen.

Bezüglich der eingesetzten Erfolgsinstrumente (ohne *GT-S,* siehe die Ergebnisse des *GT-S* im Anhang, Tabellen 13 u. 14) stellen sich die Ergebnisse in beiden Gruppen wie folgt dar (jeweils Vergleich PRÄ vs. FOLLOW-UP 2 nach 18 Monaten):

Die hier dargestellten Erfolgsmargen beziehen sich alle auf die jeweilige Erfolgsbeurteilungsebene *durchschnittlich, stets über alle Patienten jeder Gruppe hinweg,* gleichgültig ob im Endeffekt das jeweilige Gruppenmitglied relativ erfolgreich oder relativ nicht erfolgreich *(residual gain score)* war.

Interessant ist, daß die Einschätzung des unabhängigen Klinikers offenbar zum POST-Meßzeitpunkt zu günstig ausgefallen zu sein scheint bei der Gruppe I, wenn man die vergleichsweise niedrigeren Einschätzungen zum FU 1 und 2 hinzuzieht (Abb. 8).

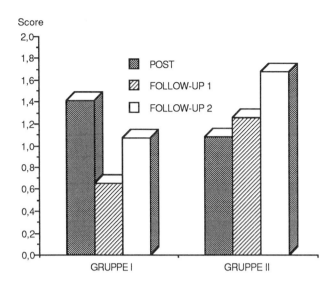

Abbildung 8: "Goal Attainment Scaling" im Vergleich beider Gruppen

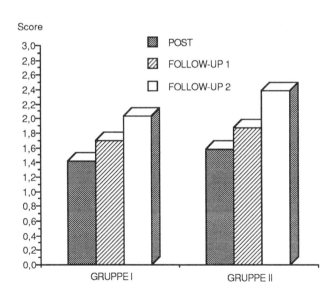

Abbildung 9: "Target Goals" (Patienten-Ziele) im Vergleich beider Gruppen

In Abb. 8 schlägt sich die günstigere Bewertung von Patientin 2 nieder, die tatsächlich auf allen Ebenen (für sich selber, von den Therapeuten wie auch vom unabhängigen Kliniker) offenbar zum POST-Zeitpunkt überbewertet worden ist (vgl. auch S. 108f.).

Gruppe II weist über die FOLLOW-UP-Vergleiche günstigere Werte als Gruppe I auf, was auf einen etwas günstigeren Therapieeffekt für diese Gruppe hindeutet.

Abbildung 9 veranschaulicht die Ergebnisse bezüglich der selbstgesteckten Ziele. Die Erfolgswerte beider Gruppen zeigen auf der Ebene der Selbsteinschätzung des Ausmaßes des Erreichens eigener mit der Therapie gesteckter Ziele recht vergleichbare Werte für beide Gruppen an, mit nur einer leichten Tendenz zu günstigeren Werten bei Gruppe II zum FU 2.

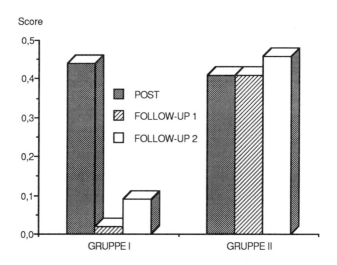

Abbildung 10: "Symptom Check List-90-R" im Vergleich beider Gruppen

Gravierende Unterschiede zeigen sich allerdings in einem anderen Selbsteinschätzungsbereich: dem Symptomdruck. Abbildung 10 zeigt die Werte zur *Symptom-Check-List-90-R*.

Sind die Werte zum POST-Zeitpunkt noch gut vergleichbar und weisen für beide Gruppen eine gute Reduktion des allgemeinen Symptomdrucks nach, so ist dies für die weiteren katamnestischen Nachuntersuchungen überhaupt nicht mehr der Fall. Gruppe I zeigt für sich betrachtet und im Vergleich zur Gruppe II praktisch keine Symptomminderungen zum FU 1 und FU 2.

Eine detaillierte Betrachtung weist die erfolgreichen Patienten von Gruppe I als deutlich symptomreduziert aus, dagegen zeigen sich erhebliche Zunahmen an Symptomdruck bei allen nicht erfolgreichen Patienten (vgl. Tab. 13 - 14 im Anhang). Dies trifft für Gruppe II in nicht ganz vergleichbarem Maße so zu.

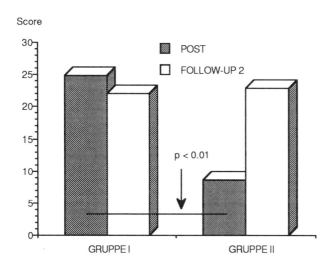

Abbildung 11: "Global Assessment Scale" (GAS) im Vergleich beider Gruppen

Etwas sehr diskrepant zu den bisherigen Ergebnissen zeigt sich die Ebene der Therapeuten-Einschätzung *(GAS)*. Nicht nur wurde der Gruppe II zum POST-Zeitpunkt im Durchschnitt von den beiden Gruppentherapeuten relativ wenig Zugewinn bescheinigt, der Unterschied zur Gruppe I ist signifikant (t-Test: 3.91, df = 12, p < 0.01). Im Lichte der Ergebnisse der anderen Meßebenen (s.o.) ist ja gerade davon auszugehen, daß Gruppe II leicht erfolgreicher war als Gruppe I und daß Gruppe I zum Zeitpunkt unmittelbar nach Beendigung der Therapie (POST) offensichtlich überberwertet worden war (besonders Patientin 2). Tatsächlich zeigen gerade die *Fremdeinschätzungen* (Therapeuten, unabhängiger Kliniker) zum POST-Zeitpunkt sehr günstige Werte für Gruppe I an, nicht die *Selbsteinschätzungen (SCL-90-R* und *Target Goals)*. Gruppe II schneidet dagegen bei den Nachunter-suchungsterminen (FU1 und FU 2) tendentiell besser ab als Gruppe I, und zwar auf allen Ebenen - mit Ausnahme der Therapeuten *(GAS)*.

Hier muß die Frage erlaubt sein, ob es sich nicht um einen Bias im Bereich der Therapeuten-Einschätzung handelt. Sind die Therapeuten möglicherweise durch die eigene Involviertheit in die therapeutischen

147

Gruppenprozesse und durch zu euphemistische Wahrnehmungen bezüglich des in Gruppe I Erreichten überbewertend gewesen bzw. zu restriktiv bei Gruppe II (zum POST-Meßzeitpunkt, besonders Pat. 26, s.o.)? Wenn man sich die Relationen zu den anderen Meßebenen anschaut und vor allem die weiteren Zugewinne und Stabilisierungen der Patienten in der Zeit nach der stationären Behandlung berücksichtigt, scheint es sich tatsächlich um einen Bias zu handeln.

Die in den Abb. 8 - 11 vorgenommenen Vergleiche berücksichtigen nicht die nach Beendigung der stationären Therapie erfolgten weiteren ambulanten therapeutischen Behandlungen der einzelnen Patienten. Insofern gehen in die Bestandsaufnahmen zum FU 1 und FU 2 mögliche Zugewinne aus anderen als den untersuchten analytischen Gruppenpsychotherapien mit ein. Es zeigen sich allerdings auch weitere Verschlechterungen auf praktisch allen Meßebenen bei einigen der nicht erfolgreichen Patienten, obwohl sie bald nach Beendigung der stationären Behandlung jeweils ambulante Anschlußbehandlungen in Anspruch genommen hatten (Pat. 2, 7 und 30).

Insgesamt läßt sich an dieser Stelle festhalten, daß die Patienten beider Gruppen *im Durchschnitt* klare therapeutische Zugewinne auf fast allen Ebenen zu fast jedem Zeiptunkt erreicht haben und daß die therapeutische Effizienz beider Gruppen vergleichbar war (Ausnahme: durchschnittliche Symtomreduktion in der *SCL-90-R* zu FU 1 und FU 2).

Für die wissenschaftlich-exakte Beurteilung des puren therapeutischen Benefits ist es sehr schwierig, zu beurteilen, welche Effekte ausschließlich auf die untersuchten Therapien zurückzuführen sind. In der vorliegenden Arbeit ist es zumindest versucht worden, weitere therapeutische Effekte der im Anschluß an die stationären Maßnahmen erfolgten ambulanten psychotherapeutischen Maßnahmen zu kontrollieren, was im großen und ganzen gelungen zu sein scheint. Insbesondere ist es für eine Prozeß-Beurteilung, des Beitrages also, den der tatsächliche therapeutische Prozeß einzelner Gruppenpatienten zum Therapieergebnis gehabt hat, unabdingbar erforderlich, reine Effekte der untersuchten Therapien nicht mit solchen nachfolgend erfolgter Therapien zu vermischen. Aus diesem Grunde wurden die Therapieeffekte der untersuchten stationären Therapiemaßnahmen kontrolliert und mögliche Effekte zeitlich nachgeordneter Behandlungen ausgefiltert (Kap. 12.2).

Allerdings ist mit absoluter Sicherheit nicht auszuschließen, daß bereits andere therapeutische Effekte in die vorliegenden Untersuchungsergebnisse hineinspielen, da einige der untersuchten Patienten - was in der Natur der überwiegend schweren Störungen des untersuchten Klientels liegt - auch vor den stationären Maßnahmen bereits psychotherapeutische Erfahrungen gemacht hatten.

Interessant ist, daß offenbar gerade die leicht oder nur mäßig erfolgreichen Patienten eine ambulante Anschlußtherapie nachfragen und auch aufnehmen (vgl. hierzu Kap. 12.2). Hier scheint die stationäre Psychotherapie durchaus der ihr inzwischen zugeschriebenen Rolle im gesamten psychotherapeutischen Versorgungssystem zu entsprechen (ENKE 1988; KÖNIG u. LINDNER 1991). Bei den genannten Patienten scheint ein therapeutischer Prozeß in Gang gekommen zu sein, von dem sie vermutlich selber einsehen, daß er fortgesetzt werden sollte, was sich zu einem späteren Zeitpunkt durchaus als sehr hilfreich für einige Patienten erwiesen hat: Patienten 10, 21 und 23. Die Reduzierung des Symptomdrucks ist nicht genügend erfolgt, die individuellen Ziele nicht in einem zufriedenstellenden Ausmaß erreicht, so daß genügend Motivation vorhanden zu sein scheint für eine - schließlich erfolgreiche - Anschluß-Behandlung.

Zwei von vier erfolgreichen Patienten nahmen keine weitere Behandlung auf (Pat. 3 und 25), genauso wie einige der Patienten, die keinerlei eruierbare Veränderungen erfuhren (Pat. 6, 20, 22 und 24). Während für die Erstgenannten auch deutliche Symptomreduzierungen, das fast vollständige Erreichen ihrer Ziele, erhebliche intrapsychische Umstrukturierungen in klinisch als günstig angesehene Richtungen sowie einige günstige *Verhaltensänderungen* erreichbar waren, die insgesamt den Leidensdruck soweit reduzierten, daß keine weitere Therapie mehr erforderlich schien (zumindest gilt dies für den untersuchten Zeitraum von 1 1/2 Jahren nach Beendigung der stationären Therapie), so gilt dies nicht für die nicht erfolgreichen Patienten. Bei ihnen, die keine weitere Therapie nachfragten im Anschluß an die stationäre Zeit, dürfte eher ein resignatives Element wirksam gewesen sein. Etwa in dem Sinne, wenn schon eine derart intensive Therapie über einen vergleichsweise langen Zeitraum so wenig genutzt hatte, was sollte dann eine längerfristig angelegte ambulante Therapie erbringen? Hier ist sicherlich ein Problem gegeben, das mögliche Lücken beim Übergang von stationärer zu ambulanter Behandlung betrifft, und das nach Lösungsmöglichkeiten verlangt.

13.3 Prozeßmerkmale

13.3.1 Interpersonelle Aktivität

Aktive Gruppenpatienten sind die erfolgreicheren! Diese sicher nicht sehr genuine Feststellung läßt sich auch hier wieder treffen. Aktivität, in diesem Falle Aktivität, die interpersonell wirksam wird, also

Adressaten hat und die Wahrscheinlichkeit von Rückmeldungen und Antworten in Kauf nimmt, scheint bereits therapeutische Relevanz aufzuweisen. Die Beziehung zum Therapieerfolg ist zumindest bei Gruppe I klar ersichtlich (Tabelle 7), tendentiell auch bei der zweiten Gruppe. Aktivität per se bzw. aktives Involviertsein in die interpersonellen Prozesse der Gruppe allein bedeutet noch nicht die Wahrscheinlichkeit eines Therapieerfolges, wie dies bei der Patientin 20 der Gruppe II zu sehen ist. Im Sinne eines Widerstandes kann auch erheblich agiert werden in der Gruppe, ohne daß dies therapeutisch hilfreich wäre. Es sind wohl eher die therapeutisch "nutzbringenden Aktivitäten" wie ein - gruppenverträgliches - Sich-Öffnen über problematische Selbst-Aspekte, leidensvolle Arbeit an offen dargelegten Problemen, Interesse und *Feedback*-Prozesse gegenüber anderen in der Gruppe, das Ausprobieren neuer *Verhaltensweisen* bzw. die Intensivierung von günstigen sozialen Auseinandersetzungsstrategien in der Gruppe usw., die das Ausmaß der Aktivitäten der erfolgreichen Patienten (besonders Patienten 1, 3, 10, 25) bestimmt haben.

13.3.2 Gruppenentwicklung

Beide untersuchten Gruppen zeigen ein erheblich unterschiedliches Entwicklungsmuster der erlebten Gruppenklimata über die Zeit. Gruppe I erfährt offensichtlich eine günstigere Gruppenentwicklung als Gruppe II. Die "klassische" Abfolge von Phasen bzw. Stufen der Gruppenentwicklung in der Gruppe I bestätigt sogenannte *integrierte life-cycle-Pendel-Modelle* (MacKENZIE u. LIVESLEY 1983; TSCHUSCHKE 1986; TSCHUSCHKE u. MacKENZIE 1989), nach denen eine Gruppe voranschreitend verschiedene Klimata von der Abhängigkeit bis hin zur Individuation und therapeutischen Arbeit durchläuft, immer wieder mal auf bereits durchlaufene Phasen regrediert, um letztlich weiter voranzuschreiten. Gruppe I scheint diesen Ablauf weitgehend erreicht zu haben.

Es wird diskutiert, ob solche Phasen unbedingt erforderlich sind, um die therapeutische Potenz einer Gruppe zu maximieren (TSCHUSCHKE u. MacKENZIE 1989)? D.h., Wirkfaktoren würden nach diesen Überlegungen erst in vollem Umfang und Spezifität dann zum Tragen kommen, wenn das System Gruppe, einer offensichtlichen Gesetzmäßigkeit von sozialen Strukturen folgend, im Verlaufe eines Kennenlern- und Identifikationsprozesses der Gesamtheit Gruppe eine erforderliche Abfolge von verschiedenen Interaktionscharakteristika, z.B. unterschiedliche Gruppenklimata, entwickelt (anfängliche Abhängigkeit vom Gruppenleiter und Passivität, Unzufriedenheit und Konflikte mit dem Leiter und der Gruppenmaßnahme bis hin zur

"Revolte", Individuationsentwicklung mit erhöhter *Kohäsion*, Gruppen-Wir-Gefühl, Ablösung und Trennung).

Der *Group Climate Questionnaire (GCQ-S)* scheint die Abfolge von Phasen bzw. Stufen der Gruppenentwicklung recht gut abzubilden, wie andere Untersuchungen belegen (MacKENZIE, 1983; TSCHUSCHKE et al., 1991). Während Gruppe I modelltypische Entwicklungsphasen zeigt, trifft dies auf Gruppe II nicht zu.

Nun entwickeln Gruppen durchaus, trotz aller Gesetzmäßigkeiten, auch eine individuelle Geschichte, die bestimmt ist durch den Ort, die Zeit, die individuelle Gruppenzusammensetzung, den Leiter usw. Besonders eindrücklich wirkt sich auf Gruppen der Gruppenschwund aus, die häufig zu beobachtende Tendenz zum frühen Dropout. Zwischen ein Viertel und ein Drittel aller Gruppenpatienten, die eine Gruppe beginnen, beenden vorzeitig (KORDY u. SENF 1992). Diese Abbruch-Rate ist statistisch ermittelt, aber eine Konstante, mit der bei allen Gruppen über die unterschiedlichsten Techniken und Rahmenbedingungen hinweg zu rechnen ist (BEDNAR u. KAUL 1978; YALOM 1966). Gruppe I hatte mit dem Problem zu kämpfen, daß zwei der ursprünglich zehn Patienten (zwei männliche Patienten, vgl. 7.2.3) die Gruppe nach der 15. bzw. 21. Sitzung verließen. Um die Zeit der 18. bis ca. 24. Sitzung herum baute sich in der Gruppe offenbar ein aggressives Klima auf, wie aus dem Verlauf der Skala *Konflikt* des *GCQ-S* entnommen werden kann (vgl. Abb. 6). Gleichzeitig sanken *Abhängigkeit/Vermeidung* und *Engagement* stark ab. Es scheint, als ob die Gruppe mit den Verunsicherungen - der Verlust der zwei Gruppenmitglieder wurde als bedrohlich für das Überleben der Gruppe empfunden - in einer konstruktiven und therapeutisch hilfreichen Weise hat umgehen können. Die aggressive Auseinandersetzung mit dem Verlust-Thema, mit Abtrennung, könnte den Weg zu einer Individuation geebnet haben, sowohl für die Gruppe als Entität, wie auch speziell für einzelne Gruppenmitglieder.

Es sei daran erinnert, daß die therapeutisch wesentlichen Veränderungen sich in der ersten Therapie-Hälfte (Patientin 10) bzw. sogar im ersten Gruppen-Drittel ereignet haben (Patienten 1 und 3, siehe auch weiter unten). Patient 1 reduziert sein narzißtisches Verhalten in der Gruppe - möglicherweise in der Auseinandersetzung mit den beiden Dropouts - in den ersten zwanzig Sitzungen drastisch. Er erfährt zwischen der 12. und 23. Sitzung eine signifikante Veränderung seines *POG*-Systems, bei dem die Beziehung zwischen den verschiedenen Selbstrepräsentanzen (*Real-* und *Ideal-Selbst* und in Verbindung zu den Elternimagines) offenbar eine Reifung erfahren. Auch die Patientin 3 erfährt im selben Zeitraum intrapsychisch dauerhafte und günstige Veränderungen, die über die Therapie bis zum FU 1 persistieren. Sie ist nach diesen Änderungen in der Lage, günstiges Verhalten in der Gruppe aufzubauen ("freundliche Emotionalität").

Es liegt nahe, die stattgefundenen Ereignisse aufeinander zu beziehen. Es ist wahrscheinlich, daß das Faktum des Verlustes von Teilen der Gruppe eine existentielle Bedrohung für das gesamte System hervorrief. Die Auseinandersetzung mit Verlust und Trennung geschah dennoch in der Gruppe in einer aggressiven und durcharbeitenden Weise, die möglicherweise identitätsstiftende Wirkung hatte - für die Gruppe wie auch für einzelne in der Gruppe. Die bei einzelnen Patienten dieser Gruppe stattgefundenen Veränderungen deuten darauf hin, daß die Vorgänge innerhalb der Gruppe konstruktiv genutzt werden konnten, und zwar in einer Weise, die letztlich den späteren Erfolg gerade dieser Patienten bewirkt oder doch mitbewirkt hat und zwar zu einem Zeitpunkt, der um die Zeit des Ausstiegs der beiden anderen Patienten lag.

Die einzelnen beschriebenen Zusammenhänge verbleiben sicherlich weitgehend im Bereich der Spekulation. Dennoch sind die abgelaufenen einzelnen Fakten objektiv nachgewiesen: Dropout-Zeitpunkt, Gruppenentwicklung mit aggressivem, konflikthaftem Klima, Verhaltensänderungen genau um diesen Zeitpunkt herum bei später erfolgreichen Patienten, korrespondierend mit intrapsychischen Veränderungen zur gleichen Zeit sowie späterer Therapieerfolg!

Gruppe II weist offenbar keine Gruppenentwicklung - entsprechend den gängigen Modellen (TUCKMAN 1965) - auf. Interessanterweise hat diese Gruppe auch einen vorzeitigen Dropout um die 20. Sitzung herum. Zwar beginnt die Gruppe gleich die ersten zwei Sitzungen mit einem hohen Konfliktpotential, schreckt dann aber - wie es den Anschein hat - vor weiteren aggressiven Auseinandersetzungen zurück und entwickelt eher ein Klima von *Abhängigkeit/Vermeidung* (vgl. Abb. 7), das ca. bis zur 40. Sitzung vorherrschend bleibt. Es sieht nach einer Regression in die *Abhängigkeit* unter Verzicht auf eine Individuationsentwicklung aus. Dieser Versuch wird anscheinend erst um die 50. Sitzung unternommen, als eine kurze Phase erhöhten intragruppalen *Konflikt*potentials deutlich wird und auch prompt eine Phase erhöhter therapeutischer Arbeit - erhöhtes *Engagement* - einzuleiten scheint. Dieser Abschnitt wird vergleichsweise lange beibehalten, für ca. 15 Sitzungen. Dann bricht er wieder ab, um für das letzte Viertel der Therapiedauer einem unklaren Muster mit steigender *Abhängigkeit/Vermeidung* wieder Raum zu überlassen. Es ist zu vermuten, daß die Gruppe wieder - angesichts des nahenden Endes der Gruppe oder aufgrund des späten Verlustes des Gruppenmitgliedes Patientin 27, die auf Anordnung der Therapeuten die Gruppe verlassen mußte? - auf eine abhängige, unmündige Stufe regredierte. Insgesamt ist festzuhalten, daß Gruppe II *als* *soziales System* keine Entwicklung hin zur Individuation und damit auch zur Bearbeitungsfähigkeit von Trennung und Abschied erreicht haben dürfte.

Es sieht eher danach aus, daß - unter dem Eindruck des strikten Durchgreifens der Therapeuten gegenüber der Patientin 27, die nach der Sitzung 65 entlassen wurde - die Gruppe sehr irritiert und in ihren Entwicklungsmöglichkeiten blockiert worden ist. Nach diesem Ereignis bricht anscheinend das "zarte Pflänzchen Gruppenentwicklung" in dieser Gruppe offensichtlich ab (vgl. Abb. 7). Ob dieses Ereignis der einzige Grund für die mangelnde Entwicklung von Gruppenentwicklungsstrukturen dieser Gruppe war, ist angesichts der schwierigen bzw. sehr eingeschränkten Entwicklung des - subjektiv erlebten - Gruppenklimas dieser Gruppe bereits gleich von Beginn an zweifelhaft. Es könnte - und das ist ebenfalls spekulativ - sich auch um ein erhebliches Widerstandspotential in Gruppe II gehandelt haben, das es insgesamt für die Gruppe schwermachte, sich zu entwickeln und daß die Therapeuten, stellvertretend an einem Gruppenmitglied, ein Exempel statuieren ließ, das die Gruppe letztlich noch weiter zurückwarf?

Von der Hypothese her betrachtet, daß nur sich entwickelnde Gruppen (entsprechend den Modell-Überlegungen, vgl. Kap. 5) therapeutisches Veränderungspotential aufweisen bzw. maximieren, stützen die vorliegenden Ergebnisse diese Sichtweise nicht. Gruppe II weist trotz mangelnder Gruppenentwicklung (dem *GCQ-S* zufolge) ein vergleichbares, sogar noch leicht günstigeres, therapeutisches Ergebnis für alle Gruppenmitglieder aus als Gruppe I (s.o.). Andererseits könnte es sein, daß der *GCQ-S* nicht valide genug Entwicklungsstrukturen von Gruppen ausweist. Dies könnte vor allem an der Perspektive liegen: Die Patienten selber schätzten das jeweils erlebte Gruppenklima ein, eine subjektive Perspektive der Betroffenen, die womöglich nicht ausreichend objektive Geschehnisse widergibt.

Es wäre aber auch denkbar, daß die wichtigste therapeutische Arbeit (für die letztlich erfolgreichen Patienten) in Gruppe II bereits gelaufen war zu dem Zeitpunkt, ab dem die Therapeuten Patientin 27 aus der Gruppe entfernten und die Entwicklungsstrukturen - wie sie der *GCQ-S* nachzeichnet - zusammenbrachen? Dieser Frage, ob bereits relativ frühzeitig in beiden Gruppen die maßgebliche therapeutische Arbeit und die korrespondierenden Veränderungen erfolgt sind, wird noch weiter unten nachgegangen werden. Allerdings wäre in diesem Falle die Annahme, daß nur sich entwickelnde Gruppen ausreichendes therapeutisches Änderungspotential zur Verfügung stellen, widerlegt.

13.3.3 Zu den untersuchten Wirkfaktoren

Die Ausprägungen der fünf untersuchten *Wirkfaktoren* können im Überblick für beide Gruppen und für die gesamte Therapie sowie für beide Therapie-Hälften der Tabelle 12 entnommen werden.

Verhaltensänderungen (interpersonal learning - output)

Verhaltensänderungen finden bei 13 der 16 Patienten in dem Sinne statt, daß während der Therapie signifikante Trends oder Niveau-Unterschiede der typischen "trait-state"-Merkmale (P-Faktoren) zwischen verschiedenen Therapie-Abschnitten zu verzeichnen sind.

Ob diese sozialen Auseinandersetzungsstrategien in den außertherapeutischen Raum transferiert werden können, ist eine Frage, die sich hier genauso stellt wie überall in der Psychotherapie. Es ist stets zu hoffen, und es gibt genügend Hinweise für die generelle These, daß therapeutische Erfahrungen außerhalb des therapeutischen Raumes genutzt und dort in die alltäglichen Strukturen und Repertoires der Person integriert werden.

Zehn der 16 *Verhaltensänderungen* erfolgten in eine klinisch günstige und wünschenswerte Richtung; sechs der zehn günstigen *Verhaltensänderungen* fanden bei erfolgreichen Patienten statt (Pat. 1, 3, 10, 25 und 26), zwei bei zum FOLLOW-UP 2 sehr erfolgreichen Patienten (Pat. 21 und 23) und nur zwei bei nicht erfolgreichen Patienten (Pat. 2 und 22). Dieses letztere Ergebnis (der nicht erfolgreiche Patient 22 der Gruppe II) allerdings ist "keines": In diesem spezifischen Fall hatte sich der Patient längst aus einer Engagiertheit im Gruppenprozeß "verabschiedet" und sich resigniert zurückgezogen, entsprechend natürlich auch die Abnahme des Auftretens eines ungünstigen Verhaltens.

Auf der anderen Seite sind fünf der sechs negativen, ungünstigen *Verhaltensänderungen* bei eindeutig nicht erfolgreichen Patienten festzustellen (Patienten 4, 7, 20, 22 und 24).

Die Beziehungen zwischen dem Wirkfaktor *Verhaltensänderungen (interpersonal learning - output)* und dem Therapieergebnis sprechen überwiegend dafür, daß dieser Wirkfaktor deutlich positiv mit Therapieerfolg verknüpft ist.

Tabelle 12: Überblick über Ausprägung bzw. Änderung der untersuchten Wirkfaktoren in beiden Gruppen (alle Werte stellen Mittelwerte über die jeweiligen Zeitreihen dar [Kohäsion/Feedback/S-DI])

Gruppe I	Verhalten				Kohäsion			Feedback			S-D			POG-Veränderung	Ther.-Erfolg Post
	F 1	F 2	F 3	F 4	1. Hälfte	2. Hälfte	Total	1. Hälfte	2. Hälfte	Total	1. Hälfte	2. Hälfte	Total		
Patient 1	+ NT	+ T			29.7	32.1	30.90	17.5	7.9	12.7	42.4	23.9	29.2	Ja	+
Patientin 2	+ T				25.0	30.4	27.69	11.2	2.9	7.3	12.4	7.6	10.0	Nein	0
Patientin 3			+ T		29.8	34.1	31.95	15.4	7.5	11.6	20.5	17.5	18.2	Ja	+
Patient 4			- T		23.6	26.2	24.88	5.0	4.2	4.8	6.6	8.5	7.6	Nein	0
Patient 5					28.5	27.5	28.00	8.1	13.0	11.1	16.1	19.1	17.6	Nein	0 +
Patientin 6		- T			25.9	25.5	25.67	10.5	11.5	11.1	10.4	8.9	9.6	Nein	- -
Patientin 7					25.5	24.5	25.00	11.6	8.3	10.1	19.1	11.5	15.3	Nein	-
Patientin 10	+ T				26.2	29.1	27.66	12.7	6.4	9.9	22.5	9.9	17.1	Ja	0 +
Gruppe II															
Patientin 20			- NT		16.9	25.1	20.91	17.8	14.9	16.3	11.0	13.3	12.2	Nein	-
Patientin 21			+ T		26.8	26.4	26.62	13.3	19.7	16.4	8.8	9.8	9.3	Nein	0 -
Patient 22			- NT		22.3	24.3	23.24	11.5	12.9	11.8	8.7	8.0	8.4	Nein	- -
Patient 23		+ T	+ T		26.7	28.4	27.53	21.6	16.8	19.1	13.7	12.8	13.3	Nein	0
Patientin 24		- NT			28.2	23.9	26.11	10.8	9.2	10.0	9.5	8.3	8.9	Nein	-
Patientin 25		+ N			26.6	29.4	27.93	23.7	13.2	18.6	14.3	9.5	11.8	Nein	+ +
Patient 26	+ N	- N			29.8	27.7	28.77	15.4	9.4	12.5	10.1	4.8	7.4	Ja	+
Patient 30					26.8	32.8	29.81	9.4	10.6	9.7	8.2	10.1	9.2	Ja	0 -

* P-Faktoren (N = Niveau-Test signifikant; T = Trend signifikant; TN = beides) + = klinisch günstige Verh.-Änd.; - = klinisch ungünstige Verhaltens-Änderungen

Therapie-Erfolg (Vergleich PRÄ/FU 2):
++ sehr guter Erfolg   + guter Erfolg   0 + leichter Erfolg   0 keine Veränderung
0 - leichte Verschlechterung   - Verschlechterung   - - klare Verschlechterung

155

Die Beziehung zwischen *Kohäsion* als der im Gruppenbereich analogen Komponente zur therapeutischen Allianz in der Einzeltherapie (GROTJAHN 1981; GURMAN u. GUSTAFSON 1976; MacKENZIE u. TSCHUSCHKE 1993) und dem Therapieergebnis ist eindeutig: je besser die emotionale Bezogenheit zur Gruppe *(Kohäsion)*, desto eher resultierte Therapieerfolg und umgekehrt. Dies gilt praktisch für alle Patienten und beide Gruppen. Offenbar gleichgültig, welche Entwikklung eine Gruppe nimmt, das Ausmaß und die Intensität der günstigen oder ungünstigen Bezogenheit zur Gruppe scheint eher ein individuelles Phänomen zu sein, relativ unabhängig von gruppenstrukturellen Entwicklungsmustern. Es ist offenbar schon entscheidend, mit welchem Bezug zur Gruppe - und damit zur Therapie - ein Patient in die Gruppe eintritt. Alle erfolgreichen Patienten gewinnen - oder bringen dies bereits mit - sehr schnell eine sehr hohe positive Einstellung zur therapeutischen Gruppe, die - fast unabhängig von der Entwicklung der Gruppe über die Zeit - beibehalten wird. Es könnte sich möglicherweise um einen Motivationsaspekt oder um eine psychologische Sensibilität ("psychological mindedness") (McCALLUM u. PIPER, 1990; PIPER u. McCALLUM 1990) handeln, die die Einstellung und Fähigkeit zur Veränderungsbereitschaft beträfen und weniger aus interpersonellen und *Feedback*-Prozessen der Gruppe gespeist würden.

Für die weniger oder nicht erfolgreichen Patienten beider Gruppen läßt sich feststellen, daß ein abgeschwächtes oder sehr niedriges *Kohäsions*-Niveau offenbar in linearer Beziehung zum dann auch abgesenkten Therapieerfolg steht.

Daß psychotherapeutische Erfolge in beiden Gruppen erzielt werden konnten, konnte nachgewiesen werden. Dies bedeutet, daß beide Gruppen den Gruppenmitgliedern eine ausreichend tragfähige Struktur geboten haben müssen, die, zumal bei den untersuchten schweren Störungen, zu günstigen Entwicklungen im Sinne von Autonomie- und Individuationsentwicklung - das "Paradox, daß eine Gruppe von Leuten den Prozeß der Individuation erleichtert" (GROTJAHN 1981) - beigetragen haben dürften:

"...it is the cohesive psychotherapy work group with its acceptance and analytic understanding in which a second-chance liberating and strengthening experience is offered for the development of true self and autonomy - especially with character-defective patients." (LIFF 1981, S. 290).

Dieser letztere *Kohäsions*-Aspekt - die *Kohäsion* der Gesamtgruppe (TSCHUSCHKE 1987) - ist nicht speziell in dieser Arbeit untersucht worden. Gegenstand der Untersuchungen war die *individuelle*

Kohäsion der einzelnen Patienten zu ihrer Gruppe bzw. zur Therapie. Sicherlich sind beide Perspektiven nicht gänzlich voneinander zu trennen: Eine individuelle Bezogenheit zur Gruppe wird immer auch von Gruppenkräften mitgeprägt sein, außerdem wird sich eine erhöhte *individuelle Kohäsion* positiv auf die Gruppen*kohäsion* auswirken. Aber der *individuelle* Bezogenheitsaspekt bzw. die Allianzfähigkeit und -bereitschaft läßt sich aus psychotherapeutischen Wirkzusammenhängen nicht hinauspartialisieren, auch nicht aus Gruppentherapien. Letztlich kommt es auch in Gruppen auf die die Gruppe konstituierenden Individuen maßgeblich mit an. Es bleibt die alles entscheidende Frage: Wenn *Kohäsion* oder therapeutische Allianz in der Gruppe ein so maßgeblicher Faktor ist - auch im Hinblick auf das Wirksamwerden anderer Faktoren - , wie kommt sie dann zustande, warum weisen einige eine höhere *Kohäsion* auf - wie die Ergebnisse dieser Studie zeigen eben eher die Erfolgreichen - und andere nicht (hier auch eher die nicht Erfolgreichen)?

"Not all members can arrive at this point in the group life at the same time. Those members who are able to express themselves spontaneously have attained a sense of security and feel good enough about themselves to tolerate narcissistic attacks levied against them by other members, and possess sufficient self-esteem to ward off feelings of rejection from the leader." (WONG 1981, S. 327f.).

Es klingen verschiedene Punkte an, die von Bedeutung sein könnten: eine gewisse Toleranzfähigkeit, narzißtische Kränkungen zu ertragen, wenn man sich aus der Deckung wagt und in einer Gruppe die Gefahr läuft, negatives *Feedback* zu erhalten (MacKENZIE 1990b). Weiterhin spielt offensichtlich auch die Fähigkeit, sich zu öffnen (*S-D*) eine Rolle. Möglicherweise ist das "Ausmaß der Selbst-Pathologie" (WONG 1981) von besonderer Wichtigkeit:

"Does it ... necessarily follow that in order to have *cohesiveness* in a group certain qualities or potentials must be present in the individual members who then assume particular roles in the group? Putting aside the reservations about chronically disturbed and seriously ill patients, we are well aware of groups composed of high-level, well-functioning individuals who are unable to attain sufficient *cohesiveness* to engage in effective therapeutic work despite the presence of capable leadership.
One may assume that in these instances certain intrapsychic factors present in group members, such as the degree of self-pathology, must be taken into account." (WONG 1981, S. 324).

Die Ergebnisse dieser Untersuchung sprechen eher für die zitierte Annahme, daß nämlich die einzelnen "sehr" bzw. "gut" erfolgreichen Patienten vom Beginn der Gruppen an eine deutlich höhere Bezogenheit aufwiesen und wohl aus diesem Grunde schließlich auch der therapeutische Erfolg möglich wurde. Interessant ist besonders, dies wird weiter unten noch ausführlich diskutiert werden (vgl. Kap.

16), daß diagnostische Gesichtspunkte eine anscheinend zu vernach-
lässigende Rolle spielten. Sowohl schwer narzißtische Persönlich-
keitspathologien (Patient 1) wie auch Borderline-Störungen (Patientin
25) zählten zu den sehr erfolgreichen Patienten und wiesen vom
Beginn der Gruppen eine sehr hohe positive emotionale Bezogenheit
zur Gruppe auf (*Kohäsion*). In anderen Fällen (Patientin 20
beispielsweise mit einer Borderline-Störung) ergab sich nie ein
ausreichend tragfähiger Bezug zur Gruppe und zur Therapie. Obwohl
also, diagnostisch gesehen, gleiche Struktur-Defizite vorzuliegen
scheinen, bleibt vermutlich ausreichend Spielraum für unterschiedliche Selbststruktur-Anteile, die letztlich maßgeblich gewesen
sein könnten.

Ein anderer Gesichtspunkt berücksichtigt speziell die Perspektive
der ichstrukturellen Defizite, unter denen gerade die im stationären
Bereich behandelten Patienten besonders leiden, indem er den
sogenannten "mother-group"-Aspekt (SCHEIDLINGER 1974) hervor-
hebt. Wenn die Gruppe überwiegend als gütige, unterstützende und
akzeptierende Entität erlebt wird, wird sie zur symbolischen Mutter
(ausführlich erörtert in Kap. 4):

"...on the deeper genetic-regressive level, the group entity becomes for the
individual the symbolic representation of a nurtering mother..."

und

"...that the universal human needs to belong, to establish a state of psychological
unity with others, represents a covert wish for restoring an early state of unconflicted
well-being inherent in the exclusive union with mother." (SCHEIDLINGER 1974, S.
294).

KIBEL (1991) leitet aus diesen Überlegungen den für die Gruppenpsychotherapie immens wichtigen Vorgang der *Identifikation* ab, einen
Aspekt, der u.a. auch als eigenständiger Wirkfaktor in der Gruppenpsychotherapie aufgefaßt wird (vgl. Kap. 3.1).

"The practical consequences of *identification* with the group entity are twofold. First
attachment to such a powerful object provides a sense of belonging, enhances each
individual's self-esteem, and, because of this ego support, maximizes latent
potential. These include such functions as adaptation to reality, the sense of reality,
reality testing, the sense of self, relatedness to others, the capacity for concern, and
the flexibility or receptivity to new experience. In other words, group participation,
with the resultant sense of being valued, promotes optimal functioning and prepares
one to change.
    The second derivative of group belonging relates to the ability to take in
information, attitudes, and all that is usually involved in *feedback*....Over time, as
feedback is digested, its introjection allows for the formation of new personal, but
... enduring *identifications*." (KIBEL 1991, S. 118f.).

Es wird auch hier wieder deutlich, wie sehr die einzelnen Wirkfaktoren vermutlich zusammenhängen: erhöhter Bezug *(Kohäsion)* ermöglicht eine bessere *Identifikation*, was zu mehr *Selbstöffnung* und hilfreichem *Feedback* führen kann, was wiederum die eingangs erwähnte Spirale (BLOCH u. CROUCH 1985) in Gang setzt (vgl. Kap. 3.1.1).

Für den Gruppen-Praktiker von besonderem Interesse muß die Klärung der Frage sein, wo der Ansatzpunkt des Gruppenleiters sein könnte, mangelnder Bezogenheit und einem sich Verschließen eines Gruppenmitgliedes technisch begegnen zu können, um die Basis für einen therapeutischen Nutzen für dieses Gruppenmitglied zu verbreitern. Hier zeigen sich die Zusammenhänge zwischen den einzelnen Wirkfaktoren, wie sie für die untersuchten Patienten und Gruppen gefunden wurden, als hilfreich. Für das Ausmaß der *Kohäsion* besteht offenbar eine signifikante Beziehung zur Bereitschaft, in der Gruppe aktiv zu sein, sich zu öffnen und mitzuarbeiten (vgl. z.B. Tab. 12). Aus der kaum überzubewertenden Tatsache einer guten (Objekt-)Beziehungsfähigkeit als Grundvoraussetzung für therapeutische Mitarbeit und späteren Nutzen aus der Therapie werden konsequente Interventionen gleich sehr früh von den Gruppenleitern gefordert (MacKENZIE u. TSCHUSCHKE 1993; PINES 1983). Schweigsame und zurückgezogene Gruppenmitglieder müssen demzufolge vom Beginn der Gruppe an sehr aktiv vom Gruppenleiter einbezogen werden, um eine positive Beziehungsaufnahme zu bahnen bzw. zu erleichtern.

Rekapitulation der Primärfamilie

Neben der *Kohäsion* imponiert besonders die intrapsychische Umstrukturierung als sehr eng mit dem Therapieerfolg verknüpft. Fast *nur erfolgreiche Patienten* sind in der Lage, dauerhaft unreife Objekt- und Selbstrepräsentanzen in klinisch-theoretisch günstige Richtung zu verändern. In aller Regel handelt es sich um Objektrepräsentanzen der wichtigsten, primären sozialen Objekte *Mutter* und *Vater* und um die wichtigen Selbstaspekte *Real-* (also aktuell erlebtes Selbst) und *Ideal-Selbst*. Gerade Gruppenprozesse erlauben das Erleben und Ausleben von primitiven Projektionsmechanismen und Spaltungen, wie sie ja gerade bei den stationären Behandlungen von in der Regel sogenannten "prädipalen Charakter-Pathologien" angetroffen werden (KAUFF 1991). Veränderungen - Reifungen - in diesem Bereich lassen sich insbesondere dann auf Gruppenprozesse zurückführen, wenn Übertragungen auf andere Gruppenmitglieder erfolgt sind, die im Verlaufe von interpersonellen und intrapsychischen Prozessen korrigiert oder verändert werden können. In diesem Sinne wird dann der Wirkfaktor *Rekapitulation der primären Familiengruppe* - auf einer für den Betroffenen unbewußten Ebene - relevant.

"The self is...a self-representation, but its stable establishment, is the benchmark of successful emotional growth and is dependent upon specific interpersonal as well as maturational experiences." (GREENBERG u. MITCHELL 1983, S.300).
"Over time, maturational and developmental forces acting upon the ego make it difficult or impossible for splitting operations to continue. This leads to a combination of opposite valence self and object images into "good *and* bad" self and "good *and* bad" object representansations. This in turn leads to the appearance of ambivalence ... and of more mature, object-directed affects such as concern, guilt, and mourning. Along with this, ideal self and ideal object representations develop, so that interpersonal exchanges involve experientially four components: a real and an ideal self and a real and ideal object." (GREENBERG u. MITCHELL 1983, S.332).

Die beschriebenen Prozesse könnten bei Patient 1 von Gruppe I abgelaufen sein (siehe auch weiter unten Kap. 15). Er reduziert narzißtisches Verhalten signifikant und baut - *nach den intrapsychischen Veränderungen,* d.h. nach der Errichtung oder Korrektur in Richtung auf realistischere, reifere *Ideal-* und *Real*-Selbstvorstellungen - empathisches Verhalten auf.

Tabelle 12 zeigt, daß fast nur erfolgreiche Patienten bzw. die leicht erfolgreiche Patientin 10 - mit Ausnahme des nicht erfolgreichen Patienten 30 - in der Lage sind, intrapsychische Strukturen in günstiger Weise zu verändern. Patient 30, als Quer-Einsteiger in Gruppe II, ist als einziger nicht erfolgreicher Patient in der Lage, intrapsychisch relevantes Objekt-Erleben (das sind die Objektrepräsentanzen) überdauernd zu ändern (vgl. auch Kap. 15). Für alle anderen nicht veränderten bzw. sogar verschlechterten Patienten zeigen sich konstant sehr hohe korrelative Zusammenhänge zwischen den wiederholten Messungen im Objekt- und Selbsterleben *(POG),* was verdeutlicht, wie starr und fixiert die Konstrukt-Objekt-Relationen (Objekt-/Selbst-Repräsentanzen) bleiben (vgl. Tabellen 10 und 11).

Ob es sich um ein Spezifikum gerade dieser *analytisch* geführten Gruppen handelte, daß Selbst- und Objektrepräsentanzen-Änderungen maßgeblich für therapeutischen Erfolg waren, kann hier nicht abschließend geklärt werden. Zumindest sind diese Veränderungen vom therapeutischen Konzept her angezielt. Es ist dennoch denkbar, daß auch in technisch anders geführten Gruppen solche intrapsychischen Prozesse maßgeblich mitentscheidend für therapeutischen Erfolg sein können. Hier sind weitere Untersuchungen erforderlich.

Feedback spielt offenbar keine so wichtige Rolle bei den therapeutischen Prozessen in beiden Gruppen. Dies überrascht, da dieser
Wirkfaktor doch in praktisch allen Untersuchungen immer wieder als
der relevanteste angegeben wird (MacKENZIE 1987; YALOM 1985).
Aber, wie dies bereits im Theorie-Teil ausführlich angesprochen
worden ist, die berichteten Ergebnisse stammen fast ausnahmslos aus
Befragungen betroffener Gruppenmitglieder oder Patienten. Eine
solche Forschungspraxis kann nicht zu validen Erkenntnissen führen
und objektive Forschung tut not (TSCHUSCHKE 1990a). Ob das mit
den meisten zitierten Untersuchungsergebnissen nicht kompatible
Ergebnis dieser Untersuchung mit der Tatsache zusammenhängt, daß
es sich bei den beiden hier untersuchten Gruppen um analytische, und
nicht interaktionell geführte Gruppen handelt, letztere findet man
meistens im amerikanisch-kanadischen Bereich, woher die zitierten
Forschungsergebnisse stammen, und somit ein Spezifikum der nicht-
direktiven Technik der Therapeuten analytischer Gruppenpsychotherapie darstellt (auch bei diesen hier untersuchten stationären
Gruppen stand ja ausreichend Zeit bzw. Therapie-Dosis im Sinne von
Sitzungshäufigkeit zur Verfügung), ergeben vielleicht weitergehende
Analysen des vorhandenen Datenmaterials.

Jedenfalls spielten *Feedback*-Prozesse - relativ zu den anderen
Wirkfaktoren - eine untergeordnete bzw. eher nachgeordnete Rolle.
Interessant ist, daß die *Feedback*-Dichte bzw. -Intensität in der
zweiten Gruppe etwas höher war als in der ersten (vgl. Tabelle 12).

Als allgemeine Tendenz in beiden Gruppen läßt sich festhalten, daß
erfolgreiche Patienten eher in der ersten Hälfte der Therapie *FB*
erhalten und nicht erfolgreiche eher in der zweiten. Dies könnte
bedeuten, daß die Gruppen sich um die "schwarzen Schafe" mühen
bzw. diese erst spät in den Gruppenprozeß mehr integriert werden
(können) und sich auch öffnen (vgl. auch die leicht ansteigende
*Selbstöffnung*sbereitschaft dieser Patienten in der zweiten Therapie-
Hälfte).

Hier ist ein Ansatzpunkt für Gruppenleiter. Aus dem vorliegenden
Datenmaterial ist klar erkennbar, daß nicht erfolgreiche
Gruppenpatienten - offenbar ziemlich unabhängig von diagnostischen
Kriterien - entweder gleich vom Beginn der Gruppen an verschlossen
bleiben, mißtrauisch, passiv, sich schützend. Oder sie starten quasi
(unrealistisch) euphorisch, sie "überfallen" die Gruppe mit
überflutender *Selbstöffnung,* ihre inadäquaten Erwartungen auf
Akzeptanz werden natürlich nicht erfüllt, und sie reagieren mit
(gekränktem, resigniertem?) Rückzug, weil ihre hoch schambesetzten
Mitteilungen nicht entsprechend von den Gruppen honoriert wurde

(vgl. auch PALMOWSKI 1992). Was dann wiederum wahrscheinlich eine Verfestigung unangebrachten, ungünstigen Verhaltens und die Aufrechterhaltung pathologischer Objekt- und Selbstrepräsentanzen zur Folge hat. In jedem Falle scheinen die oben angesprochenen "mother-group"-Aspekte im Spiel zu sein, die für die nicht erfolgreichen Patienten möglicherweise basale Störungen der frühen Mutter-Beziehung (Gruppenbeziehung?) auf fatale Weise wiederbeleben und zu einer Verfestigung der pathologischen intrapsychischen Strukturen beitragen könnten (KAUFF 1991; KOSSEFF 1991).

Sehr eng hängt *Feedback* mit dem Wirkfaktor *S-D* zusammen. In beiden untersuchten Gruppen zeigte sich - extrem deutlich in der ersten Therapie-Hälfte - der klare Zusammenhang von *FB* mit *Selbstöffnung (S-D)*. Vermutlich handelt es sich bei *Feedback*-Prozessen in therapeutischen Gruppen im wesentlichen um die Reaktionen seitens der anderen Gruppenmitglieder und Therapeuten auf die Kommunikationsformen und -inhalte der aussendenden Gruppenmitglieder. Demnach wäre *FB* ein sekundäres Phänomen, das sich von der Art und Form des Verhaltens des einzelnen Gruppenmitgliedes nicht trennen ließe. *Feedback* per se kann es - nach diesem Verständnis - nicht geben. Im Sinne der WATZLAWICKschen Unmöglichkeit, nicht nicht kommunizieren zu können, "schallt es also aus dem Wald, wie man hineinruft (bzw. nicht hineinruft)".

Die Wirkfaktoren-Literatur, die voll von Untersuchungen bezüglich der Bedeutsamkeit von therapeutischen Wirkfaktoren in der Gruppenpsychotherapie ist, spiegelt praktisch nur die subjektiven Berichte der betroffenen Gruppenmitglieder wider. Diese zeigen im Schnitt an erster Stelle den Wirkfaktor *Feedback*. Das bedeutet - wenn es sich tatsächlich nur um ein sekundär auftretendes Phänomen handelt, das sich in Abhängigkeit von anderen Aktivitäten in Gruppen manifestiert - , daß sich die Betroffenen ihren eigenen Anteil, nämlich das, was sie an unangepaßtem sozialen Verhalten selber hineingesteckt haben, nicht ausreichend bewußt machen. Ein weiteres Argument gegen die praktizierte Untersuchungsmethodik, Betroffene selber den therapeutischen Nutzen verschiedener Wirkfaktoren einschätzen zu lassen (TSCHUSCHKE, 1990a).

Selbstöffnung (S-D)

Selbstöffnungen (S-D) spielen eine wichtige Rolle im Zusammenhang mit Therapieerfolg. Im Rahmen von Gruppe I ist *S-D* über alle Patienten und zu allen Phasen positiv mit dem Therapieergebnis korreliert. D.h., kontinuierliche Öffnungen über Schwierigkeiten und problematische Seiten des Selbst sind eindeutig mit Therapieerfolg verknüpft. Weniger Öffnung hingegen mit geringerem Erfolg. Ein direkter Bezug zu therapeutischen Prozessen wird deutlich.

Gruppe II weist diesen Zusammenhang nur sehr tendentiell und dann nur für die erste Therapie-Hälfte auf. Eine eingehendere Inspektion der Verlaufskurven zum S-D-Verhalten verdeutlicht, daß sich insbesondere die beiden erfolgreichen Patienten dieser Gruppe in der ersten Therapie-Hälfte öffnen und ihre Probleme bearbeiten, während sie sich in der zweiten Therapie-Hälfte zusehends zurücknehmen. Hier kommen nun die eher nicht erfolgreichen Gruppenmitglieder zum Zuge, allerdings in einer Phase der Gruppenentwicklung, die zunehmend mehr von Regression und Hemmung - und vermutlich ungeeignetem S-D - gekennzeichnet ist.

Eine wichtige Bestätigung der Literatur besteht in dem Ergebnis, daß sich gerade später nicht erfolgreiche Patienten früh - punktuell - in einer äußerst überflutenden Art und Weise öffnen und sich mitteilen, ein Umstand, der offenbar die Gruppe "erschlägt" und kontraproduktiv wirkt. Es ist möglich, daß dies die Patienten in eine Außenseiter-Position geraten läßt, aus der sie nicht wieder herausfinden. Zum anderen zeigt sich in diesen Verhaltensstilen aber offenbar das Faktum, daß diese Patienten im sozialen Kontext nicht über die adäquaten und akzeptierten sozialen Ressourcen verfügen und ihre interpersonelle Naivität bzw. ihr soziales Defizit (MacKENZIE 1990b) oder ihr individueller Narzißmus sie gleichzeitig in der Gruppe in einer Rolle fixieren und ihre Unfähigkeit zeigen, die Basis für Veränderung in einer Gruppe herzustellen. Vielleicht handelt es sich um eine Frage der Indikation: Sind diese Patienten möglicherweise gar nicht für Gruppentherapie geeignet, weil sie nicht über die Basis-Ressourcen sozialer Prozesse verfügen, die die erfolgreichen Patienten offenbar nutzen konnten? Oder kann der Therapeut hier maßgeblich durch Interventionen eine Auseinandersetzung und Bearbeitung der individuellen Probleme - d.h. wohl vor allem, ein Aufgreifen des Mißtrauens der "mother-group" gegenüber und ein Versuch, diese sich schützenden, und schnell verletzbaren, Gruppenmitglieder mehr zu integrieren - und der Abwehr durch die Gruppe ermöglichen? Auch hier ist mehr Forschung notwendig.

14. Klinische Beurteilungen der Therapieverläufe der einzelnen Gruppenpatienten unter Berücksichtigung der empirischen Merkmale

Im folgenden sollen alle 16 untersuchten Patienten einzeln hinsichtlich der Wechselwirkungen der untersuchten Wirkfaktoren, dem Therapieergebnis und in Verbindung zu diagnostischen und klinisch diskutierten Konfliktbereichen betrachtet werden.

Patient 1

Dieser sehr narzißtische Patient entwickelte gleich von Beginn der Therapie an eine enorme Aktivität, ursprünglich mit der Intention, sich die narzißtische Gratifikation von der Gruppe zu sichern. Sein sehr dominant-narzißtisches Verhalten (P-Faktor 1) konnte er aber bereits frühzeitig abbauen, hierzu hatte er als Gruppen-Hauptprotagonist reichlich Gelegenheit bei der von der Gruppe aggressiv geführten Auseinandersetzung mit den beiden frühen Dropouts, Patienten 8 und 9, die nach der 15. Sitzung bzw. 21. Sitzung ausschieden.

In dieser Zeit gelang es ihm auch, seine pathologischen Objekt- und Selbstrepräsentanzen zu korrigieren. Es erfolgte eine Akzeptanz des Selbst bzw eine Korrektur unangebracht hoher Selbst-Standards *(Ich-Ideal)*, die über die gesamte Therapie und bis zum letzten Meßpunkt (FU 2) feststellbar blieben. Er durchlebte eine sehr schwierige narzißtische Krise, die ihn in ein tiefes depressives Loch geraten ließ. Er war in der Lage, seine intellektuelle Dominanz und Überlegenheit in der Gruppe aufzugeben und konnte seine Schamängste überwinden und weinend und verzweifelt der Gruppe gegenüber seine Ohnmacht offen ersichtlich zulassen. Zu dieser Zeit war er ständig mit Gedanken um Abbruch und Ausstieg aus der Therapie beschäftigt.

Er wies über die gesamte Therapie-Zeit hinweg eine extrem hoch ausgeprägte positive Bezogenheit zur Gruppe auf *(Kohäsion)*, auch nachdem er seine Aktivität um die Hälfte reduziert hatte und auch mehr anderen zuhören konnte. Im letzten Drittel der Therapie entwickelte er eine warme, freundlich interessierte Empathie-Haltung gegenüber der Gruppe (P-Faktor 2), die er interpersonell einsetzte. Seine Bereitschaft, sich über private Anteile seines Selbst, seine Wünsche und Befürchtungen zu öffnen, war vom Beginn der Gruppe an in sehr hohem Maße gegeben. D.h., er ging das Risiko der Verletzung durch die anderen Gruppenmitglieder ein, indem er schambesetzte Anteile des Selbst offenlegen konnte. Er erhielt entsprechend viel *Feedback,* besonders in der ersten Therapie-Hälfte, keineswegs nur positives. Aber er war in der Lage, die schwere depressive Krise nach dem ersten Therapie-Drittel durchzustehen, was ihm letztlich den Weg zu einer erfolgreichen Veränderung gebahnt hat.

Patientin 2

Diese Patientin - schwer depressiv, mit frühem Beginn der Depression, und mit Adipositas - startete mit einigem Engagement, avancierte schnell zu einer Art Gruppenliebling und fühlte sich zunehmend mehr in der Gruppe aufgehoben, nachdem sie anfänglich etwas reserviert geblieben war (niedrige *Kohäsion* zu Beginn). Die Patientin zog sich im Verlaufe der Therapie immer mehr aus den Aktivitäten zurück, fühlte sich aber wohl und aufgehoben. Es läßt sich rückblickend so bewerten, daß es ihr offenbar wichtig war, eine Geborgenheit zu erreichen - ohne Kritik und Aggressivität ihr gegenüber - , um dann quasi diesen Zustand des Wohlbefindens bloß nicht mehr infrage zu stellen.

Sie reduziert entsprechend nicht ihr Symptomverhalten (P-Faktor 2: "Depressives Verhalten"), verschließt sich zusehends *(S-D)*, erhält weniger *Feedback.* Im Bereich der intrapsychischen Strukturen ändert sich gleichfalls nichts. Interessant ist, daß sich die Therapeuten offenbar von dem Bild der Ruhe, das diese Patientin abgegeben hat, haben täuschen lassen und sie in ihrer Erfolgseinschätzung *(GAS)* zum POST-Zeitpunkt diese Patientin weit überschätzten (starke Gewichtsabnahme, vgl. auch S.108f. und S. 147). Tatsächlich erlitt sie wieder herbe Rückschläge nach der stationären Entlassung, entwickelte wieder starke Symptome (u.a. auch wieder eine starke Gewichtszunahme) und wurde - trotz weiterer ambulanter Psychotherapie direkt im Anschluß an die stationäre Behandlung - nach vier Jahren wieder in die Klinik aufgenommen. Es muß die Frage gestellt werden, ob es sich nicht um eine endogene Depression handelt, deren ausschließlich psychoanalytische Behandlung zu kurz griff?

Patientin 3

Diese Patientin wies von der diagnostischen Seite her eine günstige Prognose auf, da sich kaum präödipale Probleme eruieren ließen. Tatsächlich handelte es sich wohl um eine regressive Bewegung unter dem Eindruck extremer äußerer Belastungen (behindertes Kind, Ehekrise usw.), die sich im Vorfeld der stationären Aufnahme kumuliert hatten.

Die Patientin wies von allen Gruppenpatienten der Gruppe I die durchgängig höchste Bezogenheit (*Kohäsion*) auf. Sie öffnet sich deutlich in der ersten Therapie-Hälfte, erhält sehr starkes *FB* von der Gruppe. Sie ändert frühzeitig (zwischen der 12. und 23. Sitzung) intrapsychisches Erleben, indem sie konflikthafte Eltern-Imagines korrigieren kann, in die Richtung, daß die als Rivalin erlebte Mutter mehr akzeptiert werden kann (die extreme Distanz zwischen dem Objekt *Mutter* und *Ich-Ideal* konnte in einen normalen Bereich hinein korrigiert werden). Die Lockerung der pathologischen Wahrnehmung der *Mutter* zeigte sich allerdings gleich von Beginn der Therapie an, wo sich Änderungen bereits in den ersten 12 Sitzungen anbahnten.

Trotzdem diese Patientin gewisse ungünstige Verhaltensweisen beibehält (P-Faktor 1: "Moralisierende Einflußnahme und Selbst-Abgrenzung"), gelingt es ihr, gegen Ende der Therapie der Gruppe gegenüber empathisches Verhalten aufzubauen (P-Faktor 3). Sie ist nicht mehr so aktiv, erhält weniger *FB,* weil sie sich auch nicht mehr viel öffnet, hat aber offenbar ihren Nutzen von der Behandlung erreicht. Sie bleibt stabil bis zum FU 2, die Symptome sind verschwunden, die Patientin ist zufrieden. Sie benötigte keine weitere Therapie, eröffnete eine Weile nach der Entlassung ein eigenes Schmuckgeschäft und hat sich im Jahr nach der Entlassung aus der Klinik von ihrem Mann getrennt.

Patient 4

Dieser spätadoleszente Patient mit narzißtischer Grundstörung ist ein typisches Beispiel für mangelhafte Einbeziehung in eine therapeutische Gruppe. Er weist die niedrigste Bezogenheit von allen Patienten auf (durchweg niedrigste *Kohäsion*), verschließt sich fast ständig, erhält entsprechend die absolut niedrigste *Feedback*-Rate der ganzen Gruppe, hält ungünstiges Verhalten aufrecht (P-Faktoren 1 und 2) und verstärkt sogar noch sozial negatives Verhalten (P-Faktor 3: "Moralisierende, rechthaberische Mitarbeit"). Es erübrigt sich eigentlich, zu erwähnen, daß sich an seinen unreifen Objekt- und Selbststrukturen nichts veränderte.

166

Keinerlei Therapieerfolg ist die (psycho)logische Konsequenz dieses nachvollziehbar ungünstigen Therapieprozesses. Therapeutischerseits wurde zu wenig unternommen, diesen Patienten in den Gruppenprozeß zu integrieren.

Am Beispiel dieses Patienten läßt sich sehr deutlich der Stellenwert einer nicht ausreichenden Beziehungsaufnahme zur therapeutischen Gruppe nachzeichnen. Konsequente Therapeutenaktivitäten hätten es diesem Patienten vielleicht ermöglichen können, in eine bessere (Objekt-)Beziehung mit der Gruppe zu treten. Die unzureichend ausgeprägte Beziehung zur Gruppe verunmöglichte offensichtlich auch das Wirksamwerden der anderen Wirkfaktoren.

Patient 5

Dieser sehr zwanghafte Patient benutzte seine "moralisierende Zwanghaftigkeit und Betonung rationaler Prinzipien" (P-Faktor 1) aus klar ersichtlichen Abwehrintentionen heraus, um seine narzißtischen Verletzbarkeiten zu schützen. Es zeigten sich keine Auflockerungen seines Verhaltens, was intrapsychisch zu einer weiteren Verfestigung seines pathologischen Größenselbst führte (signifikante Distanz zwischen *Real-* und *Ideal-Selbst*). Sein Bezug zur Gruppe und zur Therapie war ein mittlerer, wie auch seine *Öffnungs*bereitschaft. In der zweiten Therapie-Häfte erhält er das meiste *Feedback* der Gruppe, d.h. die Gruppe bemühte sich extrem intensiv um ihn, auf kritische, aber letztlich auch wohlwollende Weise, allerdings ohne wesentliche Wirkungen.

Der Patient beendete die Therapie mit "leichtem Erfolg", indem besonders die Therapeuten ihm einen Zugewinn attestierten *(GAS)*, der sich aber kaum auf den anderen Meßebenen widerspiegelte: kein Zugewinn bescheinigt vom unabhängigen Kliniker, kaum Reduzierungen der psychosomatischen Symptome sowie persistierender hoher Leidensdruck, da die persönlichen Ziele praktisch nicht erreicht wurden. Auch er wurde vier Jahre später der Klinik wieder zugewiesen.

Patientin 6

Von der Diagnose her eine ungünstige Prognose, bestätigte der Therapieprozeß die Vermutungen. Die Patientin hielt sich von Beginn an mißtrauisch-reserviert zurück. Sie wies eine durchgängig sehr niedrige Bezogenheit *(Kohäsion)* zur Gruppe auf, sie verschloß sich, indem sie kaum etwas von sich preisgab (sehr niedrige *S-D*). Ihre geringe soziale Beteiligung führte zu einer Verfestigung ihrer Abwehr (P-Faktor 2) sowie zur Aufrechterhaltung von "Ängstlichkeit und Depressivität" (P-Faktor 1). Zwischenzeitlich gibt es eine Strukturlockerung, indem einige private Objekte anders wahrgenommen und erlebt werden (Meßpunkte t 5 - t 6), allerdings eher ins Gegenteil verkehrt, bevor der alte Zustand wieder hergestellt wird.

Die Patientin erhält auf verblüffende Weise in der zweiten Therapie-Hälfte ansteigendes *Feedback,* weil die Gruppe sich deutlich um dieses "schwarze Schaf" bemühte. Möglicherweise hat die Gruppe unterschwellig etwas von dem verspürt, was diese als "schizoid" diagnostizierte Patientin ausstrahlte: ihre mangelnde Beziehungsfähigkeit und ihr Mißtrauen der Gruppe gegenüber aus ihren Mutter-Problemen heraus (vgl. Kap. 7.2.3) - Mißtrauen der "mother-group" gegenüber.

Patientin 7

Die Patientin nimmt die Gruppe von Beginn an stark in Anspruch. Sie öffnet sich schnell, teilt problematische Seiten ihres Selbst mit *(S-D)*, erhält auch sehr hohes *FB* von der Gruppe in der ersten Therapie-Häfte. Dennoch weist sie innerlich nur einen geringen emotionalen Bezug zur Gruppe auf *(Kohäsion)*, der dann in der zweiten Therapie-Hälfte weiter auf das niedrigste Niveau von allen Gruppenmitgliedern sinkt. Sie zeigt ein vergleichsweise breites Verhaltens-Spektrum, das allerdings in seinen ungünstigen Bereichen keine günstige Veränderung erfährt (P-Faktoren 1 und 3). Im Gegenteil scheint sie das Interesse an (bzw. die Bezogenheit zu) der Gruppe noch weiter zu verlieren (P-Faktor 2 nimmt ab). Die Gruppe antwortet entsprechend, auch ihr Interesse an der Patientin läßt nach (absinkendes *Feedback*).

Offensichtlich hat die Patientin resigniert, weil sie nicht die Zufuhr erhielt, die sie sich insgeheim - unrealistischerweise - erhofft hatte. So scheint entsprechend die Gruppe dann irgendwann auch resigniert zu haben, vielleicht weil sie sich ihrerseits (die Gruppe) überfordert fühlte? Hat die Patientin von Beginn an kein ausreichendes - nicht tief genug reichendes - Vertrauen in die "Mutter-Gruppe" gehabt? Was dann letztlich zu einer sich selbst erfüllenden Prophezeiung wurde?

Auch hier könnte man sich gut vorstellen, daß eine stärkere Konfrontation der Therapeuten hinsichtlich der unbewußten Erwartungen und Ansprüche der Patientin an die Gruppe (wie auch die passiv-oralen Erwartungen einiger anderer Gruppenpatienten) hätte erfolgen können (müssen), um diese Aspekte für die Patientin bearbeitbar zu machen.

Patientin 10

Nach anfänglich leichter Reserviertheit entwickelt diese Patientin eine sehr hohe Bezogenheit (*Kohäsion*) zur Gruppe. Trotzdem war es ihr möglich, sich bereits in der ersten Therapie-Hälfte deutlich zu öffnen. Sie ändert um die Hälfte der Therapie-Dauer herum Objekt- und Selbstrepräsentanzen: *Mutter* und *Ich-Ideal* nähern sich allmählich an, nachdem die Mutter für diese Patientin eingangs hoch negativ besetzt war (vgl. Kap. 7.2.3). Außerdem verringert sich die inadäquate Distanz zwischen dem *Real-Ich* und dem *Ich-Ideal*: Das Verhalten "Bestimmtheit und freundliche Empathie" (P-Faktor 1) nimmt *nach* diesen intrapsychischen Änderungen deutlich zu.

Die Patientin kann in der zweiten Therapie-Hälfte ihre Aktivität deutlich verringern, ohne die erreichten, wichtigen Änderungen zu gefährden. Sie stabilisiert ihr Erreichtes offenbar durch eine ambulante Anschlußtherapie und erscheint zum FU 2 als "sehr erfolgreich" auf allen Meßebenen.

Patientin 20

Die Patientin zeigt die niedrigste Bezogenheit von allen Patienten von Gruppe II in der ersten Hälfte der Therapie. Sie wirkt mißtrauisch ablehnend. Ihre schlechte Bezogenheit zur Gruppe verwundert angesichts ihrer Lebensgeschichte nicht (vgl. Kap. 7.2.3). Die Borderline-Struktur dieser Patientin erlaubt es ihr anscheinend nicht, Vertrauen zur "mother-group" zu entwickeln. Sie zeigt einzelne, extrem impulsive Durchbrüche in der ersten Therapie-Hälfte und überschwemmt die Gruppe mit ihren Selbstmitteilungen (in einzelnen Sitzungen über 100 Selbstreferenzen pro Sitzung). Das *FB* der Gruppe bleibt die gesamte Therapie über gebremst und erreicht nur mittlere Intensität.

Die Patientin zeigt gleichzeitig impulsive Verhaltensdurchbrüche, häufig im Sinne projektiver Identifikation; ihre Spaltungstendenzen scheinen sich zu verfestigen, indem sie die gehaßten und gefürchteten Mutteranteile abspaltet und in eine homoerotische Beziehung mit einer Mitpatientin eintritt. Es finden keinerlei intrapsychische Veränderungen statt, die totale Nähe zwischen *Mutter*-Repräsentanz und dem *Selbst (Ich, wie ich bin)* (aus illusionären Wünschen heraus oder aus Abwehr, aus Angst, das böse Mutter-Introjekt gegen sich aufzubringen?). Gleichzeitig besteht eine extreme Distanz zwischen der *Mutter*-Repräsentanz und dem *Ich-Ideal*, was die angestellten Vermutungen in etwa bestätigen würde.

Neben den impulsiven Verhaltensdurchbrüchen sehr widersprüchlicher Art intensiviert sie ungünstiges Verhalten im Verlauf der Therapie (P-Faktoren 1 und 3).

Die Patientin erreicht in der zweiten Therapie-Hälfte eine regelmäßigere Beteiligung an den Interaktionen, ihre innere Beziehung zur Gruppe verbessert sich auch etwas *(Kohäsion)*. Dennoch gelingen weder *Verhaltensänderungen* noch intrapsychische Änderungen. Sie hat sich im Verlaufe des stationären Klinikaufenthaltes in eine Mitpatientin verliebt und mit ihr ein intimes Verhältnis begonnen. Im Rahmen der dargelegten intrapsychischen Konflikte ein wohl regressiver Versuch, die als sehr gefährlich erlebte, äußerst problematische, Mutterbeziehung unter Kontrolle zu behalten; letztlich kein Schritt vorwärts in der therapeutischen Bewältigung. Die Patientin zeigt denn auch leichte Verschlechterungen in der Global-Beurteilung.

Patientin 21

Diese Patientin beginnt sehr verschlossen der Gruppe gegenüber, was sich öffnende Verhaltensweisen angeht. Ansonsten ist sie sehr engagiert und beteiligt sich bei allen Patienten, verbleibt aber ständig im Rationalen. Ihr Bezug zur Gruppe bleibt stets ein mittlerer, nicht ausreichend intensiv und hoch genug, um therapeutischen Nutzen zu erreichen. Die Gruppe honoriert aber ihre Bemühungen in der zweiten Therapie-Hälfte, indem sie ihr das meiste *FB* gibt, zum Teil allerdings auch recht kritisch.

Das rationale Verhalten (P-Faktor 1) der Patientin dient offensichtlich der Abwehr, ihre narzißtische Überheblichkeit (P-Faktor 2) gleichfalls. Nur Faktor 3 (nonverbales, freundliches Interesse) steigt zum Ende der Gruppe hin an.

Intrapsychisch labilisiert sich etwas die "Verteufelung" des sehr negativen, ödipalen Mutterbildes, indem zwar *Mutter* weit vom Ideal entfernt bleibt, der *Vater* dagegen total idealisiert wird; aber die Rigidität der beschriebenen Konstellation, wie sie zu Beginn der Therapie gegeben war, wird etwas aufgelockert.

Nach Auskunft der Therapeuten handelte es sich bei dieser Patientin um eine ausgesprochene Widerstandsanalyse. Die ödipale Thematik erwies sich für die Patientin als nicht lösbar innerhalb der stationären Therapiemaßnahmen, obwohl von der diagnostischen Seite her die Prognose nicht ungünstig gewesen war. Ihr Therapieergebnis war nicht erfreulich ("leicht verschlechtert" bzw. "0 -" zum POST-Zeitpunkt).

Zum FOLLOW-UP 2 allerdings wirkte die Patientin wie von allen Plagen befreit, die Anschlußtherapie hatte ihre möglicherweise in

Gang gesetzten bzw. durch die stationäre Therapie angestoßenen Veränderungen voll zum Durchbruch bringen können. Die Patientin zeigte diese Aufwärtsentwicklung zum Nachuntersuchungstermin (zum FU 2 "guter Erfolg" bzw. "+"), so daß auf allen Ebenen ein "guter" Therapieerfolg konstatiert werden konnte. Man könnte sich klinisch aufgrund der extremen Widerstandsanalyse bei dieser Patientin vorstellen, daß der Widerstand sich unbewußt der Gruppe - und damit der Therapie - gegenüber manifestierte, weil die Gruppe vielleicht die psychologische Qualität der *Mutter* für diese Patientin erfüllte ("mother group"), der gegenüber die Patientin ja gerade aufgrund ihres ausgeprägten Konfliktes einen enorm negativen Affekt aufwies?

Patient 22

Die extrem niedrige Bezogenheit dieses Patienten *(Kohäsion)* und sein mißtrauisches, scheues Zurückhalten *(S-D)* ermöglichte keine günstigen Voraussetzungen für irgendeine therapeutische Arbeit. Es wurde versäumt, diesen schizoid-zwanghaft diagnostizierten Patienten stärker einzubinden, so daß er immer mehr in der Gruppe an den Rand geriet. Im Verhalten zeigte sich sein allmählicher Rückzug, nach anfänglich leichter Mitarbeit: alle Verhaltensweisen nahmen ab, er erhielt wenig *FB,* obwohl sich die Gruppe in der zweiten Hälfte der Therapiezeit ziemlich bemühte; intrapsychisch fanden keinerlei Änderungen statt.

Die Frage bleibt offen, ob aktivere Interventionen der Therapeuten nicht vielleicht doch eine günstigere (Objekt-)Beziehungsaufnahme zur Gruppe ermöglicht hätten?

Patient 23

Bei diesem Patienten handelte es sich um ein sehr bemühtes, die Initiative gleich ergreifendes Gruppenmitglied. Er war über weite Strecken der Hauptprotagonist der Gruppe II. Dennoch war seine emotionale Bezogenheit zur Gruppe eher durchschnittlich in der ersten Hälfte und erst im zweiten Therapie-Abschnitt erhöht. Er erhielt ein sehr hohes und intensives - überwiegend positives - *FB*, konnte sich auch im ersten Abschnitt sehr stark öffnen, ohne die Gruppe zu überfordern. Sein Verhalten spiegelt seine starken Bemühungen zu echter therapeutischer Mitarbeit (P-Faktor 1), die gegen Ende der Therapie noch weiter ansteigt. Unangebrachtes, problematisches Verhalten kann der Patient signifikant reduzieren (P-

Faktor 2: "Dominanz, moralisierender Einfluß"). Intrapsychisch stellen sich allerdings keine durchgreifenden Änderungen ein, die extreme Distanz zwischen *Ich-Ideal* und *Mutter* bleibt erhalten, jedoch stellt sich eine Normalisierung der zu Beginn extremen Diskrepanz des *Real-Ichs* zum *Ich-Ideal* ein.

Das Therapieergebnis dieses Patienten ist zum POST-Zeitpunkt unverändert. Er zeigt über die FOLLOW-UPs dann stetig anwachsende Verbesserungen auf allen Meßebenen; möglicherweise ist dies aber teilweise zurückzuführen auf die ambulante analytische Einzelbehandlung im Anschluß an die stationäre Therapie. Es ist dennoch zu vermuten - einige Wirkfaktoren deuten darauf hin (*S-D, FB, Verhaltensänderungen*) - , daß durch die stationäre Therapie einiges auf den Weg gebracht worden ist, was dem Patienten schließlich geholfen hat.

Patientin 24

Interessant ist die ausgeprägt hohe positiv-emotionale Bezogenheit dieser Patientin zu Beginn der Gruppe. In diesem Punkte ähnelt sie der Patientin 7 von Gruppe I, die ebenfalls eine neurotische Depression aufwies. Die positive Bezogenheit der Pat. 24 zur Gruppe bricht aber regelrecht zusammen bzw. ab bis hin zur absolut niedrigsten der ganzen Gruppe in der zweiten Therapie-Hälfte - gleichfalls wie bei Patientin 7 von Gruppe I. Die Patientin war offensichtlich nicht in der Lage, eine adäquate (Objekt-)Beziehung aufzunehmen, ihre Erwartungen wurden enttäuscht, sie verschloß sich zusehends, und die Gruppe verlor sie aus den Augen: sie gab dieser Patientin das wenigste an *FB* von allen Gruppenmitgliedern.

Intrapsychisch bleibt alles beim alten, obwohl angemerkt werden muß, daß in den intrapsychisch repräsentierten Objekt- und Selbstbezügen keine auffällige Pathologie erkennbar wurde. Im Verhalten zeigt sich auch an keiner Stelle eine positive Veränderung, die Passivität und Untätigkeit der Patientin wird im Gegenteil weiter verfestigt. Sie lamentiert leidend vor sich hin, was die Gruppe schließlich resignieren ließ, da sie es der Patientin nicht recht machen konnte.

Angesichts der Parallelität zu Pat. 7 - und im Grunde auch zu Patientin 2 - von Gruppe I darf die Frage erlaubt sein, ob infantile Erwartungshaltungen depressiv strukturierter Patienten nicht konsequenter von Gruppenleitern adressiert werden müßten, damit die unbewußten oral-passiven, infantil-narzißtischen Ansprüche bewußt werden, um sie einer Bearbeitung zuzuführen? Ein nicht explizites Aufgreifen dieser Problematik in der therapeutischen Gruppe vertieft nur den Konflikt bzw. bestätigt und verfestigt ihn - zumindest zeigt sich dies bei einigen depressiven Patientinnen der untersuchten Gruppen (Patientinnen 2, 7 und 24) - , den diese Patienten mit ihren Primärfamilien offenbar haben bzw. gehabt haben, und der sie, in unbewußter Wut aufgrund vermeintlicher Versagungen, gefangenhält.

Patientin 25

Diese Patientin war die erfolgreichste ihrer Gruppe. Trotz ungünstiger Prognose (Bulimie und Borderline-Störung) und aufgrund ihrer Lebensgeschichte (vgl. Kap. 7.2.3) erreichte diese Patientin fast alles. Sie wies gleich von Beginn an einen recht positiven emotionalen Bezug zur Gruppe auf, der sich sogar - trotz abnehmender Aktivität in der zweiten Hälfte - noch weiter erhöhte. Entsprechend ausgeprägt war ihre Öffnungsbereitschaft, was ihr wiederum das höchste *Feedback* der Gruppe in der ersten Therapie-Hälfte einbrachte. Die Zunahme des Faktors 2 ("Leidend, bemüht, kooperativ arbeitend") zeigt echte therapeutische Arbeitsfähigkeit, so daß die intrapsychisch günstigen Tendenzen nicht mehr überraschen: Es wird im Verlaufe der Therapie eine extreme Nähe des *Real-Ich* zum *Ich-Ideal* hergestellt, ein Prozeß, der für diese Patientin offenbar von absoluter Notwendigkeit war.

Aufgrund der, von der Lebensgeschichte und der Diagnose her gesehen, schlechtestmöglichen Bedingungen der beiden Patientinnen 20 und 25 zum Beginn ihres Lebens - beide wurden sie von ihren Müttern verstoßen und in ein Heim (Pat. 20) bzw. zu einer Adoptiv-Familie (Pat. 25) gegeben, beide weisen eine Borderline-Struktur auf - bestätigen sich einmal mehr die häufig angestellten Beobachtungen schwerster frühkindlicher Traumatisierungen (TRESS 1986). Während es für die Patientin 20 nicht möglich war, die therapeutische Erfahrung in der Klinik in günstiger Weise zu nutzen - im Gegenteil verfestigten sich offensichtlich pathologische Strukturen und die Patientin verschlechterte sich sogar in den Ergebnis-Maßen, außerdem nahm sie nach Entlassung keine weitere Therapie in Anspruch - , war dies für die Patientin 25 ganz anders. Sie konnte einen zunehmend besseren emotionalen Bezug zur Gruppe herstellen (zunehmende *Kohäsion*, obwohl bereits auf hohem Niveau beginnend), der es ihr anscheinend ermöglichte, die therapeutische Arbeit zu leisten (*Öffnungen* vorzunehmen, *Feedback* anzunehmen, *Verhaltensänderungen* zu erreichen wie auch einige günstige intrapsychische Umstrukturierungen, s.o.), die schließlich zu einer äußerst günstigen Erfolgsbeurteilung auf allen Ebenen führte. Ohne weitere Therapie in Anspruch genommen zu haben, zeigen die Erhebungen zu den FOLLOW-UPs nur ständig günstigere Werte.

Letztlich läßt sich das sehr unterschiedliche Therapieergebnis beider Patientinnen mit vergleichbarer Diagnose und Lebensgeschichte auf ihre Beziehungs- bzw. Beziehungsunfähigkeit zurückführen. Eine gute Fähigkeit zur (Objekt-)Beziehung (zur "mother group"?) bahnt der Patientin 25 das Wirksamwerden anderer Wirkfaktoren, wie gesehen. Patientin 20 hingegen ist nicht in der Lage, eine ausreichende Beziehungsaufnahme vorzunehmen. Ihre zwar im Verlauf der Gruppe zunehmend positivere Beziehung zur Gruppe (vgl. auch Tabelle 12) integriert sie offenbar mehr in der zweiten Therapie-Hälfte in die Gruppe, was auch eine Zunahme an $S-D$ ermöglicht, allerdings trotzdem eine FB-Abnahme nicht verhindern kann. Dennoch läßt sich konstatieren, daß die zunehmend bessere emotionale Beziehung letztlich nicht das Niveau - und damit die Qualität - erreicht, das von anderen, erfolgreichen, Patienten erreicht wurde. Außerdem scheint hier ein Punkt auf, der womöglich gleichfalls von großer Bedeutung ist: der Zeitaspekt. Zumindest aufgrund der vorliegenden Daten läßt sich feststellen, daß nur *ausschließlich eine frühe* und ausreichend gute emotionale Beziehung zur therapeutischen Gruppe mit späterem Therapieerfolg zusammenhängt und nicht eine sich im Verlaufe der Therapie verbessernde Beziehung, die außerdem auch in keinem Fall mehr das offenbar erforderliche Niveau der anderen erreicht (nicht mehr erreichen kann?).

Entscheidend scheinen also frühe Konstellationen in der therapeutischen Gruppe zu sein: Eine (zu) späte Beziehungsaufnahme reicht entweder nicht mehr aus und/oder hat letztlich auch darum keinen therapeutischen Effekt mehr. Letzteres wohl in dem Sinne, daß die wichtigen Phasen für das Inkrafttreten verschiedener anderer Wirkfaktoren nicht rechtzeitig genutzt werden konnten.

Patient 26

Dieser Patient beginnt die erste Therapie-Hälfte mit der höchsten emotionalen Bezogenheit von allen Gruppenmitgliedern. Korrespondierend hierzu seine sehr große *Öffnungs*bereitschaft, die er kontinuierlich und in für die Gruppe "verträglicher" Dosis in der ersten Therapie-Hälfte zeigt. Dennoch ist das *Feedback,* das er erhält, nur von mittlerer Intensität. Sehr auffällig ist der fast totale Rückzug von seiner in den ersten 40 Sitzungen ausgeprägten Aktivität. Er verschließt sich zusehends, gibt nichts mehr von sich preis und erhält entsprechend niedrigeres *Feedback*. Dennoch - obwohl etwas reduziert - bleibt seine hohe positive emotionale Bezogenheit zur Gruppe erhalten. Aufgrund seiner zurückgenommenen Aktivität reduziert sich auch die Ausprägung/Intensität seiner Verhaltensweisen signifikant (P-Faktoren 1: "Rational-kontrollierendes Verhalten" und P-Faktor 2: "emotionale, empathische Freundlichkeit").

Daß dieser Patient trotz seiner deutlichen Zurücknahme aus den interpersonellen Gruppen-Aktivitäten in der zweiten Therapie-Hälfte wesentliche intrapsychische Änderungen erst gegen Ende der Therapie vornimmt, verdeutlicht, daß er sich offenbar nicht aus dem therapeutischen Prozeß verabschiedet hatte (vgl. auch seine nach wie vor hohe *Kohäsion*). Klinisch günstig - Lösung des ödipalen Konflikts? - ist seine *Mutter*-Entidealisierung bei gleichzeitig größerer Nähe, die er zum *Vater* gewinnt (vgl. hierzu Kap. 7.2.3). Diese Beziehung erhält zwischenzeitlich eine Über-Idealisierung, wird jedoch zum Nachuntersuchungs-Termin (FOLLOW-UP 1) wieder normalisiert (normale Distanz zwischen *Vater* und *Ich-Ideal*).

Der Patient ist "gut erfolgreich" zu allen Nachuntersuchungsterminen. Er konnte seinen intial extrem hohen Symptomdruck fast vollständig reduzieren *(SCL-90-R)* und erscheint auch im Urteil des unabhängigen Klinikers fast optimal gebessert *(Goal Attainment Scaling)* (vgl. Tab. 19 und 21 im Anhang). Nur im Urteil der Therapeuten *(GAS)* (Tab. 22) kommt er schlechter weg zum FU 2; sie sehen nur wenig Fortschritt.

Es sollte an dieser Stelle angemerkt werden, daß die Therapeuten in seinem Rückzug in der zweiten Therapie-Hälfte einen starken Widerstand sahen, den sie an dem Patienten kritisierten, was diesen zu weiterer Retentivität veranlaßte. Es darf dennoch spekuliert werden, ob der Patient in dem radikalen Rückzug von der Gruppe (von der "mother-group"?) nicht gerade eine für ihn günstige - einzig mögliche? - Form der Ablösung von der Mutter fand, im Krach mit der Gruppe/bzw. den Therapeuten sich nur abtrennen zu können, was von den Therapeuten vielleicht nicht in dieser Bedeutung gesehen wurde?

Es kann jedenfalls festgehalten werden, daß der Patient 26 durchaus seinen sehr deutlichen Nutzen aus der Therapie gezogen hat: er heiratete seine Freundin, nachdem er die extrem enge Mutterbeziehung lockern konnte (s.o.), baute sein eigenes Haus, auch war die Symptomatik des Morbus Crohn praktisch vollständig und dauerhaft abgeklungen, die zu Beginn der Therapie sehr ausgeprägt gewesen war.

Für diesen Patienten war es besonders schwierig, in der Gruppe Fuß zu fassen, da er als Seiteneinsteiger für einen ausgeschiedenen Patienten erst ab der 23. Sitzung in die Gruppe II kam.

Er gewinnt dann in den nächsten ca. 30 Sitzungen eine mittlere Bezogenheit zur Gruppe, verbleibt aber sehr zurückhaltend mit eigenen Selbstäußerungen *(S-D)*. Entsprechend erhält er auch fast gar kein *Feedback*. Sehr interessant sind deshalb die frühen intrapsychischen Veränderungen, die bereits ca. 12 Sitzungen, nachdem er in die Gruppe gekommen war, Platz greifen. Er normalisiert vor allem sein *Mutter*-Verhältnis, was angesichts seines *Mutter*-Hasses und seiner *Vater*-Verschmelzungswünsche als günstig zu bewerten ist. Obwohl beide, *Vater* und *Mutter*, weit vom *Ich-Ideal* entfernt bleiben, stellt er - die Distanz zum eigenen *Ich-Ideal* ausdrückend - eine sehr große Nähe zwischen dem Erleben des *Selbst (Real-Ich)* und *Vater* her. Letzteres kann er auch im Verlaufe der Therapie - inklusive FOLLOW-UP 1 - nicht mehr verändern.

Obwohl sich der Patient in der zweiten Therapie-Hälfte stärker öffnet und in der zweiten Hälfte die größte Bezogenheit aller Gruppenmitglieder seiner Gruppe entwickelt, erhält er nach wie vor nur geringes *Feedback* von der Gruppe, wird er vielleicht doch als "Fremdkörper" erlebt und behandelt. Ein weiterer Hinweis auf die enorme Bedeutung einer *frühzeitigen* guten Beziehungsaufnahme zur Gruppe. Hier schließt sich auch die sehr wichtige Frage an, welchen therapeutischen Nutzen Gruppennachrücker eigentlich überhaupt haben können, wenn es sich um eine im Prinzip geschlossene Gruppe mit vorausbestimmter Laufzeit handelt?

Im Verhaltensbereich zeigen sich keinerlei Änderungen, der Patient behält sein für ihn symptomatisches zwanghaftes Verhalten (P-Faktor 1) und sein "prinzipielles, kritisches, dennoch einfühlendes" Verhalten bei (P-Faktor 3) (vgl. Anhang Tabelle 23). Er weist auf keiner Ebene - Ausnahme: Therapeuten-Einschätzung *(GAS)* - wesentlichen therapeutischen Zugewinn aus.

15. Aggregation von Einzelergebnissen

Um zu einer Aggregation von Einzelergebnissen zu gelangen, die eindeutig mit günstigen Veränderungen (= Therapieerfolg) bzw. eindeutig ungünstigen oder ausgebliebenen Veränderungen (= kein Erfolg) zusammenhängen, muß jeweils ein Substrat der einzelnen Wirkfaktoren - sofern vorhanden - gefunden werden, das unterschiedlich erfolgreiche Patienten-Subgruppen diskriminiert, d.h. sie jeweils möglichst exakt kennzeichnet und sie zu rekonstruieren bzw. aufgrund ihrer Ausprägungen vorherzusagen gestattet. Hierbei können möglicherweise Wechselwirkungen bzw. Kovariationen der Ausprägungen einzelner Faktoren zu bestimmten Zeiten während der Therapie eine Rolle spielen.

Die hier vorgestellte Studie versteht sich als eine multiple Einzelfallanalyse. Wie eingangs erwähnt, leidet die Psychotherapieforschung im Hinblick auf einen Erkenntnisgewinn unter dem speziell für die therapeutische Praxis ungenügenden gruppenstatistischen Forschungsparadigma. Dieser Ansatz aber ist per definitionem ungeeignet, über mikroprozessuale Merkmale/Veränderungen während psychotherapeutischer Prozesse Auskunft zu geben. Die Frage bleibt letztlich auch heute noch weitgehend unbeantwortet: Falls Veränderungen eintreten - wann, welche, wodurch und mit welchem Einfluß auf das Therapieergebnis? Präzise empirische Forschung ist umso erforderlicher angesichts der Tatsache, daß fast die gesamte Wirkfaktorenforschung in der Gruppenpsychotherapie auf subjektiven Auskünften basiert, wobei die Betroffenen schlichtweg nicht in der Lage sind, ihr Therapieerlebnis (die zum Tragen gekommenen Wirkmomente) objektiv und valide zu beurteilen (DIES u. MacKENZIE 1983; SCHAFFER u. DREYER 1982; TSCHUSCHKE 1990a).

Generell kann dennoch konstatiert werden, daß die Ergebnisse der hier vorgelegten Untersuchung allen in der Studie kontrollierten Wirkfaktoren ihre Beteiligung am Nutzen durch die Gruppentherapien - mehr oder weniger - bestätigen. Jeder der fünf untersuchten Wirkfaktoren hat in einem gewissen Ausmaß eine positive Beziehung mit der Qualität des Therapieergebnisses. Was allerdings sehr aufschlußreich und neu ist, ist die Tatsache, daß einige der Wirkmechanismen zu ganz unterschiedlichen Zeitpunkten während der Therapien bedeutsam werden und daß sie einen differentiell sehr unterschiedlichen Beitrag zum Therapieergebnis leisten. Angesichts der Ergebnisse dieser Untersuchung ist weiterhin davon auszugehen, daß die Faktoren voneinander abhängen, was die Vermutung aufwirft, daß andere - in dieser Untersuchung nicht kontrollierte Wirkfaktoren wie z.B. *Altruismus, Einsicht, Katharsis, Universalität des Leidens, Anleitung, Identifikation* oder *Einflössen von Hoffnung* in ähnlicher Weise involviert gewesen sein mögen. Weiterhin legen die Ergebnisse die Vermutung nahe, daß es Grund genug zu der Annahme gibt, daß eine Hierarchie zwischen den einzelnen untersuchten Wirkfaktoren besteht.

Individuelle *Kohäsion* zur Gruppe - wie sie in dieser Studie untersucht worden ist - scheint die Fähigkeit des Individuums zu sein, die eigene Person in eine ausreichend günstige Beziehung zu setzen zu anderen bzw. einer sozialen Gruppe, und zwar auf eine Art und Weise, daß von einer spezifischen sozialen Kompetenz, einer psychologischen Sensibilität (McCALLUM u. PIPER 1990) für andere oder einem Motivationsfaktor für therapeutische Arbeit ausgegangen werden muß. Entsprechend den Ergebnissen dieser Untersuchung bedeutet eine initial hoch ausgeprägte individuelle *Kohäsion* die beste Voraussetzung für therapeutische Arbeit und damit für therapeutische Veränderung. Im übrigen verringerte sich bei keinem einzigen der - später gut oder leicht erfolgreichen - Patienten mit initial hoher *Kohäsion* diese positive Gruppenbezogenheit im Verlaufe der Therapie, sondern stieg eher noch an!

Die umgekehrte Relation trifft gleichfalls durchgängig zu: Keiner der unveränderten bzw. leicht verschlechterten Patienten entwickelte *initial*, d.h. zu Beginn oder in der ersten Therapie-Hälfte, eine ausreichend hohe positive Bezogenheit zur Gruppe, höchstens im späteren Gruppenverlauf (Pat. 2, 20, 30). Eine rechtzeitige gute therapeutische (Objekt-)Beziehung mit der analytischen Gruppe scheint dem Individuum das Vertrauen zu geben, das Risiko einer Öffnung über schamhafte, problematische Aspekte des Selbst *(S-D)* einzugehen, was seinerseits wiederum hoch therapeutisch zu sein scheint.

"To reveal oneself, and then to be actively accepted and supported by others, is deeply validating. Patients often entertain some disastrous or shameful fantasy about revealing less-than-ideal parts of themselves; to allow others to see "the real me" and to have that fantasy disconfirmed is highly therapeutic" (VINOGRADOV u. YALOM 1990, S. 194).

Die Beziehung zwischen *S-D* und *FB* ist evident. Wie detailliertere Betrachtungen des Verhaltens von Sitzung zu Sitzung zeigen, gehen die Patienten tatsächlich einiges Risiko in ihren Gruppen ein. Ihre Öffnungsbereitschaft ist nicht in jeder Sitzung und nicht stets in vergleichbarer Relation von erhaltenem *Feedback* belohnt (obwohl es einen insgesamt sehr hohen korrelativen Zusammenhang zwischen beiden Phänomenen gibt). Es gibt sogar Hinweise für die nicht erfolgreichen Gruppenpatienten, daß sie tendentiell mehr *FB* erhalten als sie *S-D*-Verhalten zeigen. Zum einen unterstreicht dieses Ergebnis sicherlich die Tatsache, daß die Gruppenmitglieder beider Gruppen sich bemühten, die offenbar sich zurückhaltenden Gruppenmitglieder in die Interaktionen einzubeziehen. Zum anderen ist dieses Ergebnis ein Hinweis, daß selbst umfangreiches *FB* nicht per se ein therapeutischer Wirkfaktor sein muß, schon gar nicht, wenn es zu spät erfolgt bzw. von den Adressaten nicht entsprechend aufgenommen und verarbeitet werden kann. Eine Relativierung weiter Bereiche der Literatur, daß nämlich *FB* nicht per se ein wichtiges therapeutisches Wirkmoment zu sein scheint.

Eine gute Integration in die Gruppe - gemeint ist eine ausgeprägte und positive emotionale Bezogenheit zur Gruppe, was dann offenbar wiederum die Fähigkeit und Bereitschaft zur *Selbstöffnung* fördert - führt zu mehr und intensiverem *Feedback*. Diese Rückmeldungen (positiv und/oder kritisch) sind offenbar dann von höherem therapeutischen Wert, wenn sie frühzeitiger im Verlauf der Gruppentherapie von der Gruppe bzw. einzelnen anderen Gruppenmitgliedern (inkl. Therapeuten) erhalten werden. Die Ergebnisse der Untersuchung legen die Vermutung nahe, daß *FB* einige Zeit benötigt, um ver- bzw. durchgearbeitet zu werden, um dann schließlich akzeptiert und integriert werden zu können:

"...for the formation of new personal, but...enduring *identifications*." (KIBEL 1991, S. 118 f.).

Unterschiedliche Therapiegruppen scheinen nicht nur ein einzigartiges psychologisches Klima und eine ganz eigene Identität zu generieren, die Ergebnisse dieser Studie lassen außerdem vermuten, daß eine Gruppe jeweils eine originäre Basis für das Auftreten und Wirken ganz spezifischer therapeutischer Faktoren schafft. Tabelle 10 verdeutlicht, daß die erfolgreichen Patienten von Gruppe I ihre pathologischen Objekt- und Selbstrepräsentanzen recht früh - in der ersten Therapie-Hälfte - in eine klinisch-objektpsychologisch gesehen günstige Richtung verändern können, während die erfolgreichen Patienten von Gruppe II dies erst vergleichsweise spät vornehmen können (gegen Ende der Therapie). Diese Ergebnisse lassen die Schlußfolgerung zu, daß der Wirkfaktor *Rekapitulation der Primärfamilie* wahrscheinlich an bestimmte Gruppenentwicklungs-Charakteristika gekoppelt ist. Die Tatsache, daß intrapsychisch sehr individuelle Strukturen bei verschiedenen - nur bei später eher erfolgreichen - Patienten zeitlich in relativ engem zeitlichen Rahmen verändert werden bei Mitgliedern derselben Gruppe, ist zunächst einmal ein faszinierender Gedanke, der nichtsdestoweniger ein Gruppenphänomen zu beschreiben scheint, das in seiner Bedeutung und Tragweite vielleicht noch gar nicht abzuschätzen ist.

Die Frage, ob *Kohäsion* eine "Bedingung" für Veränderung oder eher doch ein eigenständiger Wirkfaktor ist, bleibt auch nach diesen Ergebnissen nicht zufriedenstellend beantwortet. Wegen der Komplexität wie auch wegen der zahllosen operationalen Definitionen des Konzepts (BUDMAN et al. 1989; KAUL u. BEDNAR 1986; KELLERMAN 1981) sind präzise Informationen über das jeweils benutzte Maß, die Zeitpunkte seines Einsatzes wie auch seiner Beziehungen zum längerfristigen Therapieergebnis von Bedeutung. Das hier verwendete Maß *Stuttgarter Bogen (SB)*, Skala *Emotionale Bezogenheit zur Gruppe* deckt Gefühle und emotionale Einstellungen des individuellen Gruppenmitglieds ab, die sich um die basalen Aspekte des Konzepts *Kohäsion* zentrieren: Unterstützung *(support)* und Akzeptanz *(acceptance)* (BLOCH u. CROUCH 1985).

Der *SB* wurde jedem Patienten jeder Gruppe nach jeder Sitzung über die gesamte Dauer der Therapie hinweg zur subjektiven Einschätzung der eigenen emotionalen Bezogenheit zur Gruppe in der gerade vergangenen Sitzung gegeben.

Das Niveau an positiver emotionaler Bezogenheit unterscheidet erfolgreiche von nicht erfolgreichen Patienten nahezu "dramatisch" (vgl. Abbildung 4): Erfolgreiche Patienten beider Gruppen erreichen ein sehr hohes Niveau positiver emotionaler Beziehung mit der Gruppe bereits innerhalb der ersten Gruppensitzungen, sie halten dieses hohe Niveau fast über die gesamte Therapie aufrecht und sind sogar gegen Ende der Gruppen in der Lage, dieses bereits hohe Niveau noch weiter anzuheben. Zur gleichen Zeit sind die nicht erfolgreichen Patienten beider Gruppen auf einem deutlich niedrigeren Niveau an *Kohäsion* angesiedelt, das sich nur unwesentlich gegen Ende der Gruppenlaufzeiten anhebt - niedrigere *Kohäsion* ist mit Mißerfolg in beiden Gruppen assoziiert.

Das Ausmaß an Selbst-Pathologie als ein möglicher Faktor für die Verhinderung einer stabilen und positiven Objektbeziehungsaufnahme - hier der therapeutischen Gruppe - wird als ein möglicher, wichtiger Faktor im Zusammenhang mit *Kohäsion* diskutiert (WONG 1981).

S-D ist sehr eng mit *Kohäsion* verknüpft, wie bereits erwähnt; besonders trifft dies für die erste Therapie-Hälfte zu. Der hohe korrelative Zusammenhang deckt sich mit den Ergebnissen aus anderen Studien (JOHNSON u. RIDENER, 1974; KIRSHNER et al. 1978; QUERY 1964; RIBNER 1974; TSCHUSCHKE 1987). Später erfolgreiche Gruppenmitglieder beginnen im ersten Therapie-Drittel auf einem hohen Niveau an Öffnungsbereitschaft und teilen persönliche, schambesetzte Anteile des privaten Selbst mit (im Hier-und-Jetzt und/oder von außerhalb der Gruppe). Die genaue Analyse des *S-D*-Verhaltens aller Gruppenmitglieder zeigt, daß verschiedene später nicht erfolgreiche Patienten (z.B. Patienten 7, 20, 22, 24) in der ersten Therapie-Hälfte einige - sehr wenige - Spitzen (einzelne Sitzungen) aufweisen, bei denen sie extrem viel *Selbstöffnung* zeigen, die jeweilige Gruppe quasi "überfluten" (teilweise mehr als 100 selbstbezogene Äußerungen pro Sitzung), ansonsten aber sehr zurückgezogen und verschlossen bleiben, was die eigene Person betrifft. Dieses Ergebnis ist gleichfalls in Übereinstimmung mit der Literatur (MacKENZIE 1990b; YALOM 1966; 1985).

Neu scheint hingegen zu sein, daß die Intensität und das Ausmaß an *S-D*-Verhalten kontinuierlich über die Zeit hinweg abnimmt bei später erfolgreichen Patienten (vgl. Abbildung 5), offensichtlich ohne negative Konsequenzen für das Therapieergebnis. Gleichzeitig bleibt das hohe positive (Objekt-)Bezogenheitsniveau der Gruppe gegenüber erhalten bzw. stabilisiert sich gar noch auf einem leicht höheren Niveau. Die wichtigste therapeutische Arbeit scheint zu diesem Zeitpunkt bereits erfolgt zu sein, was an den Veränderungen im interpersonellen Verhalten abgelesen werden kann bzw. an den Änderungen der pathologischen Selbst- und Objektstrukturen (Pat. 1, 3 und 10 von Gruppe I).

Günstige und hilfreiche *S-D* scheint demnach ein Aspekt der "Balance" zwischen nicht zu viel, nicht zu wenig, aber mit Kontinuität der richtigen "Dosis" in der frühen therapeutischen Gruppe zu sein.

Die Beziehung zwischen *S-D* und *FB* ist offensichtlich. Beide untersuchten Gruppen haben eine Basis für die Entwicklung von Vertrauen und *Kohäsion* geboten, was u.a. auch darin zum Ausdruck kommt, daß sich die Gruppenmitglieder beider Gruppen kontinuierlich um die später nicht erfolgreichen Gruppenmitglieder gekümmert haben, indem sie gegen Ende der Gruppenverläufe mehr und intensiveres *Feedback* an diejenigen in der Gruppe gegeben haben, die nicht in der Lage oder nicht bereit waren, sich ausreichend und kontinuierlich der Gruppe gegenüber zu öffnen bzw. sich nicht ohne weiteres in den Gruppenprozeß integrieren ließen. Obwohl diese - vermutlich - "Problem-Patienten" (in der Omega-Position bzw. in der Position des "Schwarzen Schafes" verharrend?) in jeder Gruppe sich retentiv verhielten, engagierte sich der Rest der Gruppe dennoch. Jedoch scheint *FB* nur ziemlich frühzeitig eine veränderungsrelevante Rolle im Gruppenprozeß zu spielen. Die vorliegenden Daten zumindest deuten eindeutig darauf hin, daß ein vergleichsweise spätes *Feedback* keinen günstigen therapeutischen Effekt mehr hat. Oder es scheint vergeblich zu sein angesichts der Probleme der Adressaten (Widerstände, Angst, Unfähigkeit zur Integration von *FB?*).

Auf jeden Fall scheint es so, daß *FB* nicht getrennt von anderen Wirkmechanismen gesehen werden kann. Eine frühe und gute Objektbeziehung zur Gruppe ist klar im Zusammenhang mit der Fähigkeit oder Bereitschaft zu sehen, sich gegenüber den anderen zu öffnen, was dann wiederum intensives *Feedback* aus der Gruppe zur Folge hat, das letztlich einen substantiellen Einfluß auf die eigene und interpersonelle Wahrnehmung und - dann wiederum mit Verhaltensrelevanz - haben dürfte. *Feedback* ist demzufolge nicht von gleichem Wert zu irgendeiner Zeit während des Gruppenverlaufs, es ist eng gekoppelt an andere Wirkfaktoren und kann nicht isoliert betrachtet werden. Dieser in der gängigen Wirkfaktorenforschung an erster Stelle rangierende Wirkfaktor (BERZON et al. 1963; BLOCH u. REIBSTEIN 1980; BUTLER u. FUHRIMAN 1980; MacKENZIE 1987; ROHRBAUGH u. BARTELS 1975; SCHAFFER u. DREYER 1982; YALOM 1985) spiegelt einmal mehr die Defizite des "subjektiven" Forschungsansatzes: In Übereinstimmung mit den vorhandenen Daten scheint die Notwendigkeit zu bestehen, daß andere *Wirkfaktoren* zeitlich vor dem Erhalten von *Feedback* eine Rolle spielen.

Der *Wirkfaktor Verhaltensänderungen (interpersonal learning - output)* ist selten untersucht worden, wie die entsprechende Forschungsliteratur zeigt. Die meisten Studien berichten über eine von den Gruppenmitgliedern vorgenommene mittlere Einstufung auf der Rangskala der Bedeutsamkeit der Faktoren (MacKENZIE 1987; YALOM 1985). Dies muß zunächst überraschen, da doch jegliche Form von Psychotherapie die basale Intention aufweist, inadäquate Verhaltensweisen und -elemente verändern zu wollen und auch Patienten *Verhaltensänderungen* mit höchster Priorität für sich selber als Ziele angeben.

In dieser Studie wurden die verbalen und nonverbalen interpersonellen Verhaltensmuster aller Patienten sehr präzise eingeschätzt und protokolliert. Die verwendete *P-Technik* (CATTELL 1963; 1977) gestattete es, relativ stabile *trait-state*-Verhaltensmuster eines jeden Gruppenmitglieds zu identifizieren, die, klinisch-psychoanalytisch gesehen, von hohem diagnostischen und prognostischen Wert waren. Diese Verhaltensmuster konnten in ihrer Ausprägung im Verlauf der Therapien im Hinblick auf signifikante Trends oder Niveau-Unterschiede betrachtet werden.

Es kann generell festgehalten werden, daß das genannte statistische Vorgehen eine klinisch valide und präzise Beschreibung behavioraler Muster eines jeden einzelnen Patienten zur Folge hatte, womit die interpersonalen Probleme der Patienten deutlich identifiziert und in ihrer Veränderungsfähigkeit betrachtet werden konnten. Günstige *Verhaltensänderungen* wurden definiert als die signifikante Reduzierung von inadäquaten interpersonellen Auseinandersetzungsstrategien

- psychodynamisch gesehen in Beziehung zu den basalen Konflikten oder strukturellen Defiziten der Patienten - bzw. die signifikante Zunahme von - ebenso definiert wie zuvor - sozial oder psychodynamisch günstigen Verhaltensmustern. Ungünstige oder negative *Verhaltensänderungen* wurden definiert als - im obigen Sinne - signifikante Abnahme von günstigen oder als signifikante Zunahme von ungünstigen Verhaltensweisen. Keine klaren *Verhaltensänderungen* - entweder von ungünstigen oder günstigen Verhaltensmustern - wurden nicht bewertet.

Man kann selbstverständlich darüber kontroverse Auffassungen haben, ob eine nicht erfolgte Veränderung inadäquater Verhaltensweisen klinisch als ungünstig angesehen werden muß oder nicht. Für die Zwecke dieser Untersuchung wurde dieser Aspekt wiederum konservativ gehandhabt, d.h. nur signifikante *Verhaltensänderungen* wurden interpretiert. Die Ergebnisse zeigen nichtsdestoweniger, daß es sehr klare Unterschiede zwischen erfolgreichen und nicht erfolgreichen Patienten gibt.

Es zeigt sich eine überzeugende Tendenz für die gut und leicht erfolgreichen Patienten, interpersonell ungünstige Verhaltensweisen in eine günstige Richtung bedeutsam zu verändern. Acht von zehn signifikanten günstigen *Verhaltensänderungen* werden von später erfolgreichen Patienten vorgenommen, während fünf von sechs ungünstigen Änderungen bei später nicht erfolgreichen Patienten stattfinden.

Einige der *Verhaltensänderungen* ereignen sich offenbar in Verbindung mit intrapsychischen Veränderungen. Patient 1 als Hauptprotagonist in Gruppe I (narzißtische Persönlichkeitsstörung) reduziert drastisch seine initial sehr ausgeprägte "Negativ-positiv getönte überhebliche intellektuelle Dominanz" (P-Faktor 1) innerhalb der ersten 20 - 23 Sitzungen. Während dieser Zeit ist er in der Lage, signifikant die Entwertung des eigenen Selbst zu reduzieren und sein grandioses *Ich-Ideal* gleichfalls in eine adäquatere Richtung zu korrigieren. Diese intrapsychischen Veränderungen sind noch ein Jahr nach Beendigung der Therapie meßbar. Im letzten Therapie-Drittel kann der Patient deutlich ein "freundliches und empathisches Engagement" (P-Faktor 2) entwickeln, obwohl er sich - insgesamt gesehen - etwas mehr aus dem Interaktions-Prozeß der Gruppe herausnimmt. Er behält eine sehr hohe positive Bezogenheit der Gruppe gegenüber bis zum Schluß der Therapie bei.

Patientin 10 ist ebenfalls in der Lage, inadäquate Objekt- und Selbststrukturen in eine günstige Richtung zu korrigieren. Sie reduziert zunächst die ungewöhnlich großen Distanzen zwischen *Ich-Ideal* und *Real-Ich*; *Mutter* und *Ich-Ideal* nähern sich an, was angesichts des Konflikts der Patientin als ausgesprochen günstige Veränderung bezeichnet werden kann (vgl. Kap. 7.2.3). Im weiteren

Verlauf der Therapie entwickelt sie eine größere Empathie der Gruppe ("mother group"?) gegenüber (P-Faktor 1: "Bestimmtheit und freundliche Emotionalität"). Beide Patienten benötigen offenbar eine Korrektur narzißtisch pathologischer Selbststrukturen, bevor sie in der Lage sind, eine Empathie den anderen bzw. der Gruppe gegenüber zu entwickeln, die dann wiederum interpersonelle Relevanz gewinnt. Ein Phänomen, das recht gut für die therapeutische Beeinflussung bei narzißtischen Störungen dargelegt und als zunehmende Fähigkeit zur Objektliebe beschrieben worden ist (KOHUT 1971).

Patienten der Gruppe II, die in der Lage waren, inadäquate interpersonelle Verhaltensmuster signifikant in eine günstige Richtung zu verändern, erzielten diese Veränderungen ohne direkt nachvollziehbare Beziehung zu den intrapsychischen Veränderungen. Die später sehr erfolgreichen Patienten 25 und 26 reduzierten ihre ungünstigen Verhaltensmerkmale in der frühen Gruppe (erste Hälfte) und änderten pathologische Selbst- und Objektrepräsentanzen ziemlich spät (letztes Drittel der Gruppentherapie).

Der klinische Eindruck, daß in der therapeutischen Gruppe eine *Reinszenierung der primären Familienerfahrung* eine überragende Rolle spielt, ist nahezu überhaupt nicht in den Rangfolgen der als wirkungsvoll eingeschätzten Wirkfaktoren wiederzufinden, wenige Ausnahmen (RÜGER 1981) bestätigen eher die Regel. YALOM drückt aus, was kaum ein Gruppenpraktiker bezweifeln würde, nämlich

"...the primary family of each group member is an omnipresent specter which relentlessly haunts the group therapy room. The patient's experience in his other primary family obviously will, to a great degree, determine the nature of his or her parataxic distortions.... There is little doubt...that the therapy group reincarnates the primary family." (YALOM 1985, S. 91).

Die Diskussion um die Unmöglichkeit, unbewußt ablaufende Prozesse während (analytischer) Gruppentherapien als Betroffener einschätzen zu können (BLOCH u. CROUCH 1985; WEINER 1974), unterstreicht die Kritik an der "subjektiven Wirkfaktorenforschung", zumindest verdeutlicht sie, daß nicht alle Faktoren valide eingeschätzt werden können, da sie auf unterschiedlichen Abstraktionsniveaus operieren (YALOM 1985).

Die Ergebnisse dieser Untersuchung stützen fast durchgängig - Ausnahme: Patient 30 - die Annahme, daß dauerhafte Änderungen in den Wahrnehmungen und im Erleben bedeutsamer Objektrepräsentanzen der Primärfamilie (besonders *Mutter* und/oder *Vater*) wie auch entsprechender Selbstrepräsentanzen in eine objekt- und selbstpsychologisch wünschbare Richtung hoch positiv korreliert ist mit Therapieerfolg. Die Hauptänderungen spielen sich durchweg zwischen den zu Beginn der Therapien noch größtenteils signifikant pathologisch konstellierten Objekten *Mutter*, *Vater* und den Selbstrepräsentanzen *Real-Ich* ("ich, wie ich bin") und *Ich-Ideal* ("ich, wie ich sein möchte") ab. Damit geben die Ergebnisse direkte Hinweise auf die Wirkung spezifischer Reinszenierungen und "Reparaturen" von bewußt oder unbewußt ausagierten emotionalen Reaktionsmustern gegenüber ursprünglich parentalen Objekten, was wahrscheinlich via Übertragungen gegenüber anderen Gruppenmit-gliedern oder der Gruppe-als-Ganzes stattgefunden hat. Da diese komplexen Prozesse nicht direkt beobachtbar sind, wurde hier versucht, sie über die "Reparation" intrapsychisch repräsentierter Objekt- und Selbstrepräsentanzen, ermittelt über den *Kelly-Rep-Test*, zu bestimmen.

Es mag sogar sehr wahrscheinlich so sein, daß gleichfalls Wirkmomente des Faktors *Einsicht* involviert gewesen sind. Speziell die Elemente dieser beiden Wirkfaktoren - *Rekapitulation der Primärfamilie* und *Einsicht* - sind weitgehend einander überlappend.

Fazit

Über beide Gruppen hinweg kann für "den typischen erfolgreichen Patienten" (er oder sie) festgehalten werden:
- Er/sie beginnt die Gruppe mit deutlich *hoher, positiver emotionaler Bezogenheit (Kohäsion/Objektbeziehungsfähigkeit* bzw. Bereitschaft zur Mitarbeit bzw. "therapeutische Allianz") und erhält diese über die Therapie hinweg aufrecht, was sich auch in seiner/ihrer Aktivität und Involviertheit bei den interpersonellen Prozessen (wahrscheinlich in der Empathie anderen gegenüber und beim Geben von *FB)* ausdrückt. Er/sie erreicht sehr schnell eine besonders hohe, intensive Bezogenheit, die anhält bis zum Ende der Gruppe. Entscheidend ist offenbar die Tatsache, *daß* eine echte, hohe positive Objektbeziehung hergestellt werden kann.
- Er/sie *öffnet sich frühzeitig* in der Gruppe *in einer nicht überfordernden Art und Weise, dennoch koninuierlich*, was seine/ihre Motivation zur therapeutischen Arbeit verdeutlicht und *Feedback* ermöglicht.
- Er/sie ist *in der Lage, wichtige und klinisch ungünstige Selbst- und Objektrepräsentanzen dauerhaft zu verändern bzw. klinisch gesehen günstige erst aufzubauen,* möglicherweise über Verarbeitungsvorgänge aufgrund von erhaltenem *Feedback*.
- Er/sie *reduziert während der Therapie unangepaßtes Verhalten bzw. baut es ab und neues, adäquateres Verhalten auf* bzw. verstärkt vorhandene günstige Fähigkeiten.

Dagegen sieht "der/die typische nicht erfolgreiche PatientIn" wie folgt aus:

- *Geringe Bezogenheit zur Gruppe* (geringe Motivation zur therapeutischen Arbeit, ungenügende Objektbeziehungsfähigkeit/schlechte "therapeutische Allianz"?) *von Beginn an und durchgängig* und teilweise klar geringere Aktivität und Involviertheit, teilweise tendentiell geringere.

- Frühe, sporadisch und *impulsiv auftretende und unangepaßt hohe Äußerungen über den intimen Selbst-Bereich,* dann wieder lange Zeit Rückzug. In geringerem Ausmaße Rezipient von *Feedback* durch die Gruppe.

- In aller Regel *keine Veränderung oder Aufbau adäquater oder reiferer Selbst- und Objektrepräsentanzen.*

- *Verhaltensänderungen* praktisch durchgängig *in negative Richtungen*: Verfestigung vorhandener und/oder Aufbau ungünstiger sozialer Interaktionsmuster.

16. Zusammenfassung und integrierende Schlußfolgerungen

16.1 Allgemeines

Die Annahmen zu den präsumtiv als Wirkfaktoren bezeichneten fünf Faktoren, die in dieser Untersuchung Gegenstand detaillierter Analysen waren, haben sich weitgehend bestätigt. Alle Faktoren - mit deutlicher Abschwächung auch *Feedback* - stehen in signifikanter Beziehung zum Therapieerfolg bei den Patienten der untersuchten Gruppentherapien. Insbesondere die unter dem Faktor *Rekapitulation der Primärfamilie* beschriebenen Mechanismen und *individuelle Kohäsion* stehen in überdeutlicher Beziehung zum Therapieerfolg. Auch Öffnungsprozesse spielen eher bei erfolgreichen Patienten eine bedeutsame Rolle, während sie, in sozial ungünstiger Weise eingesetzt, bei nicht erfolgreichen Patienten offenbar kontraproduktiv werden. In weitgehend positiver Beziehung zum Therapieergebnis stehen weiterhin günstige bzw. - vice versa - ungünstige *Verhaltensänderungen*.

Es ist sehr wahrscheinlich, daß gleichfalls andere Wirkfaktoren (hier nicht kontrolliert) eine Rolle in den Veränderungsprozessen gespielt haben dürften. Z.B. ist nicht ausgeschlossen, daß im Wirkfaktor *Rekapitulation der primären Familiengruppe* Aspekte von *Einsicht* eine wesentliche Rolle gespielt haben, genauso Aspekte von *Katharsis* bei den *S-D*-Äußerungen oder *stellvertretendes Lernen* bei der Zurücknahme der letztlich erfolgreichen Patienten in den späteren Therapie-Abschnitten. Dies würde dem Konzept der Wirkfaktoren in der Gruppenpsychotherapie auch keineswegs widersprechen, bei dem ohnehin von mehr oder weniger großen Überlappungen einzelner Faktoren ausgegangen wird.

Was die hier operationalisierten und untersuchten Wirkfaktoren angeht, so haben sich - besonders in der Wechselwirkung und Ergänzung der Faktoren untereinander, Vermutungen der Forschungsliteratur bestätigend, siehe das *Generic Model of Psychotherapy* (ORLINSKY u. HOWARD 1986) - eindeutige Beziehungen zwischen Prozeß und Ergebnis bei den untersuchten Gruppenpatienten nachweisen lassen. Insbesondere die Betonung der Wichtigkeit einer günstigen *therapeutischen Beziehung* im *Generic Model* kann auch anhand der vorliegenden Ergebnisse und in der Vernetzung mit anderen wichtigen Bereichen des psychotherapeutischen Prozesses - also hier auch für die (stationäre) Gruppenpsychotherapie - nur bestätigt werden.

Die erzielten Therapie-Resultate und die beschriebenen Prozesse lassen sich aufeinander beziehen. Damit ist die Frage weitgehend überflüssig geworden, ob sich in den beforschten stationären analytischen Gruppentherapien die Veränderungsprozesse auch abzeichnen, wenn sich gleichzeitig im Kontext des integrativen Gesamt-Behandlungsangebotes auch noch andere therapeutische Felder befinden. Es hat sich gezeigt, daß die Zeitpunkte, die Prozesse, die Bereiche der Veränderungen und die Beziehungen zum Therapieergebnis *während* der analytischen Gruppenprozesse eindeutig nachgewiesen werden konnten bei den untersuchten analytischen Gruppen. Inwieweit die anderen potenten therapeutischen Angebote bzw. das Gesamtsetting zu den Veränderungen beigetragen haben, konnte nicht untersucht werden.

Ein wichtiger Punkt dürfte wohl auch in der Beziehung zwischen "Zeit", "Dosis" (d.h. Sitzungsfrequenz/-anzahl) und "Wirkung" liegen. Die sehr intensive analytische Gruppenpsychotherapie (vier Sitzungen analytischer Gruppentherapie pro Woche, insgesamt jeweils über 80 Sitzungen) erbrachte für die erfolgreichen Patienten offenbar *frühzeitig* die wichtigsten Veränderungen. Hier bestätigen sich die Ergebnisse anderer Forschungsgruppen, die nachweisen konnten, daß therapeutischer Nutzen sich bereits deutlich nach vergleichsweise wenigen Sitzungen erkennen läßt (HOWARD et al. 1986; McNEILLY u. HOWARD 1991), allerdings ermittelt an Patienten aus Einzeltherapien.

Die Aktivität der erfolgreichen Patienten in beiden untersuchten Therapiegruppen konnte in der zweiten Therapie-Hälfte deutlich zurückgenommen werden, in der Gruppe I liefen für die erfolgreichen Patienten die wichtigsten Änderungen bereits in der ersten Therapie-Hälfte ab. Für die erfolgreichen Patienten von Gruppe II trifft dies für die *Verhaltensänderungen* und die *Selbstöffnung* gleichfalls für die erste Therapie-Hälfte zu. Intrapsychische Änderungen im Sinne der von analytischer Therapie angezielten Objekt- und Selbstrepräsentanzen-Änderungen werden von den Patienten der Gruppe II eher gegen Ende der Gruppentherapie vorgenommen. Es scheint Wirkfaktoren zu geben, die frühzeitiger von Bedeutung sind und andere benötigen zum Wirksamwerden offenbar mehr Zeit, so daß insgesamt die Frage des Dosis-Zeit-Wirkungsgefüges hier nicht abschließend beantwortet werden kann. Möglicherweise benötigten die erfolgreichen Patienten von Gruppe I die Restzeit der Gruppe noch, um ihre günstigen Veränderungen zu konsolidieren?

Ob und wieweit sich die Ergebnisse dieser Untersuchung auch auf andere, z.B. ambulante Gruppen übertragen lassen, ist eine noch nicht beantwortete Frage. Es wäre wünschenswert, vergleichbare Untersuchungen auch an ambulanten Gruppen vorzunehmen.

16.2 Gruppenentwicklung

Die Frage, ob eine therapeutische Gruppe eine Entwicklung ihres Gruppenklimas und/oder ihrer interaktionellen Qualität benötigt, um ihre therapeutische Veränderungspotenz maximieren zu können, wie dies bereits an anderer Stelle diskutiert worden ist (TSCHUSCHKE u. MacKENZIE 1989), kann anhand der Daten dieser Studie nicht erschöpfend beantwortet werden. Zwar weist die Gruppe I deutlich Entwicklungsstrukturen entsprechend diskutierter Modelle zur Gruppenentwicklung auf. Dazu paßt auch, daß die später erfolgreichen Patienten dieser Gruppe bereits in der ersten Hälfte der Therapie ihre wesentlichen intrapsychischen und interpersonellen Veränderungen vorgenommen haben. Gruppe II dagegen weist eine schwierigere Strukturentwicklung als Gruppe I auf, die Gruppe scheint dennoch eine Entwicklung ihres psychologischen Klimas hin zu einer Arbeitshaltung in Gang zu bringen (ab ca. der 52. Sitzung). Diese Strukturen brechen offensichtlich aber wieder gegen die 70. Sitzung zusammen, was in einen direkten Zusammenhang mit der Entfernung eines Gruppenmitgliedes (Patientin 27, vgl. Kap. 7.2.3) nach der 65. Sitzung gebracht werden muß. D.h., die Maßnahme der Therapeuten hatte eine - letztlich sehr einschneidende - Auswirkung auf die Gesamtgruppe. Die Gruppe regrediert nachweislich auf *Konflikt-* und *Abhängigkeits*themen, nachdem sie mühsam ein längere Zeit andauerndes Plateau von *Engagement* (therapeutischer Arbeit) erreicht hatte. D.h., auch diese Gruppe nahm letztlich eine - teilweise - günstige Entwicklung, die für die später erfolgreichen Gruppenmitglieder ausgereicht haben dürfte.

Die Entwicklungshypothese ist mit den beschriebenen Ergebnissen kompatibel. Beide Gruppen weisen demnach entwicklungsstrukturelle Muster entsprechend in der Literatur beschriebener Modelle zur Gruppenentwicklung auf. Daß die später erfolgreichen Patienten von Gruppe II ihren Nutzen aus dieser Gruppe sicherstellen konnten, zeigt die Tatsache, daß sie bereits - wie die erfolgreichen Patienten von Gruppe I - wesentliche Veränderungen in der ersten Therapie-Hälfte vornehmen konnten und die maßgeblichen Wirkfaktoren *(S-D, Verhaltensänderungen, FB, Kohäsion)* bereits frühzeitig zum Tragen gekommen waren. Interessant - und zu der schwierigeren Gruppenentwicklung der Gruppe II passend - ist, daß die intrapsychischen Änderungen bei den später erfolgreichen Patienten (Korrektur von Selbst- und Objektrepräsentanzen) in dieser Gruppe erst sehr spät vorgenommen werden konnten (Pat. 25 und 26 erst im letzten Therapie-Drittel, also um die Zeit der Regression der Gruppe), und nicht wie in Gruppe I in der ersten Therapie-Hälfte.

16.3 Konsequenzen für die gruppenpsychotherapeutische Praxis

Die Ergebnisse der Studie weisen darauf hin, daß vor allem der Rolle des Gruppenleiters - dies gilt zunächst für die hier untersuchte stationäre analytische Gruppenpsychotherapie - eine besondere Bedeutung zukommt.

1. Der *Indikationsstellung* für eine analytische Gruppenpsychotherapie kommt wahrscheinlich eine größere Rolle zu als bislang angenommen. Die Ergebnisse deuten darauf hin, daß entweder eine Gruppenfähigkeit bzw. eine gute Fähigkeit zur Aufnahme einer ausreichend guten Objektbeziehung mit dem Medium therapeutische Gruppe ("mother group") erforderlich ist, um überhaupt irgendeinen günstigen Therapieeffekt erzielen zu können. Dies bedeutet, angesichts der großen Ungeklärtheiten über Gruppenindikationen, daß hier viel mehr Forschung not tut.

2. Gruppenpraktiker müssen die kritische Initialphase von Therapiegruppen mehr im Auge haben. Der *therapeutischen Aktivität* kommt eine nicht zu unterschätzende Bedeutung zu. Gruppenleiter müssen ihre Aufmerksamkeit besonders auf stille und schweigsame Patienten richten, die "verloren zu gehen drohen" gleich zu Beginn der Gruppe. Eine konsequente und hilfreiche Einbeziehung von Gruppenmitgliedern, die als kritisch erscheinen bezüglich einer mangelhaften *Beziehungsaufnahme*, scheint vielversprechend und zu Beginn der Gruppe noch korrigierbar zu sein, da sonst späterhin unwiederbringlich wichtige Phasen der therapeutischen Prozesse verpaßt werden (MacKENZIE u. TSCHUSCHKE 1993). Es wird zunehmend mehr gefordert, daß auch Therapeuten analytischer Gruppen zu Beginn der Gruppenarbeit die - positiv erlebte - "mother group" fördern müssen, um die sehr kritische "Einschluß-Phase" bei der initialen Gruppenentwicklung zu meistern, nicht nur, um vorzeitige Dropouts zu vermeiden (KIBEL 1991).

3. Weiterhin müssen vermutlich unangebrachte, und sozial offenbar schlecht verträgliche, "Eruptionen" bezüglich der *Selbstöffnung* einzelner Gruppenmitglieder "beschnitten" bzw. gelenkt werden, indem z.B. der Therapeut aktiver eingreift, etwa durch Deutungen, Verbindungen mit dem Gesamtgruppen-Geschehen bzw. Konfron-

tationen, um den verhängnisvollen Kreislauf aus "Ich-habe-mich-ja-mal-geöffnet,-aber-die-Gruppe-hat-es-mir-nicht-gelohnt,-also-bringt-es-ja-nichts" zu durchbrechen. Wahrscheinlich handelt es sich gerade bei diesen Gruppenmitgliedern um diejenigen, die Probleme bei der Beziehungsaufnahme haben.

In beiden Fällen ist der Gruppenleiter gefragt, aktiver zu sein und auch mehr die einzelnen Gruppenmitglieder im Auge zu haben, als dies Gruppe-als-Ganzes-Ansätze bisher nahelegten (vgl. auch GANZARAIN 1991; 1992; PINES 1983). Die negativen Ergebnisse rigoros umgesetzter analytischer Grundprinzipien in der therapeutischen Gruppe sprechen eine deutliche Sprache, wie Untersuchungen zweifelsfrei belegen (MALAN et al. 1976). Gerade bei der schwerer gestörten Klientel im stationären Bereich muß die Beziehungsaufnahme und -gestaltung oberstes Prinzip psychotherapeutischer Arbeit sein, ja ist sie womöglich das wichtigste therapeutische Movens überhaupt (HORWITZ 1974). Der therapeutischen Allianz - und eine gute Beziehung in der Gruppe läßt sich durch die erhöhte individuelle *Kohäsion* charakterisieren - kommt offenbar generell eine größere Bedeutung in Psychotherapien zu, als dies gemeinhin erkannt worden ist (TSCHUSCHKE u. CZOGALIK 1990a).

4. Bezüglich der *spezifischen Wirkfaktoren* analytischer Gruppen-psychotherapie läßt sich anhand der in dieser Untersuchung gewonnenen Erkenntnisse feststellen, daß elementare psychoanalytische (gruppenanalytische) Postulate und Annahmen für erfolgreiche psychodynamische Arbeit zutreffen. Die nicht überschätzbare Wichtigkeit einer guten (Objekt-)Beziehung scheint die fundamentale Basis für das Wirksamwerden aller übrigen *Wirkfaktoren* zu sein. Aufbauend auf einer solchermaßen günstigen - und stabilen - Objekt-beziehung finden *Selbstöffnungen* statt, die wiederum zu intensiverem *Feedback* durch die Gruppe führen, was sich bei gutem Therapieerfolg offenbar in - ausnahmslos - günstigen intrapsychischen Veränderungen (Umstrukturierungen von pathologischen/unreifen Selbst- und Objektrepräsentanzen) ausdrückt. Letztere betreffen im wesentlichen Elternimagines in Verbindung mit Selbst-Aspekten (besonders die Diskrepanz zwischen aktuell, *real* erlebtem *Selbst* und *Ideal-Selbst*). *Verhaltensweisen* hängen eher eng mit intrapsychischen Strukturen zusammen und lassen sich bei erfolgreichen Patienten in Verbindung mit intrapsychischen Veränderungen in günstige Richtungen verändern.

16.4 Forschungsmethoden

Hinsichtlich der eingesetzten Forschungsmethoden kann eine sehr hohe Brauchbarkeit (Validität) für die untersuchten Fragestellungen konstatiert werden, allerdings muß auch sehr deutlich klargestellt werden, daß der enorme Zeitaufwand beim Einsatz speziell der Prozeßforschungs-Methoden jeglichen klinischen Einsatz wie auch den bei vergleichbaren Forschungen entweder unmöglich (in der Praxis) oder doch sehr erschweren dürfte (in der Forschung). Um das *Kelly-Grid* und die *SYMLOG*-Signiermethode einsetzen zu können, ist zum einen ein sehr hoher methodischer Standard erforderlich (komplexe PC-Programme für die *Kelly*-Methode und profunde mathematisch-statistische Kenntnisse) bzw. ein enorm hoher Zeitaufwand beim Training des Signierverfahrens, bevor zufriedenstellende Kodierer-Übereinstimmungen erreicht werden können *(SYMLOG)* sowie gleichfalls aufwendige PC-Programme.

Günstigere Aufwand-Ergebnis-Relationen ergeben sich bei beiden verwendeten Sitzungsbögen *Stuttgarter Bogen (SB)* und *Group Climate Questionnaire (GCQ-S)*. Besonders der *SB* erlaubt bei geringster Beanspruchung der Patienten und bei sehr geringem Auswertungsaufwand eine Evaluierung und Einschätzung der Objektbeziehungsfähigkeit der Gruppenmitglieder (Skala 1).

Die Erfolgsmethoden gestatten es weiterhin - bei recht günstigem zeitlichem Aufwand - eine objektive Kontrolle von Therapieeffekten, unabhängig von der eigenen Involviertheit des Gruppenleiters, vorzunehmen.

17. Literatur

Abse, W. (1974) Clinical Notes On Group-Analytic Psychotherapy. John Wright & Sons, Bristol

Alexander, F.; French, T. (1946) Psychoanalytic Therapy: Principles and Applications. Ronald Press, New York

Allen, J.G. (1973) Implications of research in self-disclosure for group psychotherapy. Int. J. Group Psychother. 23 301-321

American Psychiatric Association (1987) Diagnostic and Statistical Manual of Mental Disorders, 3rd ed., rev. *(DSM-III-R)*, American Psychiatric Press, Washington D.C.

Anchor, K.N.; Vojtisek, J.; Patterson, R. (1973) Trait anxiety, initial structuring and self-disclosure in groups of schizophrenic patients. Psychother. - Theor., Res., Pract. 10 255-258

Anderson, N.H. (1961) Scales and statistics: Parametric and nonparametric. Psychol. Bull. 58 305-316

Bales, R.F. (1950) Interaction Process Analysis. University of Chicago Press, Chicago

Bales, R.F. (1970) Personality and Interpersonal Behavior. Holt, Rinehart & Winston, New York

Bales, R.F.; Cohen, S.P. (1979) Symlog. A Manual For the Case Study of Groups. The Free Press, New York

Bales, R.F., Cohen, S.P. (1982) *SYMLOG* - Ein System für die mehrstufige Beobachtung von Gruppen. Klett-Cotta, Stuttgart

Balzer, W.; Küchenhoff, B.; Rauch, H. (1985) Gruppenverläufe bei stationären analytischen Psychotherapien - mit einem Vergleich psychosomatischer und psychoneurotischer Patienten. Gruppenpsychother. 20:273-296

Balzer, W.; Küchenhoff, B.; Rauch, H.; Sellschopp-Rüppel, A. (1980) Kurzzeitergebnisse und prognostische Gesichtspunkte bei stationären analytischen Psychotherapiegruppen. Gruppenpsychother. Gruppendyn. 16:268-286

Battegay, R. (1974) Der Mensch in der Gruppe. Huber, Bern, Stuttgart, Wien

Beck, A.P. (1974) Phases in the development of structure in therapy and encounter groups. In: *Wexler, D.A.; Rice, L.N.* (eds.) Innovations In Client-Centered Therapy. John Wiley, New York

Beck, A.P.; Dugo, J.M.; Eng, A.M.; Lewis, C.M. (1986) The search for phases in group development: Designing process analysis measures in group interaction. In: *Greenberg, L.S.; Pinsof, W.M.* (eds.) The Psychotherapeutic Process: A Research Handbook. Guilford, New York, London

Beckmann, D.; Brähler, E.; Richter, H.-E. (1983) Der *Gießen-Test-S (GT-S)* - Ein Test für Individual- und Gruppendiagnostik. Handbuch. Huber, Bern, Stuttgart, Wien

Bednar, R.L.; Kaul, T.J. (1978) Experiential group research: Current perspectives. In: *Bergin, A.E.; Garfield, S.L.* (eds.) Handbook of Psychotherapy and Behavior Change. John Wiley & Sons, New York, Chichester, Brisbane, Toronto, Singapore

Bellak, L.; Meyer, E.; Prola, M.; Rosenberg, S.; Zuckerman, M.A. (1965) A multiple level study of brief psychotherapy in a trouble shooting clinic. In: *Bellak, L.; Small, L.* (eds.) Emergency, Psychotherapy and Brief Psychotherapy. Grune & Stratton, New York

Bennis, W.G.; Shepard, H.A. (1956) A theory of group development. Hum. Rel. 9:415-437

Bergin, A.E.; Lambert, M.J. (1978) The evaluation of therapeutic outcome. In: Garfield, S.L.; Bergin, A.E. (eds.) Handbook of Psychotherapy Research and Behavior Change. John Wiley & Sons, New York, Chichester, Brisbane, Toronto, Singapore

Berzon, B.; Pious, C.; Farson R. (1963) The therapeutic event in group psychotherapy: A study of subjective reports by group members. J. Ind. Psychol. 19:204-212

Bion, W.R. (1961) Experiences In Groups and Other Papers.Tavistock Publications, Tavistock Publications, London

Blanck ,G.; Blanck, R. (1974) Angewandte Ich-Psychologie. Klett, Stuttgart 1978

Blanck, G.; Blanck, R. (1979) Ich-Psychologie II. Klett-Cotta, Stuttgart 1980

Bloch, S.; Crouch, E. (1985) Therapeutic Factors in Group Psychotherapy. Oxford University Press, Oxford

Bloch, S.; Reibstein, J. (1980) Perceptions by patients and therapists of therapeutic factors in group psychotherapy. Br. J. Psychiat. 137:274-278

Bozok, B.; Bühler, K.-E. (1988) Wirkfaktoren der Psychotherapie - spezifische und unspezifische Einflüsse. Fortsch. Neur. Psychiat. 56:119-132

Bräutigam, W. (1974) Pathogenetische Theorien und Wege der Behandlung in der Psychosomatik. Nervenarzt 45:354-363

Bräutigam, W. (1978) Die stationäre Psychotherapie in der Versorgung psychisch Kranker. In: Beese, F. (Hrsg) Stationäre Psychotherapie. Vandenhoeck & Ruprecht, Göttingen, Zürich

Bräutigam, W.; von Rad, M.; Engel, K. (1980) Erfolgs- und Therapieforschung bei psychoanalytischen Behandlungen. Z. Psychosom. Med. Psychoanal. 26:101

Budman, S.; Soldz, St.; Demby, A.; Feldstein, M.; Springer, T.; Davis, M.S. (1989) Cohesion, alliance, and outcome in group psychotherapy: An empirical examination. Psychiat. 52:339-350

Bundza, K.A.; Simonson, N.R. (1973) Therapist self-disclosure: Its effect on impressions of therapist and willingness to disclose. Psychother.: Theor., Res., Pract. 10:215-217

Butler, S.F., Strupp, H.H. (1986) Specific and nonspecific factors in psychotherapy: A problematic paradigm for psychotherapy research. Psychother. 23(1):30-40

Butler, T.; Fuhriman, A. (1980) Patient perspective on the curative process. A comparison of day treatment and out-patient psychotherapy groups. Small. Group Beh. 11:371-388

Butler, T.; Fuhriman, A. (1983) Level of functioning and length of time in treatment variables influencing patients´ therapeutic experience in group psychotherapy. Int. J. Group Psychother. 33:489-504

Campbell, D.T.; Stanley, J.C. (1963) Experimental and Quasi-Experimental Designs For Research. Rand McNally, Chicago

Cartwright, D.; Zander, A. (eds.) (1962) Group Dynamics: Research and Theory. Row & Peterson, Evanston/Ill.

Cattell, R.B. (1963) Handbook of Multivariate Experimental Psychology. Rand McNally, Chicago

Cattell, R.B. (1977) Die Erfassung von Veränderungen mit der P-Technik und der inkrementellen R-Technik. In: Petermann, F. (Hrsg.) Methodische Grundlagen klinischer Psychologie. Beltz, Weinheim, Basel

Chassan, J.B. (1981) Some notes on the foundations and scope of intensive design. J. Psychiat. 44:34-38

Chassan, J.B. (1969) Statistical inference and the single case in clinical design. In: *Davidson, P.O.; Costello, C.G.* (eds.) N = 1: Experimental Studies of Single Cases. Van Nostrand, New York

CIPS (1986) Internationale Skalen für Psychiatrie. Beltz, Weinheim

Coché, E. (1980) "Self-disclosure" und Gruppentherapie. Gruppenpsychother. Gruppendyn. 16(3):229-239

Coché, E. (1983) Change measures and clinical practice in group psychotherapy. In: *Dies, R.R., MacKenzie, K.R.* (eds.) Advances In Group Psychotherapy - Integrating Research and Practice. Monograph I., International Universities Press, New York

Cohen, J.A. (1960) A coefficient of agreement for nominal scales. Educat. Psychol. Measurem. 20:37-46

Cohn, R.C. (1969) Psychoanalytic or experiantial group psychotherapy: A false dichotomy. Psychoanal. Rev. 50:333-345

Corder, B.F.; Whiteside, M.S.; Haizlip, T.M. (1981) A study of curative factors in group psychotherapy with adolescents. Int. J. Group Psychother. 31:345-354

Corsini, R.J.; Rosenberg, B. (1955) Mechanisms of group psychotherapy: Process and dynamics. J. Abnorm. Soc. Psychol. 51:406-411

Cozby, P.C. (1973) Self-disclosure: A literature review. Psychol. Bull. 79:73-91

Crits-Christoph, P.; Baranackie, K.; Kurcias, J. et al. (1991) Meta-analysis of therapist effects in psychotherapy outcome studies. Psychother. Res. 1(2):81-91

Crits-Christoph, P.; Mintz, J. (1991) Implications of therapist effects for the design and analysis of comparative studies of psychotherapies. J. Cons. Clin. Psychol. 59(1):20-26

Czogalik, D. (1990) Wirkmomente in der Interaktion am Beispiel der therapeutischen Selbstöffnung. In: *Tschuschke, V.; Czogalik, D.* (Hrsg.) Psychotherapie - Welche Effekte verändern? Zur Frage der Wirkmechanismen therapeutischer Prozesse. Springer, Berlin, Heidelberg, New York, London, Paris, Tokyo, Hong Kong, Barcelona

Czogalik, D.; Hettinger, R. (1988) Mehrebenenanalyse der psychotherapeutischen Interaktion: Eine Verlaufsstudie am Einzelfall. Z. Klin. Psychol. 17(1):31-45

Czogalik, D.; Költzow, R. (1987) Zur Normierung des Stuttgarter Bogens. Gruppenpsychother. Gruppendyn. 23:36-45

Dahl, H.; Kächele, H.; Thomä, H. (eds.) (1988) Psychoanalytic process research strategies. Springer, Berlin, Heidelberg, New York, London, Paris, Tokyo

Dahme, B. (1977) Zeitreihenanalyse des psychotherapeutischen Prozesses. In: *Petermann, F.* (Hrsg.) Methodische Grundlagen klinischer Psychologie. Beltz, Weinheim, Basel

Davies-Osterkamp, S.; Jung, K.; Ott, J.; Heigl-Evers, A. (1989) Therapeutische Faktoren in zwei Formen psychoanalytisch orientierter Gruppentherapie. Gruppenpsychother. Gruppendyn. 25:313-328

Deneke, F.-W. (1982) Analytische Gruppentherapie - Eine Prozess- und Erfolgsstudie. Verlag für Medizinische Psychologie im Verlag Vandenhoeck & Ruprecht, Göttingen

Derogatis, L.R. (1977) The SCL-90-R: Administration, Scoring, and Procedures Manual, I. Clinical Psychometric Research, Baltimore

Dickoff, H.; Lakin, M. (1963) Patients´ views of group psychotherapy: retrospection and interpretations. Int. J. Group Psychother. 13:61-73

Dies, R.R. (1991) Clinician and researcher: Mutual growth through dialogue. In: *Tuttman, S.* (ed.) Psychoanalytic Group Theory and Therapy - Essays in Honor of Saul Scheidlinger. Mon. 7, American Group Psychotherapy Association, Madison/Connecticut

Dies, R.R. (1977) Group therapist transparency: A critique of theory and research. Int. J. Group Psychother. 27:177-200

Dies, R.R. (1983) Bridging the gap between research and practice in group psychotherapy. In: *Dies, R.R.; MacKenzie, K.R.* (eds.) Advances in Group Psychotherapy - Integrating Research and Practice. Monograph I., American Group Psychotherapy Association, International Universities Press, New York

Dies, R.R.; Cohen, L. (1976) Content considerations in group therapist self-disclosure. Int. J. Group Psychother. 26:71-88

Dies, R.R.; MacKenzie, K.R. (eds.) (1983) Advances in Group Psychotherapy - Integrating Research and Practice, Monograph I., American Group Psychotherapy Association, International Universities Press, New York

Dukes, W.F. (1965) n = 1. Psychol. Bull. 64:74-79

Durkin, H. (1964) The Group In Depth. International Universities Press, New York

Durlak, J.A. (1979) Comparative effectiveness of paraprofessional and professional helpers. Psychol. Bull. 86:80-92

Eckert, J.; Biermann-Ratjen, E.-M. (1985) Stationäre Gruppenpsychotherapie - Prozesse, Effekte, Vergleiche. Springer, Berlin, Heidelberg, New York, Tokyo

Eckert, J.; Biermann-Ratjen, E.-M.; Tönnies, S.; Wagner, W. (1981) Heilfaktoren in der Gruppenpsychotherapie - Empirische Untersuchungen über wirksame Faktoren im gruppenpsychotherapeutischen Prozeß. Gruppenpsychother. Gruppendyn. 17:142-162

Enke, H. (1965) Bipolare Gruppenpsychotherapie als Möglichkeit psycho-analytischer Arbeit in der stationären Gruppenpsychotherapie. Z. Psychother. Med. Psychol. 15:116-121

Enke, H. (1988) Stationäre Psychotherapie im Rückblick: Stationär oder evolutionär? In: *Schepank, H.; Tress, W.* (Hrsg.) Die stationäre Psychotherapie und ihr Rahmen. Springer, Berlin, Heidelberg, New York, London, Paris, Tokyo

Enke, H.; Czogalik, D. (1992) Allgemeine und spezielle Wirkfaktoren in der Psychotherapie. In: *Heigl-Evers, A.; Heigl, F.; Ott, J.* (Hrsg.) Lehrbuch der Psychotherapie. Fischer, Stuttgart

Ermann, M. (1988) Die stationäre Langzeitpsychotherapie als psychoanalytischer Prozeß. In: *Schepank, H.; Tress, W.* (Hrsg.) Die stationäre Psychotherapie und ihr Rahmen. Springer, Berlin, Heidelberg, New York, London, Paris, Tokyo

Finger-Trescher, U. (1984) Primärnarzißtische Erlebnismuster in Gruppen - Wiederbelebung, Bearbeitung, korrektive Erfahrung. Gruppenpsychother. Gruppendyn. 20:146-151

Finger-Trescher, U. (1990) Wirkfaktoren der Gruppenanalyse. Gruppenpsychother. Gruppendyn. 26:307-328

Fiske, D.W.; Hunt, H.F.; Luborsky, L.; Orne, M.T.; Parloff, M.B.; Reiser, M.F.; Tuma, A.H. (1970) Planning of research on effectiveness of psychotherapy. Am. Psychol. 25:727-737

Foulkes, S.H. (1964) Therapeutic Group Analysis. International Universities Press, New York

Foulkes, S.H.; Anthony, E.J. (1957) Group Psychotherapy - The Psychoanalytic Approach. Penguin Books, Harmondsworth, Middlesex

Frank, J.D. (1957) Some determinants, manifestations and effects of cohesiveness in therapy groups. Int. J. Group Psychother. 7:53-63

Frank, J.D. (1971) Therapeutic factors in psychotherapy. Am. J. Psychother. 25:350-361

Frank, J.D. (1973) Persuasion and Healing: A Comparative Study of Psychotherapy. Johns Hopkins University Press, Baltimore

Frank, J.D. (1981) Therapeutic components shared by all psychotherapies. In: *Harvey, J.H.; Parks, M.M.* (eds.) Psychotherapy Research and Behavior Change. Bd.1, American Psychological Association, Washington, D.C.

Freud, A. (1965) Normality and Pathology in Childhood. International Universities Press, New York

Freud, S. (1921c) Massenpsychologie und Ich-Analyse. GW Bd. XIII

Ganzarain, R. (1983) Working through in analytic group psychotherapy. Int. J. Group Psychother. 33(3):281-296

Ganzarain, R. (1991) The "bad" mother group: An extension of Scheidlinger's "mother group concept". In: *Tuttman, S.* (ed.) Psychoanalytic Group Theory and Therapy - Essays in Honor of Saul Scheidlinger. Mon. 7, American Group Psychotherapy Association, Madison/Connecticut

Ganzarain, R. (1992) Introduction to Object Relations Group Psychotherapy. Int. J. Group Psychother. 42:205-223

Garfield, S.L. (1984) Efficacy, generality, and specifity. In: *Williams, J.B.W.; Spitzer, R.L.* (eds.) Psychotherapy Research - Where Are We Now and Where Should We Go? Guilford Press, New York

Gibbard, G.S.; Hartman, J.J. (1973) The oedipal paradigm in group development - A clinical and empirical study. Small Group Beh. 4:305-354

Gibbard, G.S.; Hartman, J.J.; Mann, R.D. (1974) Analysis of Groups. Jossey-Bass Publishers, San Francisco, Washington, D.C., London

Glatzer, H. (1985) Early mother-child relationships: Notes on the pre-oedipal fantasy. Dyn. Psychother. 3:27-37

Gomes-Schwartz, B. (1978) Effective ingredients in psychotherapy: Prediction of outcome from process variables. J. Consult. Clin. Psychol. 46:1023-1035

Grawe, K. (1988) Zurück zur psychotherapeutischen Einzelfallforschung. Z. Klin. Psychol. 17(1):1-7

Grawe, K. (1992a) Psychotherapieforschung zu Beginn der neunziger Jahre. Psychol. Rundsch. 43(3):132-162

Grawe, K. (1992b) Therapeuten: Unprofessionelle Psychospieler? Psychol. Heute 19:22-28

Greenberg, J.R.; Mitchell, S.A. (1983) Object Relations In Psychoanalytic Theory. Harvard University Press, Cambridge/Mass.

Greenberg, L.S. (1986) Research strategies. In: *Greenberg, L.S.; Pinsof, W.M.* (eds.) The Psychotherapeutic Process: A Research Handbook. Guilford, New York, London

Greenberg, L.S.; Pinsof, W.M. (1986) Process research: Current trends and future perspectives. In: *Greenberg, L.S.; Pinsof, W.M.* (eds.) The Psychotherapeutic Process - A Research Handbook. Guilford Press, New York

Grotjahn, M. (1981) Group cohesion as a factor in the therapeutic process. In: *Kellerman, H.* (ed.) Group Cohesion - Theoretical and Clinical Perspectives. Grune & Stratton, New York

Gurman, A.S.; Gustafson, J. (1976) Patients´ perceptions of the therapeutic relationship and group therapy outcome. Am. J. Psychiat. 133:1290-1294

Haaser, B. (1990) Der Zusammenhang zwischen Feedback (als therapeutischem Wirkfaktor) und Therapie-Erfolg in der stationären Gruppenpsychotherapie - Eine Einzelfallstudie mit Hilfe des *SYMLOG*-Signierverfahrens. Unveröff. Diplomarbeit, Universität Konstanz

Haskell, D.; Pugatch, D.; McNair, D. (1969) Time limited psychotherapy for whom? Arch. Gen. Psychiat. 21:546-552

Hawkins, D.M.; Norton, C.B.; Eisdorfer, C.; Gianturco, D. (1973) Group process research: A factor analytical study. Am. J. Psychiat. 130:916-919

Hayden, B.C. (1982) Experience - A case for possible change: The modulation corollary. In: *Mancuso, J.C.; Adams-Webber, J.R.* (eds.) The Construing Person. Praeger, New York

Heckel, R.V.; Holmes, G.R.; Rosecrans, C.J. (1971) A factor analytic study of process variables in group therapy. J. Clin. Psychol. 27:146-151

Heckel, R.V.; Holmes, G.R.; Saltzberg, H.C. (1967) Emergence of distinct verbal phases in group therapy. Psychol. Rep. 21:630-632

Heigl, F.; Nerenz, K. (1975) Gruppenarbeit in der Neuroseklinik. Gruppenpsychother. Gruppendyn. 9:96-105

Heigl-Evers, A. (1978) Konzepte der analytischen Gruppenpsychotherapie. Vandenhoeck & Ruprecht, Göttingen

Heigl-Evers, A.; Henneberg-Mönch, U. (1986) Objektbeziehungsstörungen in einer sich wandelnden Umwelt und ihre Behandlung in der psychoanalytisch-interaktionellen Gruppe. Gruppenpsychother. Gruppendyn. 22:313-323

Hellhammer, D. (1992) Wie wissenschaftlich ist die Psychotherapieforschung? Psychol. Rundsch. 43(3):168-170

Hermes, M. (1983) Der Stuttgarter Bogen (SB). In: *Enke, H.; Tschuschke, V.; Volk, W.* (Hrsg.) Psychotherapeutische Prozesse - Grundlagen, Methoden und Ergebnisse der Forschung. Kohlhammer, Stuttgart, Berlin, Köln, Mainz

Hoffmann, S.O.; Brodthage, H.; Trimborn, W.; Stemmer, T. (1981) Stationär-psychoanalytische Psychotherapie als eigenständige Behandlungsform. In: *Heigl, F.; Neun, H.* (Hrsg.) Psychotherapie im Krankenhaus - Behandlungskonzepte und Methoden in der stationären Psychotherapie. Bd.2, Vandenhoeck & Ruprecht, Göttingen, Zürich

Horwitz, L. (1974) Clinical Prediction In Psychotherapy. Jason Aronson, New York

Howard, K.I.; Kopta, S.; Krause, M.; Orlinsky, D.E. (1986) The dose-effect relationship in psychotherapy. Am. Psychol. 41(2):159-164

Hurley, J.R.; Hurley, S.J. (1969) Toward authenticity in measuring self-disclosure. J. Cons. Psychol. 16:271-274

Issacharoff, A. (1981) The convergence of group cohesion and group death: The process of a time-limited group. In: *Kellerman, H.* (Hrsg.) Group Cohesion - Theoretical and Clinical Perspectives. Grune & Stratton, New York

Janke, G. (1990) Der Zusammenhang zwischen Selbstöffnung (als therapeutischem Wirkfaktor) und Therapie-Erfolg in der stationären Gruppenpsychotherapie - Eine Einzelfallstudie mit Hilfe der *SYMLOG*-Signiermethode. Unveröff. Diplom-arbeit, Universität Konstanz

Janssen, P.L. (1987) Psychoanalytische Therapie in der Klinik. Konzepte der Humanwissenschaften, Klett-Cotta, Stuttgart

Johnson, D.; Ridener, L. (1974) Self-disclosure, participation, and perceived cohesiveness in small group interaction. Psychol. Rep. 35:361-363

Jourard, S.M. (1964) The Transparent Self. Van Nostrand, Princeton

Kächele, H. (1988) Spezifische und unspezifische Faktoren in der Psychotherapie. Prax. Psychother. Psychosom. 33:1-11

Kächele, H. (1990) Einführung zu "Psychotherapie - Welche Effekte verändern?". In: *Tschuschke, V.; Czogalik, D.* (Hrsg.) Psychotherapie - Welche Effekte verändern? Zur Frage der Wirkmechanismen therapeutischer Prozesse. Springer, Berlin, Heidelberg, New York, London, Paris, Tokyo, Hong Kong, Barcelona

Kahn, M.H.; Rudestam, K.E. (1971) The relationship between liking and perceived self-disclosure in small groups. J. Psychol. 78:81-85

Kaplan, S.R.; Roman, M. (1963) Phases of development in adult therapy groups. Int. J. Group Psychother. 13:10-26

Kauff, P.F. (1991) The unique contributions of analytic group therapy to the treatment of preoedipal character pathology. In: *Tuttman, S.* (ed.) Psychoanalytic Group Theory and Therapy - Essays in Honor of Saul Scheidlinger. Mon. 7, International Universities Press, Madison/Connecticut

Kaul, T.J.; Bednar, R.L. (1986) Experiential group research: Results, questions, and suggestions. In: *Garfield, S.L.; Bergin, A.E.* (eds.) Handbook of Psycho-therapy and Behavior Change. 3rd ed.. Wiley & Sons, New York, Chichester, Brisbane, Toronto, Singapore

Kazdin, A.E. (1986) The evaluation of psychotherapy: Research, design, and methodology. In: *Garfield, S.L.; Bergin, A.E.* (eds.) Handbook of Psycho-therapy and Behavior Change. 3rd ed.. Wiley & Sons, New York, Chichester, Brisbane, Toronto, Singapore

Kellerman, H. (ed.) (1981) Group Cohesion - Theoretical and Clinical Perspectives. Grune & Stratton, New York, London, Toronto, Sydney, San Francisco

Kelly, G.A. (1955) The Psychology of Personal Constructs. Norton, New York

Kernberg, O.F. (1975) Borderline-Störungen und pathologischer Narzißmus. Suhrkamp, Frankfurt/Main

Kernberg, O.F. (1976) Für eine integrative Theorie der Klinikbehandlung. In: *Kernberg, O.F.* (Hrsg.) (1985) Objektbeziehungen und Praxis der Psychoanalyse. Klett-Cotta, Stuttgart

Kernberg, O.F. (1984) Severe Personality Disorders: Psychotherapeutic Strategies. Yale University Press, New Haven/Connecticut

Kernberg, O.F. (1986) Identification and its vicissitudes as observed in psychosis. Int. J. Psycho-Anal. 67:147-159

Kernberg, O.F.; Burstein, E.D.; Coyne, L.; Appelbaum, S.A.; Horwitz, L.; Voth, H. (1978) Psychotherapy and psychoanalysis. Final report of the Menninger Foundation's Psychotherapy Research Project. Bull. Menn. Clin. 36:1-276

Kibel, H.D. (1991) The therapeutic use of splitting: The role of the mother-group in therapeutic differentiation and practicing. In: *Tuttman, S.* (ed.) Psychoanalytic Group Theory and Therapy - Essays in Honor of Saul Scheidlinger. Mon. 7, International Universities Press, Madison/Connecticut

Kiener, F. (1978) Empirische Kontrolle psychoanalytischer Thesen. In: *Pongratz, L.J.* (Hrsg.) Handbuch der Klinischen Psychologie. Bd.2 Hogrefe, Göttingen

Kind, H. (1986) Gibt es spezifische Faktoren in der Psychotherapie? Prax. Psychother. Psychosom. 31:191-196

Kirchner, F.T.; Kissel, E.; Petermann, F.; Böttger, P. (1977) Interne und externe Validität empirischer Untersuchungen in der Psychotherapieforschung. In: *Petermann, F.* (Hrsg.) Psychotherapieforschung - Ein Überblick über Ansätze, Forschungsergebnisse und methodische Probleme. Beltz, Weinheim, Basel

Kiresuk, T.J.; Sherman, R.E. (1968) Goal attainment scaling: A general method for evaluating comprehensive community mental programs. Commun. Ment. Health 4:443-453

Kirshner, B.J.; Dies, R.R.; Brown, R.A. (1978) Effects of experimental manipulation of self-disclosure on group cohesiveness. J Cons. Clin. Psychol. 46:1171-1177

Knoke, M. (1988) Psychoanalytisch orientierte Langzeittherapie in der Klinik. In: *Schepank, H.; Tress, W.* (Hrsg.) Die stationäre Psychotherapie und ihr Rahmen. Springer, Berlin, Heidelberg, New York, London, Paris, Tokyo

Köndgen, R.; Überla, K. (1962) Einjahreskatamnesen von 150 stationär psychotherapeutisch behandelten Patienten. Psychother. Med. Psychol. 12:246-252

König, K. (1974) Analytische Gruppenpsychotherapie in der Klinik. Gruppenpsychother. Gruppendyn. 8:260-279

König, K. (1982) Der interaktionelle Anteil der Übertragung in Einzelanalyse und analytischer Gruppenpsychotherapie. Gruppenpsychother. Gruppendyn. 18:76-83

König, K.; Lindner, W.-V. (1991) Psychoanalytische Gruppentherapie. Vandenhoeck & Ruprecht, Göttingen

König, K.; Sachsse, U. (1981) Die zeitliche Limitierung in der klinischen Psychotherapie. In: *Heigl, F.; Neun, H.* (Hrsg.) Psychotherapie im Krankenhaus. Behandlungskonzepte und Methoden in der stationären Psychotherapie. Bd. 2, Vandenhoeck & Ruprecht, Göttingen, Zürich

Kohut, H. (1971) The Analysis of the Self. A Systematic Approach To the Psychoanalytic Treatment of Narcissistic Personality Disorders. International Universities Press, New York

Kordy, H.; Scheibler, D. (1984a) Individuumszentrierte Erfolgsforschung: Erfassung und Bewertung von Therapieeffekten anhand individueller Behandlungsziele - Teil 1: Gibt es in der Ergebnisforschung eine "Lücke" für individuumsorientierte Verfahren? Z. Klin. Psychol. Psychopathol. Psychother. 32:218-233

Kordy, H.; Scheibler, D. (1984b) Individuumszentrierte Erfolgsforschung: Erfassung und Bewertung von Therapieeffekten anhand individueller Behandlungsziele - Teil 2: Anwendungs- und Auswertungsaspekte. Z. Klin. Psychol. Psychopathol. Psychother. 32:300-309

Kordy, H.; Senf, W. (1992) Therapieabbrecher in geschlossenen Gruppen. Psychother. Psychosom. Med. Psychol. 42:127-133

Kordy, H.; von Rad, M.; Senf, W. (1983) Success and failure in psychotherapy: Hypotheses and results from the Heidelberg FOLLOW-UP Project. Psychother. Psychosom. 40:211-227

Kosseff, J.W. (1991) Infant and mother and the mother-group. In: *Tuttman, S.* (ed.) Psychoanalytic Group Theory and Therapy - Essays in Honor of Saul Scheidlinger. Mon. 7, International Universities Press, Madison/Connecticut

Kröger, F.; Drinkmann, A.; Petzold, E.; Schmidt-Rinke, M. (1987) Symlog as an instrument for measuring interaction and perceptual structures by self and other descriptions. Annual Meeting of the Society For Psychotherapy Research (SPR), Ulm, 16.-20.6.1987

Kutter, P. (1980) Phasen des Gruppen-Prozesses - Wahrnehmungsprobleme, theoretische Orientierung, Literaturübersicht und praktische Erfahrungen. Gruppenpsychother. Gruppendyn. 16:200-208

Lacoursière, R.B. (1980) The Life Cycle of Groups - Group Developmental Stage Theory. Human Sciences Press, New York, London

Lambert, M.; Shapiro, D.; Bergin, A. (1986) The effectiveness of psychotherapy. In: *Garfield, S.; Bergin, A.* (eds.) Handbook of Psychotherapy and Behavior Change. John Wiley & Sons, New York, Chichester, Brisbane, Toronto, Singapore

Lermer, St.P.; Ermann, G. (1976) Der Stuttgarter Bogen (SB) zur Erfassung des Erlebens in der Gruppe. Gruppendyn. 2(7):133-140

Leuzinger-Bohleber, M. (1989) Veränderung kognitiver Prozesse in Psychoanalysen - 5 aggregierte Einzelfallstudien. Springer, Berlin, Heidelberg, New York

Lieberman, M.A. (1983) Comparative analyses of change mechanisms in groups. In: *Dies, R.R.; MacKenzie, K.R.* (eds.) Advances in Group Psychotherapy - Integrating Research and Practice. Monograph I., American Group Psychotherapy Association, New York

Lieberman, M.A.; Borman, L.D. (1979) Self-Help Groups For Coping With Crisis. Jossey-Bass, San Francisco

Lieberman, M.A.; Yalom, I.D.; Miles, M. (1973) Encounter Groups: First Facts. Basic Books, New York

Liedtke, R.; Lempa, W.; Künsebeck, H.-W. (1991) Abwehrverhalten und Symptomatik ein Jahr nach stationärer psychosomatischer Therapie. Z. Psychosom. Med. 37:47-61

Liff, Z.A. (1981) The role of the group therapist in the treatment of character-disorder patients. In: *Kellerman, H.* (ed.) Group Cohesion - Theoretical and Clinical Perspectives. Grune & Stratton, New York, London, Toronto, Sydney, San Francisco

Livesley, W.J.; MacKenzie, K.R. (1983) Social roles in psychotherapy groups. In: *Dies, R.R.; MacKenzie, K.R.* (eds.) Advances In Group Psychotherapy - Integrating Research and Practice. Monograph I., International Universities Press, New York

Lorenzer, A. (1970) Sprachzerstörung und Rekonstruktion. Suhrkamp, Frankfurt/Main

Luborsky, L. (1975) Clinician´s judgements of mental health: Specimen case descriptions and forms for the Health-Sickness Rating Scale. Bull. Menn. Clin. 39:448-480

Luborsky, L.; Chandler, M.; Auerbach, A.H.; Cohen, J.; Bachrach, H. (1971) A review of quantitative research. Psychol. Bull. 75:145-185

Luborsky, L.; Crits-Christoph, P.; Mintz, J.; Auerbach, A.H. (1988) Who Will Benefit From Psychotherapy? Basic Books, New York

Luborsky, L.; Singer, B.; Luborsky, L. (1975) Comparative studies of psychotherapies: Is it true that "everyone has won and all must have prizes"? Arch. Gen. Psychiat. 32:995-1008

Macaskill, N.D. (1982) Therapeutic factors in group therapy with borderline patients. Int. J. Group Psychother. 32:61-73

MacKenzie, K.R. (1981) Measurement of group climate. Int. J. Group Psychother. 31:287-296

MacKenzie, K.R. (1983) The clinical application of a group climate measure. In: *Dies, R.R.; MacKenzie, K.R.* (eds.) Advances In Group Psychotherapy - Integrating Research and Practice. Monograph I, International Universities Press, New York

MacKenzie, K.R. (1987) Therapeutic factors in group psychotherapy: A contemporary view. Group 11:26-34

MacKenzie, K.R. (1990a) Introduction To Time-Limited Group Psychotherapy. American Psychiatric Press, Inc., Washington, D.C.

MacKenzie, K.R. (1990b) Bedeutsame interpersonelle Ereignisse - Der Hauptansatz für therapeutischen Effekt in der Gruppenpsychotherapie. In: *Tschuschke, V.; Czogalik, D.* (Hrsg.) Psychotherapie - Welche Effekte verändern? Zur Frage der Wirkmechanismen therapeutischer Prozesse. Springer, Berlin, Heidelberg, New York, London, Paris, Tokyo, Hong Kong, Barcelona

MacKenzie, K.R.; Dies, R.R. (1982) The Core-Battery. American Group Psychotherapy Association, New York

MacKenzie, K.R.; Livesley, W.J. (1983) A developmental model for brief group therapy. In: *Dies, R.R.; MacKenzie, K.R.* (eds.) Advances In Group Psychotherapy - Integrating Research and Practice. Monograph I, International Universities Press, New York

MacKenzie, K.R.; Tschuschke, V. (1993) Relatedness, group work, and outcome in long-term inpatient psychotherapy groups. J. Psychother.: Res.& Pract. 2 (2):1-10

Malan, D.; Balfour, F.; Hood, V.; Shooter, A. (1976) Group psychotherapy: A long-term follow-up study. Arch. Gen. Psychiat. 33:1303-1315

Mann, R.D. (1967) Interpersonal Styles and Group Development. Wiley & Sons, New York

Manos, N.; Vasilopoulou, E. (1984) Evaluation of psychoanalytic psychotherapy outcome. Acta Psychiat. Scand. 70:28-35

Marcovitz, R.J.; Smith, J.E. (1983) Patients´ perceptions of curative factors in short-term group psychotherapy. Int. J. Group Psychother. 33:21-39

Martin, E.A.; Hill, W.F. (1957) Toward a theory of group development: Six phases of theory of group development. Int. J. Group Psychother. 7:20-30

Maxmen, J.S. (1973) Group therapy as viewed by hospitalized patients. Arch. Gen. Psychiat. 28:404-408

McCallum, M.; Piper, W. (1990) A controlled study of effectiveness and patient suitability for short-term group psychotherapy. Int. J. Group Psychother. 40(4):431-452

McNeilly, C.; Howard, K.I. (1991) The effects of psychotherapy: A reevaluation based on dosage. Psychother. Res. 1(1):74-78

Meyer, A.-E. (1989) Wodurch wirkt Psychotherapie? In: *Lang, H.* (Hrsg.) Wirkfaktoren in der Psychotherapie. Springer, Berlin, Heidelberg, New York, London, Paris, Tokyo

Meyer, A.-E.; Richter, R.; Grawe, K.; Graf von der Schulenburg, J.-M.; Schulte, B. (1991) Forschungsgutachten zu Fragen eines Psychotherapeutengesetzes Universitäts-Krankenhaus Hamburg-Eppendorf

Mintz, J. (1972) What is success in psychotherapy? J. Abn. Psychol. 80(1):11-19

Mintz, J. (1977) The role of the therapist in assessing psychotherapy outcome. In: *Gurman, A.S.; Razin, A.M.* (eds.) Effective Psychotherapy - A Handbook of Research. Pergamon Press, Oxford, New York, Toronto, Sydney, Paris, Frankfurt/M.

Mintz, J.; Luborsky, L.; Auerbach, A.H. (1971) Dimensions in psychotherapy: A factor analytic study of ratings of psychotherapy sessions. J. Cons. Clin. Psychol. 36(1):106-120

Money-Kyrle, R. (1950) Varieties of group formation. In: *Roheim, G.* (ed.) Psychoanalysis and the Social Sciences. International Universities Press, New York

Neimeyer, R.A. (1985) Personal constructs in clinical practice. In: *Kendall, P.C.* (ed.) Advances In Cognitive-Behavioral Research and Therapy. Academic Press, New York

Norusis, M.J. (ed.) (1990) SPSS-PC+ Version 2.0. SPSS Inc., Chicago

Ohlmeier, D. (1976) Gruppeneigenschaften des psychischen Apparates. In: *Eicke, D.* (Hrsg.) Die Psychologie des 20. Jahrhunderts, II: Freud und die Folgen (1). Kindler, Zürich

Orlik, P. (1986) Ein semantischer Atlas zur Kodierung alltagssprachlicher Verhaltensbeschreibungen nach dem SYMLOG-Raummodell. Fachbereich Psychologie der Universität des Saarlandes

Orlinsky, D.E.; Howard, K.I. (1986) Process and outcome in psychotherapy. In: *Garfield, S.L.; Bergin, A.E.* (eds.) Handbook of Psychotherapy and Behavior Change. John Wiley & Sons, New York, Chichester, Brisbane, Toronto, Singapore

Palmowski, B. (1992) Zur Bedeutung von Scham und Selbsterleben für Indikation und Verlauf in der analytischen Gruppenpsychotherapie. Forum Psychoanal. 8:134-146

Petermann, F. (1979) Praktische Probleme bei der Planung und Durchführung von Therapieverlaufsstudien. In: *Petermann, F.; Hehl, F.-J.* (Hrsg.) Einzelfall-analyse. Urban & Schwarzenberg, München, Wien, Baltimore

Pines, M. (1983) Psychoanalysis and group analysis. Int. J. Group Psychother. 33(2):155-170

Piper, W.E.; McCallum, M. (1990) Psychodynamische Arbeit als ein *Wirkfaktor* in der Gruppenpsychotherapie. In: *Tschuschke, V.; Czogalik, D.* (Hrsg.) Psychotherapie - Welche Effekter verändern? Zur Frage der Wirkmechanismen therapeutischer Prozesse. Springer, Berlin, Heidelberg, New York, London, Paris, Tokyo, Hong Kong, Barcelona

Polley, R.B.; Hare, A.P.; Stone, P.J. (Hrsg.) (1988) The SYMLOG Practicioner - Applications of Small Group Research. Praeger, New York, Westport/Connecticut, London

Query, W.T. (1964) Self-disclosure as a variable in group psychotherapy. Int. J. Group Psychother. 14:107-115

Quint, H. (1972) Psychoanalytische Aspekte klinischer Gruppenpsychotherapie. In: *Janssen*-Symposium (Hrsg.) Sozialpsychiatrie und Psychopharmakologie in ihrer Verflechtung. Bd.10, Janssen Pharma

Rad, M. von; Rüppell, A. (1975) Combined inpatient and outpatient group psychotherapy: A therapeutic model of psychosomatics. Psychother. Psychosom. 26:237-243

Revenstorf, D.; Keeser, W. (1979) Zeitreihenanalyse von Therapieverläufen - ein Überblick. In: *Petermann, F.; Hehl, F.-J.* (Hrsg.) Einzelfallanalyse. Urban & Schwarzenberg, München, Wien, Baltimore

Ribner, N.J. (1974) Effects of an explicit group contract on self-disclosure and group cohesiveness. J. Couns. Psychol. 21:116-120

Rice, L.N.; Greenberg, L.S. (eds.) (1984a) Patterns of Change. Guilford Press, New York

Rice, L.N.; Greenberg, L.S. (1984b) The new research paradigm. In: *Rice, L.N.; Greenberg, L.S.* (eds.) Patterns of Change. Guilford Press, New York

Rohrbaugh, M.; Bartels, B.D. (1975) Participants' perceptions of "curative factors" in therapy and growth groups. Small Group Beh. 6:430-456

Rosenkötter, L. (1969) Über Kriterien der Wissenschaftlichkeit in der Psychoanalyse. Psyche 23:161-169

Rüger, U. (1981) Stationär-ambulante Gruppenpsychotherapie - Ein langfristiges Behandlungsmodell. Springer, Berlin, Heidelberg, New York

Ryle, A. (1975) Frames and Cages. Sussex University Press, Sussex

Sandner, D. (1986) Zur Methodologie der Erforschung des Gruppenprozesses in der analytischen Gruppenpsychotherapie. In: *Sandner, D.* Gruppenanalyse - Theorie, Praxis und Forschung. Springer, Berlin, Heidelberg, New York, Tokyo

Saravay, St.M. (1978) A psychoanalytic theory of group development. Int. J. Group Psychother. 28:481-507

Sarri, R.C.; Galinsky, M.J. (1974) A conceptual framework for group development. In: *Glasser, P.; Sarri, R.C.; Vinter, R.* (eds.) Individual Change Through Small Groups. Free Press, New York

Schaffer, J.S.; Dreyer, S.F. (1982) Staff and inpatient perceptions of change mechanisms in group psychotherapy. Am. J. Psychiat. 139:127-128

Scheidlinger, S. (1974) On the concept of the "mother-group". Int. J. Group Psychother. 24:417-428

Schepank, H. (1988) Die stationäre Psychotherapie in der Bundesrepublik Deutschland: Soziokulturelle Determinanten, Entwicklungsstufen, Ist-Zustand, internationaler Vergleich, Rahmenbedingungen. In: *Schepank, H.; Tress, W.* (Hrsg.) Die stationäre Psychotherapie und ihr Rahmen. Springer, Berlin, Heidelberg, New York, London, Paris, Tokyo

Schindler, R. (1957-58) Grundprinzipien der Psychodynamik in der Gruppe. Psyche 11:308-314

Schindler, W. (1951) Family pattern in group formation and therapy. Int. J. Group Psychother. 1:100-105

Schmitt, G.; Seifert, Th.; Kächele, H. (Hrsg.) (1993) Stationäre analytische Psychotherapie. Zur Gestaltung polyvalenter Therapieräume bei der Behandlung von Anorexie und Bulimie. Schattauer, Stuttgart, New York

Schneider-Düker, M. (1992) Das interpersonale Modell - eine psychotherapeutische Grundorientierung? Gruppenpsychother. Gruppendyn. 28:93-113

Scott, W.A.; Osgood, D.W.; Peterson, C. (1979) Cognitive Structure: Theory and Measurement of Individual Differences. V. H. Winston, Washington, D.C.

Senf, W.; Schneider-Gramann, G. (1990) Was hilft in der analytischen Psychotherapie? Rückblicke ehemaliger Patienten. In: *Tschuschke ,V.; Czogalik, D.* (Hrsg.) Psychotherapie - Welche Effekte verändern? Zur Frage der Wirkmechanismen therapeutischer Prozesse. Springer, Berlin, Heidelberg, New York, London, Paris, Tokyo, Hong Kong, Barcelona

Shapiro, A.K.; Morris, L.A. (1978) Placebo effects in medical and psychological therapies. In: *Bergin, A.E.; Garfield, S.L.* (eds.) Handbook of Psychotherapy and Behavior Change. John Wiley & Sons, New York

Silbergeld, S.; Koenig, G.; Manderscheid, R. (1975) Assessment of environment-therapy systems: The Group Atmosphere Scale. J Cons. Clin. Psychol. 43:460-469

Slater, P. (1977) Dimensions of Interpersonal Space. Wiley & Sons, New York

Slater, Ph.E. (1966) Microcosm. John Wiley & Sons, New York, London, Sidney

Slavson, S. (1964) A Textbook in Analytic Group Psychotherapy. International Universities Press, New York

Sloane, R.B.; Staples, F.R.; Cristol, A.H.; Yorkston, N.J.; Whipple, K. (1975) Psychotherapy vs. Behavior Therapy. Harvard University Press, Cambridge/ Mass.

Smith, M.L.; Glass, G.V.; Miller, T.I. (1980) The Benefits of Psychotherapy. Johns Hopkins University Press, Baltimore

Spitzer, R.L.; Gibbon, M.; Endicott, J. (1978) Global Assessment Scale (GAS). Unpubl. Manuscript

Steinfield, G.; Mabli, J. (1974) Perceived curative factors in group therapy by residents of a therapeutic community. Crim. J. Beh. 1:278-288

Strassberg, D.S.; Roback, H.B., Anchor, K.N. (1975) Self-disclosure in group therapy with schizophrenics. Arch. Gen. Psychiat. 32:1259-1261

Strauß, B. (1992) Empirische Untersuchungen zur stationären Gruppen-psychotherapie. Gruppenpsychother. Gruppendyn. 28(2):125-149

Stricker, G.; Fisher, M. (eds.) (1990) Self-Disclosure in the Therapeutic Relationship. Plenum Press, New York, London

Strupp, H.H. (1978) Psychotherapy research and practice: An overview. In: *Bergin, A.E.; Garfield, S.L.* (eds.) Handbook of Psychotherapy and Behavior Change. John Wiley & Sons, New York

Strupp, H.H. (1983) The non-specific hypothesis of therapeutic effectiveness: My current view. Vortrag, 14th Annual Conference of the Society for Psychotherapy Research (SPR), Sheffield/England

Strupp, H.H.; Hadley, S.W. (1979) Specific vs. nonspecific factors in psychotherapy. A controlled study of outcome. Arch. Gen. Psychiat. 36:1125-1136

Sullivan, H.S. (1953) The Interpersonal Theory of Psychiatry. Norton, New York

Swarr, R.R.; Ewing, T.N. (1977) Outcome effects of eclectic interpersonal-learning-based group psychotherapy with college student neurotics. J. Cons. Clin. Psychol. 45:1029-1035

Teufel, R.; Költzow, R. (1983) Methodische Optimierung der Faktorenstruktur des Stuttgarter Bogens. In: *Enke, H.; Tschuschke, V.; Volk, W.* (Hrsg.) Psychotherapeutisches Handeln - Grundlagen, Methoden und Ergebnisse der Forschung. Kohlhammer, Stuttgart, Berlin, Köln, Mainz

Thomä, H.; Kächele, H. (1973) Wissenschaftstheoretische und methodologische Probleme der klinisch-psychoanalytischen Forschung. Psyche 27:205-236

Tress, W. (1986) Das Rätsel der seelischen Gesundheit - Traumatische Kindheit und früher Schutz gegen psychogene Störungen. Verlag für Medizinische Psychologie im Verlag Vandenhoeck & Ruprecht, Göttingen

Truax, C.; Carkhuff, R. (1965) Correlations between therapist and patient self-disclosure. J. Couns. Psychol. 12:3-9

Tschuschke, V. (1986) Verlaufsanalyse verbaler Affektstrukturen von Patienten einer ambulanten analytischen Gruppenpsychotherapie - Eine empirische Gruppen-Fallstudie mit dem Gottschalk-Gleser-Sprachinhaltsanalyse-Verfahren. Humanbiologische Dissertation, Universität Ulm

Tschuschke, V. (1987) Zum Kohäsions-Konzept in der therapeutischen Gruppe - Theoretische Überlegungen und empirische Ergebnisse. Gruppenpsychother. Gruppendyn. 23:46-55

Tschuschke, V. (1988) Interaction behavior of borderline patients in analytic group therapy. In: *Polley, R.B.; Hare, A.P.; Stone, P.J.* (eds.) The SYMLOG Practicioner - Applications of Small Group Research. Praeger, New York, Westport/ Connecticut, London

Tschuschke, V. (1989) Wirksamkeit und Erfolg in der Gruppenpsychotherapie. Gruppenpsychother. Gruppendyn. 25:60-78

Tschuschke, V. (1990a) Spezifische und/oder unspezifische Wirkfaktoren in der Psychotherapie: Ein Problem der Einzelpsychotherapie oder auch der Gruppenpsychotherapie? In: *Tschuschke, V.; Czogalik, D.* (Hrsg.) Psychotherapie - Welche Effekte verändern? Zur Frage der Wirkmechanismen therapeutischer Prozesse. Springer, Berlin, Heidelberg, New York, London, Paris, Tokyo, Hong Kong, Barcelona

Tschuschke, V. (1990b) Zum therapeutischen Stellenwert der Interaktionsprozesse in der Gruppenpsychotherapie. In: *Tschuschke, V.; Czogalik, D.* (Hrsg.) Psychotherapie - Welche Effekte verändern? Zur Frage der Wirkmechanismen therapeutischer Prozesse. Springer, Berlin, Heidelberg, New York, London, Paris, Tokyo, Hong Kong, Barcelona

Tschuschke, V. (1993a) Therapeutische Interventionen und Therapieerfolg in der stationären analytischen Gruppenpsychotherapie. Unveröff. Manuskript

Tschuschke, V. (1993b) Zur Kritik der psychotherapeutischen Effektivitätsforschung. Unveröff. Manuskript

Tschuschke, V.; Catina, A. (1988) Zum aktuellen Stand der Gruppenpsychotherapieforschung - Konzeptuelle, methodologische Probleme und Chancen ihrer Überwindung. In: *Ehlers, W.; Traue, H.; Czogalik, D.* (Hrsg.) Bio-psychosoziale Grundlagen für die Medizin. Berlin, Heidelberg, New York, London, Paris, Tokyo

Tschuschke, V.; Catina, A.; Beckh, T.; Salvini, D. (1992) Wirkfaktoren stationärer analytischer Gruppenpsychotherapie. Psychother. Psychosom. Med. Psychoanal. 42:91-101

Tschuschke, V.; Czogalik, D. (Hrsg.) (1990a) Psychotherapie - Welche Effekte verändern? Zur Frage der Wirkmechanismen therapeutischer Prozesse. Springer, Berlin, Heidelberg, New York, London, Paris, Tokyo, Hong Kong, Barcelona

Tschuschke, V.; Czogalik, D. (1990b) "Psychotherapie - Wo sind wir jetzt und wohin müssen wir kommen?" Versuch einer Integration. In: *Tschuschke, V.; Czogalik, D.* (Hrsg.) Psychotherapie - Welche Effekte verändern? Zur Frage der Wirkmechanismen therapeutischer Prozesse. Springer, Berlin, Heidelberg, New York, London, Paris, Tokyo, Hong Kong, Barcelona

Tschuschke, V.; Dies, R.R. (1993) Der Mythos von den zwei Welten - Praxis und Forschung brauchen einander. Vortrag auf dem DAGG-Kongreß 1993, Bad Honnef 12.-14.3.1993

Tschuschke, V.; Ehlers, W. (1983) Empirische Forschung in der Psychoanalyse - Einführung. In: *Enke, H.; Tschuschke, V.; Volk, W.* (Hrsg.) Psychotherapeutisches Handeln - Grundlagen, Methoden und Ergebnisse der Forschung. Kohlhammer, Stuttgart, Berlin, Köln, Mainz

Tschuschke, V.; Hess, H.; MacKenzie, K.R. (1991) Der Gruppenklima-Fragebogen (GCQ-S) - Methodik und Anwendung eines Meßinstruments zum Gruppenerleben. Gruppenpsychother. Gruppendyn. 26(4):340-359

Tschuschke, V.; MacKenzie, K.R. (1989) Empirical analysis of group development: A methodological report. Small Group Beh. 20:419-427

Tuckman, B.W. (1965) Developmental sequence in small groups. Psychol. Bull. 63:384-399

Überla, K. (1968) Faktorenanalyse. Springer, Berlin, Heidelberg, New York

Vinogradov, S.; Yalom, I.D. (1990) Self-disclosure in group psychotherapy. In: *Stricker, G.; Fisher, M.* (eds.) Self-Disclosure In the Therapeutic Relationship. Plenum Press, New York

Volk, W.; Seifert, Th. (1982) Ich - Ganzheit - Kollektives Unbewußtes. Zum Konzept der Gruppenpsychotherapie in der analytischen Psychologie. Gruppenpsychother. Gruppendyn. 18:92-100

Wallerstein, R.S. (1986) Forty-two Lives In Treatment - A Study of Psychoanalysis and Psychotherapy. Guilford, New York

Weigel, R.G.; Warnath, G.F. (1968) The effects of group therapy on reported self-disclosure. Int. J. Group Psychother. 18:31-41

Weiner, M.F. (1974) Genetic vs. interpersonal insight. Int. J. Group Psychother. 24:230-237

Westmeyer, H. (1979) Wissenschaftstheoretische Grundlagen der Einzelfallanalyse. In: *Petermann, F.; Hehl, F.-J.* (Hrsg.) Einzelfallanalyse. Urban & Schwarzenberg, München, Wien, Baltimore

Winnicott, D. (1960) Die Theorie von der Beziehung zwischen Mutter und Kind. In: *Winnicott, D.* (Hrsg.) Reifungsprozesse und fördernde Umwelt. Kindler, München 1974

Winnicott, D. (1962) Ich-Integration in der Entwicklung des Kindes. In: *Winnicott, D.* (Hrsg.) Reifungsprozesse und fördernde Umwelt. Kindler, München 1974

Wittmann, W.; Matt, G. (1986) Meta-Analyse als Integration von Forschungsergebnissen deutschsprachiger Arbeiten zur Effektivität von Psychotherapie. Psychol. Rundsch. 37:20-40

Wong, N. (1981) The application of object-relations theory to an understanding of group cohesion. In: *Kellerman, H.* (ed.) Group Cohesion - Theoretical and Clinical Perspectives. Grune & Stratton, New York, London, Toronto, Sydney, San Francisco

Yalom, I.D. (1966) A study of group therapy dropouts. Arch. Gen. Psychiat. 14:393-414

Yalom, I.D. (1975) The Theory and Practice of Group Psychotherapy. 2nd ed., Basic Books, New York

Yalom, I.D. (1983) Inpatient Group Psychotherapy. Basic Books, New York

Yalom, I.D. (1985) The Theory and Practice of Group Psychotherapy. 3rd ed., Basic Books, New York

Zauner, J. (1978) Das Problem der Regression und die Rolle des Durcharbeitens im Realitätsraum der psychotherapeutischen Klinik. In: *Beese, F.* (Hrsg.) Stationäre Psychotherapie - Modifiziertes psychoanalytisches Behandlungsverfahren und therapeutisch nutzbares Großgruppengeschehen. Bd.1, Vandenhoeck & Ruprecht, Göttingen, Zürich

18. Anhang

Abbildung 12

GLOBAL ASSESSMENT SCALE (GAS)

Bewerten Sie das niedrigste Niveau der Adäquatheit des Patienten-Verhaltens/Erlebens in der vergangenen Woche, indem Sie den niedrigsten Bereich des hypothetischen Kontinuums heraussuchen, der das Ausmaß an psychisch-geistiger Gesundheit beschreibt. Zum Beispiel: Ein Patient, dessen "Verhalten/Erleben beträchtlich beeinträchtigt ist durch Wahnideen" (Bereich 21-30) sollte in diesem Bereich eingeschätzt werden, auch dann, wenn er eine "schwere Störung in verschiedenen Bereichen" zeigt (Bereich 31-40). *Verwenden Sie Zwischen-Einschätzungen, wenn sie angebracht erscheinen* (z.B. 35, 58, 62 etc.). Bewerten Sie *aktuelles* Verhalten/Erleben, unabhängig davon, ob der Patient Medikamente oder irgendeine andere Hilfe erhält bzw. ihm damit geholfen werden könnte oder nicht.

Name des/r Patienten/in: _____

Chiffre: _____

Aufnahme-/Test-Datum: _____

Einschätzungs-Wert: _____

Bewerter/in: _____

Datum: _____

100	Beste Anpassung (Adäquatheit) in einem großen Bereich von Aktivitäten. Die Lebensprobleme scheinen niemals außer Kontrolle geraten zu können, der/die Patient/in wird von anderen aufgesucht wegen seiner/ihrer Wärme und Integrität.
91	Keine Symptome.
90	Gute Angepaßtheit in allen Bereichen, viele Interessen, sozial effektiv, grundsätzlich zufrieden mit dem Leben. Es mögen vorübergehend Symptome auftreten oder nicht sowie "alltägliche" Schwierigkeiten, die nur gelegentlich außer Kontrolle
81	geraten.
80	Nicht mehr als nur geringe Beeinträchtigung in der Anpassung, variierendes Ausmaß von "alltäglichen" Schwierigkeiten und Probleme, die manchmal außer Kontrolle geraten.
71	Minimale Symptome können auftreten oder auch nicht.
70	Einige leichte Symptome (z.b. depressive Gestimmtheit oder leichte Schlaf- störung) ODER einige Schwierigkeiten in verschiedenen Funktionsbereichen, aber generell recht gut angepaßt; besitzt einige wichtige Beziehungen zu anderen und die
61	meisten Nicht-Fachleute würden die Person nicht als "krank" bezeichnen.
60	Mäßige Symptome ODER Anpassung generell mit einigen Schwierigkeiten (z.b. wenig Freunde und abgeflachter Affekt, depressive Stimmung und pathologische Selbstzweifel, euphorische Stimmung und Sprechdrang, mäßig ernstes
51	antisoziales Verhalten.
50	Jede ernste Symptomatik oder Beeinträchtigung bezüglich der Angepaßtheit des Verhaltens, von der die meisten Kliniker annehmen würden, daß offensichtlich eine Behandlung erforderlich ist (z.B. suizidale Tendenz oder Hinweise, ernste zwanghafte Rituale, häufige Angst-Attacken, ernstes antisoziales Verhalten, zwanghaftes Trinken,
41	leichte, aber definitiv manische Syndrome.
40	Ernste Beeinträchtigungen in verschiedenen Bereichen wie z.b. Arbeit, Familien-Bezügen, Urteilsvermögen, Denken oder Gestimmtheit (z.B. depressive Frau, vermeidet Freunde, vernachlässigt Familie, unfähig, Hausarbeiten durchzuführen) ODER einige Beeinträchtigung in der Realitätsprüfung oder Kommunikation (z.B. Sprache ist
31	zuweilen obskur, unlogisch oder irrelevant) ODER Selbstmordversuch.
30	Unfähig zu funktionieren in nahezu allen Bereichen (z.B. bleibt der/die Patient/in den ganzen Tag im Bett) ODER das Verhalten ist erheblich beeinflußt entweder durch Wahnvorstellungen oder Halluzinationen ODER ernste Beeinträchtigung in der Kommunikation (z.B. manchmal uneinheitlich oder nicht antwortend) bzw. im
21	Urteilsvermögen (z.B. verhält sich/urteilt grob unangebracht).
20	Benötigt einige Beaufsichtigung, um andere oder sich selbst zu schützen bzw. um eine minimale persönliche Hygiene aufrechtzuerhalten (z.B. wiederholte Suizid-Versuche, häufig gewalttätig, manische Gestimmtheit, verschmiert Kot) ODER grobe
11	Beeinträchtigung in der Kommunikation (z.B. weitestgehend inkohärent oder stumm).
10	Braucht ständige Beaufsichtigung für mehrere Tage, um sich oder andere zu schützen (z.B. benötigt eine intensive Pflege mit spezieller Beobachtung durch das Pflegepersonal). Der/die Patient/in unternimmt keinen Versuch, eine minimale persönliche Hygiene aufrechtzuerhalten ODER ernste suizidale Handlung mit klarer Intention und Erwartung
1	des Todes.

Abbildung 13

GOAL ATTAINMENT SCALING	- 1 ver- schlech- tert	0 unver- ändert	+ 1 leicht gebessert	+ 2 gut gebessert	+ 3 optimal gebessert
1. Ziel Probleme mit der Aufrechterhaltung von Beziehungen					
2. Ziel Wie steht es mit der Beherrschung der Wutanfälle?					
3. Ziel Wie sieht es um die Wertlosigkeits- gefühle aus?					
4. Ziel Kann er Menschen an sich heranlas- sen?					
5. Ziel Lebt er noch sehr in seinen Fanta- sien?					

Abbildung 14

Gruppe: _____

Name/Chiffre:_Pat. 1_____

Datum/Sitz.:___PRÄ_____

THERAPIE-ZIELE

Bitte, beschreiben Sie mindestens *drei* Therapie-Ziele (wenn gewünscht auch mehr), die für Sie von größter Bedeutung während der Behandlung sein werden. Versuchen Sie, diese *Ziele im Hinblick auf aktuelles Problemverhalten* zu formulieren bzw. zu beschreiben, nicht bezogen auf Ihre Gefühle hierüber.

Bitte, geben Sie in der letzten Spalte für jedes Problemverhalten den *jetzigen Grad der Beeinträchtigung* an.

ZIELE	0 = überhaupt nicht 1 = sehr wenig 2 = etwas 3 = ziemlich 4 = stark 5 = äußerst stark
Ziel 1 Ausgeglichenheit, Ruhe u. Gelassenheit gegenüber anderen Menschen erreichen, so daß ich mich nicht ständig in Frage gestellt und abgelehnt fühle.	5
Ziel 2 Fähigkeit zu innerer Sammlung und Konzentration, um mich voll mit den Dingen beschäftigen zu können, die wichtig sind.	4
Ziel 3 Einen Zustand erreichen, aus dem ich aus einer Lebensfreude heraus alles tun kann, was ich tun möchte und wozu ich fähig bin.	5
Weitere Ziele	

Abbildung 15

SYMLOG-Definitionen der Vorstellungsbild-Richtungskodierungen auf den Stufen SEL, AND und GRP

U   aktiv-gesprächig; stark; selbstbehauptend; mächtig; verwegen; dickfellig; extravertiert; überlegen; reich; erfahren; erfolgreich; selbstbewußt; älter; jemand, mit hohem sozialen Status, guter Bildung, Ansehen

UP   aus sich herausgehend; sozial extravertiert, beliebt; gesellig; herzlich; anregend; offen; gesund und munter, stabil

UPF   jemand mit demokratischen Führungsqualitäten; am Gruppenerfolg bei Aufgabenbewältigung interessiert; initiativ bei Hilfe zur Bewältigung der Gruppenaufgabe, zur Schaffung von Gruppeneinheit, Gruppenmoral; positiv selbstbestimmt

UF   entschlossen; geschäftsmäßig kontrollierend; managerhaft; an aufgabenbezogen-effektiver Leistung, eher an Loyalitätsbeweisen als an liebender Hinwendung interessiert; mit unpersönlichen Idealen, äußeren Aufgaben identifiziert

UNF   autoritär; moralisierend; starr; hemmend; anspruchsvoll; bestrafend; vorurteilsbehaftet; dogmatisch; auf Disziplin beharrend; selbstgerecht; eigenmächtig; wichtigtuerisch; selbstüberheblich; scharf (ver)urteilend

UN   aggressiv; feindselig; hartherzig-realistisch; ehrgeizig; konkurrierend; andere verachtend; bedrohend; anderen weh tun, herabsetzen

UNB   aufsässig; selbstbezogen, -belohnend; dämonisch; abweichend; auffallend; skurril;exhibitionistisch; narzißtisch; kraß individualistisch

UB   ausdrucksvoll; erregend; unterhaltsam; spaßig; verspielt; humorvoll; wandlungsfähig; voller Neuigkeiten, Kreativität, launiger Einfälle

UPB   begeisterungsfähig; emotional unterstützend; hilfreich; herzlich; behütend; belohnend; angstabbauend; Beschützer der Unterprivilegierten und Hilflosen; anderen das Gefühl vermittelnd, zu Hause zu sein

P   gleichberechtigt; freundlich; informell; an anderen, aneinander interessiert, empathisch; humanistisch; sympathisch; sich gegenseitig sympathisch findend; sich selbst akzeptierend; auf Wettbewerb verzichtend

PF   kooperativ; verantwortungsbewußt; idealistisch; optimistisch; uneigennützig; pflichtbewußt; beteiligt; eindeutig

F   neutral, sachlich; arbeits-, aufgaben-, ziel- oder regelgeleitet; wert- oder normorientiert; analytisch; suchend, erkundend; pflichtgetreu; aufmerksam; sorgfältig; geradlinig; ordentlich; wachsam; unpersönlich; emotional neutral; direkt zur Sache kommend

NF   gewissenhaft; prinzipiengeleitet; sehr kontrolliert, zwanghaft; Schmerzen, Elend, Bestrafung übermäßig akzeptierend; Schuldgefühle auslösend; skeptisch; streng an Normen bleibend; leicht kritisierend

N   unfreundlich; unangenehm; isoliert; ungesellig; zurückgezogen; negativistisch; selbstbeschützend; zurückhaltend; nachtragend; widerrufend; unschlüssig; mißtrauisch; eifersüchtig, neidisch

NB   negativ selbstbestimmt; widerständig gegenüber Autorität; zynisch, ironisch,
      sarkastisch; verschleiert, maskiert; sich sträubend ("ist mir unklar"); unduldsam
      gegenüber Kontrolle; antisozial; unzugänglich für Beeinflussungsversuche;
      mürrisch, verdrossen; uneindeutig; pessimistisch; aufsässig

B   zweiflerisch, ketzerisch; ambivalent; im Widerspruch zu allgemeinen Überzeu-
      gungen; unrealistisch; konfus, chaotisch, ablenkbar; an Tatsachen uninteressiert;
      mißtrauisch gegenüber Konzepten, Worten, rationalen Argumenten; Fantasie,
      Dramatisierung, Ausagieren, Veränderung, Abwechslung bevorzugend; alle
      Emotionen (spontan, gefühlsbetont, erregt, regrediert, körperlich)

PB   freundlich, liebenswert, herzlich; bereit, an Geselligkeit teilzuhaben, sich
      darüber freuen; nach Unterhaltung, Geselligkeit suchend; freisinnig, liberal,
      großzügig; jemand, mit dem Zusammensein Spaß macht.

DP   ruhig, stabil, anerkennend; bereit, andere zu bewundern; vertrauensvoll,
      rücksichtsvoll; zuvorkommend anderen gegenüber; friedlich; gelehrig;
      lernwillig; bereit, sich mit anderen zu identifizieren

DPF   ehrerbietig, sich unterordnend; gläubig; geschickt; charakterfest; pflichtbe-
      wußt; bescheiden, anspruchslos, zurückhaltend; demütig; nett; feinfühlig; sehr
      selbstkontrolliert; lernbereit; zukunftsorientiert

DF   pflichtgetreu, angestrengt arbeitend, zwanghaft, penibel; konventionell,
      vorsichtig; ausdauernd; Angst vor Tadel ausdrückend; besorgt um Kontrolle
      innerer Gefühle, Gedanken, Impulse; langsam arbeitend; langsam in Bezug
      auf Veränderungen

DNF   selbstaufopfernd; selbstbemitleidend, bereit, den Märtyrer zu spielen; passiv
      vorwurfsvoll; selbstbestrafend, masochistisch; verletzt; beeinträchtigt durch
      übermäßige Arbeit und Überanpassung; mit dem Leiden hausieren gehend;
      beschämt; reuevoll

DN   nachtragend; passiv zurückweisend; scheu, niedergeschlagen; verdrießlich;
      verschlossen; ernst; defensiv; gekränkt; in die Defensive gehend; schwer
      zufriedenzustellen; Beachtung, Bestätigung verweigernd; undankbar;
      zurückgezogen, verschlossen, autistisch

DNB   entfremdet; entmutigt, verzweifelt; unglücklich; beziehungslos, einsam, allein;
      weinen; teilnahmslos; depressiv, selbstmordgefährdet, verlassen, hilflos;
      ergeben, verzagt; sehr unentschieden (wie gelähmt); zerrissen; traurig,
      frustriert; Angst, verrückt zu werden, zu sterben

DB   angespannt, erregt, furchtsam, ängstlich; emotional gehemmt; bekümmert;
      ablenkbar; gegenüber Anforderungen von Autoritäten, Gruppen passiven
      Widerstand, wenig Bereitschaft zur Mitarbeit zeigend; sich, Dinge
      zurückhaltend

DPB   abhängig von Zuwendung; hilflos, aber liebenswert; auf Hilfe, Pflege,
      Unterstützung wartend; auf Anregung hoffend; in Erwartung, daß Bedürfnisse
      ohne Leistung befriedigt werden; kindlich, unreif, regrediert; retardiert; in
      freundlicher Erwartung passiv

D   introvertiert; passiv; bescheiden im Hintergrund bleibend; selbstverleugnend;
      machtlos; ohne Begeisterungsfähigkeit, ohne Wünsche; farblos; wenig mitteil-
      sam; ausdrucks- und teilnahmslos; träge, unbeweglich; gehemmt; ruhig; untätig

Tabelle 13:

GRUPPE II

ERGEBNIS-MESSUNGEN (POST, FOLLOW-UP 1, FOLLOW-UP 2 alle verglichen mit PRÄ)

Patient	Sc.	Giessen-Test				Goal-Attainment-Scaling				Target Goals				SCL-90 R				Global Assessm. Scale		
		Prä	Post	FU1	FU2	Prä	Post	FU1	FU2	Prä	Post	FU1	FU2	Prä	Post	FU1	FU2	Prä	Post	FU2
1	2	34	38 00	32 00	36 00	-	1.80 ++	1.00 +	1.80 ++	4.67	3.67 +0	3.00 +	1.67 ++	1.68	1.08 ++	1.60 00	1.11 ++	36	70 ++	65 ++
2	1	24	37 ++	26 00	37 ++	-	1.60 ++	-0.20 00	0.80 +0	4.33	3.00 +0	3.00 +	2.67 +	1.92	1.00 ++	2.12 -0	2.19 -	43	85 +++	51 +0
	3	63	57 +	66 00	56 ++															
	5	65	48 +++	65 00	56 ++															
3	1	58	64 -0	58 00	58 00	-	2.29 ++	1.14 +	2.14 ++	4.00	1.50 ++	1.00 ++	2.00 +	1.60	1.10 ++	1.36 +0	1.19 ++	45	72 ++	65 +
	2	26	46 ++	42 00	40 +0															
	3	36	40 +0	44 ++	36 +0															
	5	61	38 +	44 +0	46 ++															
	6	46	31 -	39 -0	44 +++															
4	1	31	31 00	31 00	28 00	-	1.40 +	0.60 +0	0.40 00	4.67	3.00 +0	2.33 +	2.50 +	2.19	1.69 +0	1.76 +0	2.24 00	35	51 +	59 +
	3	33	42 +0	40 +0	36 +0															
	4	64	58 +0	59 +0	67 -0															
	5	73	70 +0	68 +0	78 -0															
	6	70	59 +	65 +	82 -															
5	2	26	32 00	28 00	30 00	-	1.25 +	0.75 +0	0.25 00	4.33	2.33 +	2.67 +0	2.33 +	1.77	1.22 +	1.78 00	1.59 00	35	55 +	61 ++
	4	74	71 00	76 00	67 +0															
	5	70	70 00	68 00	73 00															
6	1	16	16 00	20 00	-	-	0.17 00	0.83 +0	-	3.33	3.67 00	3.00 00	-	1.31	1.39 00	1.68 -0	-	35	45 +0	-
	4	63	58 +0	66 00	-															
	5	75	73 -	77 00	-															
	6	63	61 00	57 +	-															
7	1	39	43 +0	31 -	39 00	-	1.33 +	1.50 +	0.67 +0	3.67	2.67 +0	3.00 +0	2.33 +0	1.39	1.24 00	1.89 -	1.95 --	45	70 ++	63 +
	4	64	61 00	63 00	67 00															
	5	70	51 +0	80 -	77 .															
	6	63	56 +0	72 -	74 .															
10	1	14	31 +0	33 +0	31 +0	-	1.40 +	1.20 +	1.42 +	4.57	2.27 +	2.00 +	2.50 +	1.48	1.14 +	1.00 ++	1.11 +	45	70 ++	75 ++
	2	63	57 00	51 +0	51 +															
	3	38	40 ++	40 00	36 00															
	4	69	61 +0	59 +0	61 +0															
	5	63	51 +	56 +0	58 +0															
	6	61	56 +0	57 +0	65 -0															

+++ optimaler Erfolg
++ sehr guter Erfolg
+ guter Erfolg
+0 leichter Erfolg
00 keine Veränderung
-0 leichte Verschlechterung
- deutliche Verschlechter.
-- starke Verschlechterung
leichte Verschlechterung

Tabelle 14:

GRUPPE III

ERGEBNIS-MESSUNGEN (POST, FOLLOW-UP 1, FOLLOW-UP 2 ale verglichen mit PRÄ)

Patient	Sc.	Giessen-Test Prä	Post	FU1	FU2	Goal-Attainment-Scaling Prä	Post	FU1	FU2	Target Goals Prä	Post	FU1	FU2	SCL-90 R Prä	Post	FU1	FU2	Global Assessm. Scale Prä	Post	FU2
20	1	14	14	31 +0	26 00	-	0.75 +0	1.00 +0	1.00 +0	4.00	3.33 +0	3.33 +0	3.00 +0	1.70	1.68 00	1.59 +0	1.81 -0	35	51 +	55 +
	2	59	44	46 00	36 .															
	3	47	38	43 00	42 00															
	4	64	69	66 00	64 00															
	6	63	54	56 +0	52 +															
21	2	30	36	38 +0	42 +0	-	0.33 00	0.25 +0	1.75 +	4.33	3.00 +0	1.33 ++	0 +++	1.98	1.41 +0	2.03 00	1.10 +	45	55 +0	75 ++
	5	36	39	33 00	29 +0															
	6	37	41	37 +0	42 +0															
22	1	26	26	26 00	20 -0	-	0.45 00	0 00	0.20 00	4.00	3.00 +0	4.00 00	4.00 00	1.74	1.88 00	2.14 -	2.03 -	38	38 00	51 +0
	2	38	49	51 +	32 .															
	4	64	64	74 +00	76 .															
	5	70	73	75 -0	77 -0															
	6	57	63	63 -0	57 00															
23	3	54	65	52 -0	50 00	-	1.25 +	2.00 ++	2.33 ++	3.17	1.67 +	1.00 ++	0 +++	1.26	1.26 00	1.09 +0	1.00 +0	49	55 +0	85 +++
	5	61	55	60 +0	55 +0															
24	1	26	24	-	-	-	1.00 +	-	-	3.17	1.67 +	-	-	1.04	1.29 -0	-	-	38	45 +0	-
	4	71	71	-	-															
	5	73	83	-	-															
	6	69	72	-	-															
25	1	37	45	48 +	50 +	-	1.62 ++	2.75 +++	3.00 +++	4.00	1.67 ++	1.00 ++	0.33 +++	2.56	0.89 +++	1.22 ++	1.67 +	42	48 00	80 +++
	4	77	54	50 +++	40 ++															
	5	66	55	50 ++	51 ++															
	6	63	52	68 -0	50 ++															
26	3	38	43	40 +0	47 +	-	1.75 ++	1.50 +	2.50 ++	4.67	1.67 ++	1.33 ++	1.67 ++	2.60	1.40 ++	1.09 ++	1.31 ++	50	55 00	60 +0
	4	66	63	56 00	63 00															
30	1	39	47	37 +	43 +0	-	1.50 +	1.33 +	1.00 +	4.00	2.67 +	3.00 +0	2.50 +	1.49	1.26 +0	1.29 +0	1.22 +0	42	61 +	55 +0
	4	61	63	61 00	56 +0															
	5	60	60	61 00	61 00															

+++ optimaler Erfolg
+0 leichter Erfolg
- deutliche Verschlechter.

++ sehr guter Erfolg
00 keine Veränderung

+ guter Erfolg
-0 leichte Verschlechterung
-- starke Verschlechterung

GRUPPE I *Tabelle 15:* Gruppe I: Goal Attainment Scaling: PRÄ vs. FU 2

Pat.	PRÄ	FU-2	Mean Gain	Actual Gain	Pred. Gain	Resid. Gain	Wert	Erfolgs Kateg.	Rang
1	0	1.80	1.04	1.80	1.04	0.76	++	7	2
2	0	0.80	1.04	0.80	1.04	- 0.24	0 -	3	4
3	0	2.14	1.04	2.14	1.04	1.10	+++	8	1
4	0	0.40	1.04	0.40	1.04	- 0.64	- -	1	7
5	0	0.25	1.04	0.25	1.04	- 0.79	- -	1	7
6	0	0.83*	1.04	0.83	1.04	- 0.21	0 -	3	4
7	0	0.67	1.04	0.67	1.04	- 0.37	-	2	6
10	0	1.42	1.04	1.42	1.04	0.38	+	6	3

* Pat. 6 nahm nur am FU 1 teil

Tabelle 16: Gruppe I: Target Goals: PRÄ vs. FU 2

Pat.	PRÄ	FU-2	Mean Gain	Actual Gain	Pred. Gain	Resid. Gain	Wert	Erfolgs Kateg.	Rang
1	4.67	1.67	1.82	3.00	1.82	1.18	+++	8	1
2	4.33	2.67	1.82	1.66	1.82	- 0.16	0 +	5	6
3	4.00	2.00	1.82	2.00	1.82	0.18	+	6	2
4	4.67	2.50	1.82	2.17	1.82	0.35	+	6	2
5	4.33	2.33	1.82	2.00	1.82	0.18	+	6	2
6	3.33	3.00*	1.82	0.33	1.82	- 1.49	- -	1	8
7	3.67	2.33	1.82	1.34	1.82	- 0.48	0	4	7
10	4.57	2.50	1.82	2.07	1.82	0.25	+	6	2

* Pat. 6 nahm nur am FU 1 teil

Tabelle 17: Gruppe I: SCL-90-R: PRÄ vs. FU 2

Pat.	PRÄ	FU-2	Mean Gain	Actual Gain	Pred. Gain	Resid. Gain	Wert	Erfolgs Kateg.	Rang
1	1.68	1.11	0.28	0.57	0.28	0.29	+++	8	1
2	1.92	2.19	0.28	- 0.27	0.28	- 0.01	+	6	4
3	1.60	1.19	0.28	0.41	0.28	0.13	++	7	2
4	2.19	2.24	0.28	- 0.05	0.28	- 0.33	0	4	6
5	1.77	1.59	0.28	0.18	0.28	- 0.10	+	6	4
6	1.31	1.68*	0.28	- 0.37	0.28	- 0.65	-	2	7
7	1.39	1.95	0.28	- 0.56	0.28	- 0.84	- -	1	8
10	1.48	1.11	0.28	0.37	0.28	0.09	++	7	2

* Pat. 6 nahm nur am FU 1 teil

Tabelle 18: Gruppe I: Global Assessment Scale: PRÄ vs. FU 2 (* Pat. 6 nahm nur am FU 1 teil)

Pat.	PRÄ	FU-2	Mean Gain	Actual Gain	Pred. Gain	Resid. Gain	Wert	Erfolgs Kateg.	Rang
1	36	65	18.4	29	18.4	10.6	+++	8	1
2	43	51	18.4	8	18.4	- 10.4	- -	1	8
3	45	65	18.4	20	18.4	1.6	0 +	5	6
4	35	59	18.4	24	18.4	5.6	++	7	2
5	35	61	18.4	26	18.4	7.6	++	7	2
6	35	45*	18.4	10	18.4	- 8.4	- -	1	8
7	45	70	18.4	25	18.4	6.6	++	7	2
10	45	70	18.4	25	18.4	6.6	++	7	2

GRUPPE II   *Tabelle 19:* Gruppe II: Goal Attainment Scaling: PRÄ vs. FU 2

Pat.	PRÄ	FU-2	Mean Gain	Actual Gain	Pred. Gain	Resid. Gain	Wert	Erfolgs Kateg.	Rang
20	0	1.00	1.60	1.00	1.60	- 0.60	0 -	3	5
21	0	1.75	1.60	1.75	1.60	0.15	0 +	5	4
22	0	0.20	1.60	0.20	1.60	- 1.40	- -	1	8
23	0	2.33	1.60	2.33	1.60	0.73	++	7	3
24	0	1.00[1]	1.60	1.00	1.60	- 0.60	0 -	3	5
25	0	3.00	1.60	3.00	1.60	1.40	+++	8	1
26	0	2.50	1.60	2.50	1.60	0.90	+++	8	1
30	0	1.00	1.60	1.00	1.60	- 0.60	0 -	3	5

[1] Pat. 24 nahm nur an der Post-Messung teil

Tabelle 20: Gruppe II: Target Goals: PRÄ vs. FU 2

Pat.	PRÄ	FU-2	Mean Gain	Actual Gain	Pred. Gain	Resid. Gain	Wert	Erfolgs Kateg.	Rang
20	4.00	3.00	2.21	1.00	2.21	- 1.21	-	2	7
21	4.33	0	2.21	4.33	2.21	2.12	+++	8	1
22	4.00	4.00	2.21	0	2.21	- 2.21	- -	1	8
23	3.17	0	2.21	3.17	2.21	0.96	+	6	2
24	3.17	1.67[1]	2.21	1.50	2.21	- 0.71	0 -	3	6
25	4.00	1.67	2.21	2.33	2.21	0.12	+ 0	5	4
26	4.67	1.67	2.21	3.00	2.21	0.79	+	6	2
30	4.00	2.67	2.21	2.33	2.21	0.12	0 +	5	4

[1] Pat. 24 nahm nur an der Post-Messung teil

Tabelle 21: Gruppe II: SCL-90-R: PRÄ vs. FU 2

Pat.	PRÄ	FU-2	Mean Gain	Actual Gain	Pred. Gain	Resid. Gain	Wert	Erfolgs Kateg.	Rang
20	1.70	1.81	0.37	- 0.11	0.37	- 0.48	- -	1	6
21	1.98	1.10	0.37	0.88	0,37	0,51	+	6	2
22	1.74	2.03	0.37	- 0.29	0.37	- 0.66	- -	1	6
23	1.26	1.00	0.37	0.26	0.37	- 0.11	0 -	3	4
24	1.04	1.29[1]	0.37	- 0.25	0.37	- 0.62	- -	1	6
25	2.56	1.67	0.37	0.89	0.37	0.52	+	6	2
26	2.60	1.31	0.37	1.29	0.37	0.92	+++	8	1
30	1.49	1.22	0.37	0.27	0.37	- 0.10	0 -	3	4

[1] Pat. 24 nahm nur an der Post-Messung teil

Tabelle 22: Gruppe II: GAS-Scale: PRÄ vs. FU 2   [1] Pat. 24 nahm nur an der Post-Messung teil

Pat.	PRÄ	FU-2	Mean Gain	Actual Gain	Pred. Gain	Resid. Gain	Wert	Erfolgs Kateg.	Rang
20	35	55	20.9	20	20.9	- 0.9	0	4	4
21	45	75	20.9	30	20.9	9.1	+	6	3
22	38	51	20.9	13	20.9	- 7.9	-	2	5
23	49	85	20.9	36	20.9	15.1	+++	8	1
24	38	45[1]	20.9	7	20.9	- 13.9	- -	1	7
25	42	80	20.9	38	20.9	17.1	+++	8	1
26	50	60	20.9	10	20.9	- 10.9	- -	1	7
30	42	55	20.9	13	20.9	- 7.9	-	2	5

Tabelle 23 a-h: P-Faktoren aller 16 Patienten beider Gruppen

Patient	Faktor / Aufg. Varianz u. Eigenwert	Items	r	Bezeichnung
1	1 / 22,8% / 4,34	UPF	.62	Neg.-pos., überhebliche intellektuelle Dominanz
		UF	.78	
		UNF	.56	
		UN	.67	
		PF	.70	
		F	.88	
		N	.71	
	2 / 13,8% / 2,63	UB	.76	Freundliche und empathisches Engagement
		B	.87	
		DP	.69	
		DPB	.77	
	3 / 10,5% / 2,00	DF	.59	Leidensbereitschaft und pflichtgetreue Unterwerfung (Masochismus)
		DNF	.66	
2	1 / 24% / 3,61	UF	.65	Rational-kontrollierender Einfluß - Kooperation und Rückzug
		PF	.91	
		F	.88	
		N	.89	
	2 / 13,6% / 1,57	DF	.65	Depressives Verhalten
		DNF	.78	
		DNB	.74	
	3 / 10,5% / 1,57	U	.50	Moralisierender Einfluß und Suche nach Geborgenheit
		UNF	.58	
		B	.70	
		DPB	.68	

Patient	Faktor Aufg. Varianz u. Eigenwert	Items	r	Bezeichnung
3	1 27,8% 5,29	U UF UNF NF N NB	.68 .45 .67 .82 .85 .66	Moralisierende Einflußnahme und Selbst-Abgrenzung
	2 12,2% 2,32	PF F DF DNF DB	.85 .83 .80 .57 .76	Freundlich-ängstliche Bereitschaft, eigene Probleme einzubringen
	3 10,7% 2,04	UN UB B DPB	-.68 .75 .75 .49	Freundliche Emotionalität
4	1 34,1% 4,43	U UNB PF F DF DNF DB	.65 .62 .50 .70 .62 .89 .84	Dominante, ichbezogene Einflußnahme und unterwürfig-ängstliche Leidensbereitschaft
	2 17,1% 2,22	UF UNB P N	.84 .57 .73 .57	Managerhaft, überheblich, freundlich und ablehnend
	3 10% 1,30	UNF PF NF	.64 .53 .87	Moralisierende, rechthaberische Mitarbeit

Patient Aufg. Varianz u. Eigenwert	Faktor	Items	r	Bezeichnung
5	1 32,2% 4,83	U UNF PF F NF N DF DNF	.83 .69 .84 .63 .79 .67 .72 .82	Zwanghaft-moralisierende Betonung rationaler Prinzipien (dominant-leidensvoll)
	2 15,5% 2,32	UB B DP DPB	.70 .77 .56 .74	Freundlich-lockere Emotio- nalität
6	1 31,8% 5,72	PF F N DF DNF DNB DB	.86 .68 .79 .89 .75 .83 .73	Rational-ängstliche Besorgtheit und depressiv ängstliches Verhalten
	2 15,7% 2,83	U UF UNF UNB F	.69 .88 .65 .78 .60	Dominante Überheblichkeit und rationale Einflußnahme
	3 10,2% 1,84	UN D	.80 .60	Aggressivität und Unterwerfung

Patient	Faktor Aufg. Varianz u. Eigenwert	Items	r	Bezeichnung
7	1 19,3%	U	.82	Neg.-krit. Dominanz und depressive Leidensbereitschaft
		UNF	.84	
		NF	.60	
		N	.59	
	3,48	DNF	.72	
		DNB	.55	
	2 15,6%	UPF	.89	Aktiv-freundliche Unterstützungs-Bereitschaft
		UF	.83	
	2,82	PF	.68	
	3 10,6%	UNB	.52	Impulsive Emotionalität
		UB	.76	
		B	.55	
	1,90	DP	.59	
	4 9,4%	NF	-.59	Ängstlich-zwanghafte Gewissenhaftigkeit
		DF	.68	
	1,70	DB	.61	
10	1 19%	U	.74	Bestimmtheit und freundliche Emotionalität
		B	.73	
		PB	.69	
	3,62	DPB	.64	
	2 13,3%	NF	.50	Prinzipiell-kritische Inspektion von Arbeitsregeln/Gewissenhaftigkeit
		N	.82	
	2,52	DF	.78	
	3 10,1%	UNB	.83	Spontane und überschwemmende Emotionalität
		UB	.72	
		UPB	.52	
	1,92	DP	-.54	

Patient	Faktor Aufg. Varianz u. Eigenwert	Items	r	Bezeichnung
20	1 52% 5,72	UB N DF	.67 .90 .88 DNF .79	Verlegen, sich schützend, leidend, impulsiv
	2 10,4% 1,14	P F NF	.63 .78 .64	Beteiligung an der Konversation (Zust./Ablehn.)
	3 10,1% 1,11	U DB	.64 .93	Impulsive Durchbrüche, ängstlich und nervös
21	1 34% 4,08	U PF F N DF	.79 .78 .77 .70 .75	Bestimmte, rational dominierte zwanghafte Konversation
	2 13,2% 1,59	UF UNF NB	.65 .73 .73	Einflußnehmend, moralisierend, ironisch und überheblich
	3 11,5% 1,38	B DP	.70 .85	Freundlich, emotional beteiligt (nonverbal)

Patient	Faktor Aufg. Varianz u. Eigenwert	Items	r	Bezeichnung
22	1 52,1% 4,17	PF F DP DF DB	.90 .82 .62 .72 .89	Ängstlich, zwanghaft, sich unterordnend, angepaßt
	2 14,9% 1,19	NF N	.82 .84	Prinzipiell, kritisch, sich verschließend
	3 13,3% 1,06	P	.95	Empathisch, interessiert
23	1 40,8% 4,90	UB PF F N B DF DNF	.69 .83 .82 .60 .59 .84 .75	Sachlich, bemüht, kooperativ, leidend, emotional stimulierend
	2 19,1% 2,29	U UF UNF P NF	.59 .89 .73 .75 .58	Dominierend, beeinflussend, moralisierend, interessiert

Patient Aufg. Varianz u. Eigenwert	Faktor	Items	r	Bezeichnung
24	1 38,1% 3,05	F DF DNF DB	.55 .89 .94 .92	Leidensvoll, ängstlich, bedrückt angestrengt bemüht
	2 18,5% 1,48	P F B	.67 .63 .63	Empathisch, emotional und beteiligt
	3 15,3% 1,23	DP D	.81 .62	Freundlich und passiv
25	1 38,1% 4,57	U UF UNF UB P DF	.67 .83 .52 .78 .79 .59	Moralisch Einfluß nehmend, kritisierend, impulsiv, beharrlich, emphatisch
	2 14,3% 1,71	PF F DF DNF	.73 .74 .55 .75	Leidend, bemüht, kooperativ arbeitend
	3 11% 1,32	NF N B	.51 .85 .68	Ablehnend, prinzipiell, ambivalent

Patient	Faktor Aufg. Varianz u. Eigenwert	Items	r	Bezeichnung
26	1 34,9% 3,14	U PF F DF	.56 .80 .84 .75	Rationale, beharrliche, bestimmte Kommunikation
	2 21,6% 1,94	P B DP	.72 .77 .73	Emotional, empathisch, freundlich
	3 12% 1,08	UNF NF	.75 .75	Kritisch, prinzipiell, moralisierend, dogmatisch
30	1 39,2% 3,14	U F N DF	.75 .84 .90 .81	Verneinung, rationales Bemühen, zwanghaft, impulsiv
	2 19,6% 1,57	B DP	.69 .87	Freundliche, emotionale Teilnahme (nonverbal)
	3 14,8% 1,18	P NF	.70 .87	Prinzipielle, kritische Empathie

19. Personenregister

Abse, W. 52, *193*
Adams-Webber, J.R. *197*
Alexander, F. 26, *193*
Allen, J.G. 33, *193*
American Psychiatric Association
  (APA) 19, 72, 86, *193*
Anchor, K.N. 34, *193, 204*
Anderson, N.H. 99, *193*
Anthony, E.J. 70, *196*
Appelbaum, S.A. *199*
Auerbach, A.H. *201f.*

Bachrach, H. *201*
Bales, R.F. 89f., *193*
Balfour, F. *201*
Balint, M. 50
Balzer, W. 65, 89, 119, *193*
Baranackie, K. *195*
Bartels, B.D. 29, 41, 182, *203*
Bassler, M. 44
Battegay, R. 52, *193*
Beck, A.P. 53, *193*
Beckh, Th. *205*
Beckmann, D. 88, *193*
Bednar, R.L. 12, 21f., 31, 33, 44, 97,
  140, 151, 180, *193, 198*
Beese, F. *194, 206*
Bellak, L. 81, *193*
Bennis, W.G. 52f., *194*
Bergin, A.E. 14, *193f., 198, 200,*
  202f.
Berzon, B. 29, 182, *194*
Biermann-Ratjen, E.-M. 22, 39, 65,
  196
Bion, W.R. 54, *194*
Blanck, G. 50, *194*
Blanck, R. 50, *194*
Bloch, S. 21ff., 27ff., 37f., 40ff., 55f.,
  97, 159, 180, 182, 184, *194*
Borman, L.D.40, *200*
Böttger, P. *199*
Bozok, B. 15f., 18, *194*
Brähler, E. *193*
Bräutigam, W. 59, 65, 87, *194*
Brodthage, H. *198*
Brown, R.A. *199*
Budman, S.H. 127, 180, *194*
Bühler, K.-H. 15f., 18, *194*

Bundza, K.A. 36, *194*
Burstein, E.D. *199*
Butler, S.F. 14f., 19, *194*
Butler, T. 29, 41, 182, *194*

Campbell, D.T.68, *194*
Carkhuff, R.36, *204*
Cartwright, D. 31, *194*
Catina, A. 43, *205*
Cattell, R.B. 98f., 182, *194*
Chandler, M. *201*
Chassan, J.B. 66, 68, *194f.*
CIPS (Collegium Internationale
  Psychiatriae Scalarum) 88, *195*
Coché, E. 33f., 89, *195*
Cohen, J.A. 101, *195, 201*
Cohen, L. 36, *195*
Cohen, S.P. 89, *193*
Cohn, R.C. 28, *195*
Corder, B.F. 28, 41, *195*
Corsini, R.J.21ff., 34, *195*
Costello, C.G. *194*
Coyne, L. *199*
Cozby, P.C.195
Cristol, A.H. *204*
Crits-Christoph, P.17, *195, 201*
Crouch, E. 21ff., 27ff., 37f., 40ff.,
  55f., 97, 159, 180, 184, *194*
Czogalik, D. 13ff., 18, 20, 36, 45, 67,
  97, 99, 191, *195, 198, 201ff., 205*

Dahl, H. 18ff., 67, *195*
Dahme, B. 97, *195*
Davidson, P.O. *195*
Davies-Osterkamp, S 25, 44, 49, *195*
Davis, M.S. *194*
Demby, A. *194*
Deneke, F.-W. 44, 89, *195*
Derogatis, L.R. 88, *195*
Dickoff, H. 41, *195*
Dies, R.R. 12, 36, 39, 86, 89, 143,
  177, *195f., 199ff., 205*
Dreyer, S.F. 29f., 40f., 177, 182, *203*
Drinkmann, A.*200*
Dugo, J.M. *193*
Dukes, W.F. *196*
Durkin, H. 45, *196*

226

20. Sachregister

Abwehrmechanismen, primitive 46,
50
Aggregation, von Einzelfällen 13, 68,
177ff.
Aktivität, interpersonelle 118f.
- und Therapieerfolg 119ff., 149f.
Akzeptanz (Kohäsion) 16, 23, 32, 42,
97, 180
Allianz, therapeutische 31f., 156, 185
Altruismus 23, 41, 178
Anleitung 37, 40f., 178
Anschlußtherapie, an die stationäre
Behandlung 105ff., 112, 142, 149
Antizipation 93
Äquivalenz-Paradox 11

Bewegungstherapie im stationären
Setting 62, 69f.

"Ceiling-Effekt" 81, 104
Charakterstörungen, präödipale s.
"Frühstörungen"

Dropout s. Frühabbrecher

Effektivität, vergleichende 16ff.
- , differentielle s. vergleichende
Effekt-Stärke
- , -Maß 17
- , von Psychotherapie 18
*Einflößen von Hoffnung (instillation
of hope)* 29, 42, 56, 178
"Einschätzung des therapeutischen
Nutzens der Sitzung" 84
*Einsicht (insight, self-
understamding)* 23, 25, 26, 28ff.,
34, 41f., 56, 178, 185, 187
- , genetische 37
- , interpersonelle 28, 37
Einzelfallanalyse 11, 13, 18ff., 38f.,
66ff., 69

Einzelfallforschung s. Einzelfall-
analyse
Einzelpsychotherapie 15, 21, 31, 35,
55
- , im stationären Setting 62, 65
Ereignisse, bedeutsame ("critical
incidents") 26
Erfahrung, korrigierende emotionale
25ff.
Erfolgswert, bereinigter s. Residual
Gain Score
Ergebnisforschung 66f.
*Existentielle Faktoren (existential
factors)* 22, 41

Feedback 23f., 28ff., 35, 40f., 48f.,
92, 102f., 125ff., 156ff., 161f.,
165ff., 178f., 182, 185, 187, 189
- und *Kohäsion* 103, 137, 157
- und *Selbstöffnung* 103, 137, 162,
181
- und Therapieerfolg 102, 125ff.,
150, 161f., 178f., 185f.
Frühabbrecher ("Dropouts") 35f., 70,
151, 190
"Frühstörungen" 46f., 49
- und Behandlung im stationären
Setting 61ff.

"Generic Model of Psychotherapy"
187
Gesprächspsychotherapie, Klientenzentrierte (GT) 17
Gestaltungstherapie im stationären
Setting 62, 69f.
"Gießen-Test (GT-S)" 88, 105, 109,
115
"Global Assessment Scale (GAS)"
83, 86f.
- und Therapieerfolg 108, 110ff.,
145ff.
"Goal Attainment Scaling" 83, 86f.
- und Therapieerfolg 108, 110ff.,
145ff.

Karl König / Wulf Volker Lindner
Psychoanalytische Gruppentherapie
2., durchgesehene Auflage 1992. 244 Seiten, kartoniert
ISBN 3-525-45732-4

Annelise Heigl-Evers
Konzepte der analytischen Gruppenpsychotherapie
2., neu bearbeitete Auflage 1978. 103 Seiten, kartoniert.
(Beiheft zur Zeitschrift Gruppenpsychotherapie und Gruppendynamik.
Beiträge zur Sozialpsychologie und sozialen Praxis 1)
ISBN 3-525-45286-1

Karl König
Einzeltherapie außerhalb des klassischen Settings
1993. 230 Seiten, kartoniert. ISBN 3-525-45748-0

Annelise Heigl-Evers / Irene Helas /
Heinz C. Vollmer (Hg.)
Eingrenzung und Ausgrenzung
Zur Indikation und Kontraindikation für Suchttherapien.
1993. Ca. 220 Seiten mit 14 Abbildungen und 3 Tabellen
ISBN 3-525-45752-9

Annelise Heigl-Evers / Irene Helas /
Heinz C. Vollmer (Hg.)
Suchttherapie – psychoanalytisch, verhaltenstherapeutisch
1991. 235 Seiten mit 8 Abbildungen, kartoniert. ISBN 3-525-45734-0

 V&R *Vandenhoeck & Ruprecht*

Beihefte und Monographien zur

Zeitschrift für Psychosomatische Medizin und Psychoanalyse

Die Beiheftreihe wurde bis Band 13 von Annemarie Dührssen, von Band 14 an wird sie von Ulrich Rüger herausgegeben. Die Reihe heißt ab Band 15 »Monographien«. Abonnenten der Zeitschrift erhalten die Bände mit 10% Ermäßigung.

Vandenhoeck & Ruprecht · Göttingen